# 삶과 철학

# 삶과 철학

김향선 저

LIFE AND PHILOSOPHY

동문사

# 책머리에

인간은 가치와 의미를 추구하며 살아가는 존재이다. 그런데 우리가 살고 있는 현대 사회는 유례없는 변화를 겪고 있어 이제까지 볼 수 없었던 다양하고 복잡한 삶의 문제들에 직면하고 있다. 인간이 쌓아 온 오랜 경험들이 이러한 문제들을 해결하는 데 도움이 될 것이다. 그러나 간혹 어떤 문제들은 경험으로만 얘기할 수 없는 인생의 의미로부터 문제의 뿌리에로의 본질적인 접근을 통해서만 접근할 수 있는 문제들도 있다. 철학은 인류의 오랜 경험의 축적일 뿐만 아니라 삶의 뿌리에 대한 통찰이다. 이러한 경험과 통찰로부터 철학은 다양하고 복잡한 문제에 부딪친 현대인들에게 그러한 문제들을 극복할 힘을 줄 수 있다. 사람들이 자신이 경험하지 못하고 미처 생각하지 못했던 상황에 처해졌을 때, 철학은 문제를 극복할 지혜를 주며 이러한 고단한 삶의 여정에 위안을 주기도 한다. 철학은 때로는 인생의 걸림돌을 극복하기 위한 유용한 지침을 마련해 주기도 하고, 일상적 삶 속에서 마음의 풍요로움을 주기도 하는 것이다.

이러한 철학의 주요 방법론은 반성이다. 인류가 쌓아온 지혜를 통해 자신의 삶을 되돌아봄으로써 자신의 사람의 의미를 탐색하는 것이다. 우리는 삶을 뒤돌아보지 못하고 앞을 향해서만 달려왔을 때 깊은 공허감에 빠지곤 한다. 의미를 잃어버렸기 때문이다. 또한 인간관계에서도 의미를 부여할 수 없다면 메마른 관계만이 남게 된다. 서로 마음을 통하지 못하고 단지 경쟁하고 이익을 위해 협력할 뿐인 관계 말이다. 이러한 삶의 곤궁을 벗어나기 위해서는 철학적 반성을 통한 삶의 의미의 탐색 그리고 회복이 필요하다. 이를 통해 철학은 현대인들에게 의미 있는 삶을 주고 나아가 행복에 도달할 수 있는 길을 주게 될 것이다.

이 책은 현대인에게 필요한 '삶의 지혜'를 철학적 주제와 시각을 통해서 살펴보고자 한다. 이를 위해 하나의 필요조건과 지향을 갖는다.

우선 동시대를 살아가는 사람들의 세태변화를 민감하게 받아들이는 작업이 필요하다. 현대인들의 삶의 문제를 탐색해야 하기 때문이다. 그리고 이 책은 궁극적으로 현대인들의 행동에서 사고의 범위를 넓히고, 거시적으로는 성숙한 사회로의 진전을 유도하려는 목표를 가지고 있다. 이렇게 반성된 삶의 지혜들은 현대인이 마주한 다양한 현상들에 대한 인식을 새롭게 정립하고, 현대인의 삶의 문제들을 통찰할 사고의 주제들을 새롭게 제시하며, 나아가 현대인들이 삶에 대한 관조의 여유를 가지는 데 도움이 될 것이다.

대중들 사이에는 철학이란 현실과 동떨어진 학문이라는 생각이 널리 퍼져 있다. 학자들 중에도 철학은 현실 너머의 고상하고 추상적인 실재를 다루는 학문이라고 주장하는 이들도 있다. 이들은 철학을 현실에 적용시키는 순간 철학은 본질적인 의미를 잃고 자기계발의 지혜나 인간관계의 기술의 차원으로 추락할 것이라고 우려한다. 그러나 삶의 지혜로서의 철학이 현실과 만나지 못한다면 오히려 그 본질을 상실한다고 주장하는 것이 이 책의 입장이다. 이 책의 핵심 주제들은 현실적 문제에 대한 용이한 접근을 위한 우회로들을 담고 있다. 이러한 우회로들을 통해 독자라면 누구나 쉽게 철학적 가치관을 이해할 수 있고 현실 문제에 대한 주체적 사유를 수행할 수 있을 것이다. 덧붙여 삶과 가치관에 대한 관조를 통해 '느림'의 미학에 도달해 보고자 한다.

바쁜 일정 가운데 책 출판을 결정해 주신 동문사 관계자분들께 감사를 드린다.

2021년 7월 7일

저자 김향선

# 차 례

## Section 03 현대사회와 정의의 문제



## Section 04 기술시대와 중용의 지혜



## Section 05 현대인의 실존과 자유

## Section 08 가치의 다양성과 노장사상



## Section 09 궁극적 실재와 바람직한 인간관계

## Section 10 현대인의 무의식과 운명



## Section 11 현대사회에서의 교육과 윤리



## Section 12 과학시대의 철학

SECTION 01

# 철학과 '삶의 문제'

## 1. 삶과 철학

### 1) 철학의 물음

미국의 철학자인 모티머 아들러(Mortimer Adler, 1902~2001)는 '철학은 누구나의 일이다'라고 하였다. 그리고 희랍의 철학자 소크라테스(Socrates, B.C 469~399)는 철학한다는 것은 '깊이 생각한다', '꿰뚫어 본다'라는 것을 뜻한다고 하였다. 또한 모든 학문의 아버지라 할 수 있는 고대의 아리스토텔레스(Aristoteles, B.C 384~322)는 '사람이라면 철학을 해야 한다'고 단언하였다. 그렇다면 철학은 누구나가 평생을 두고 할 수밖에 없는 것이다. 그 방법은 여러 가지가 있을 것이다. 철학은 우리 인간이 살아가는 어떤 것이기도 하기 때문에 단순히 학습할 수 있는 것도 아니다. 그래서 칸트(Immanuel Kant; 1724~1804)는 철학 그 자체는 가르칠 수 없고, 자신은 '철학하는 것'을 가르칠 수 있을 뿐이라고 하였다. 철학하는 것이란 우리의 생각을 또 다시 생각해 보는 것, 즉 반성하는 것이다.

철학(哲學)은 사전적 의미로 도리에 통하는 것(哲)을 논리적으로 집대성한 학문(學)이라고 한다. 철학은 좁은 의미의 어원적 정의가 있다. 철학, 필로소피(philosophy)(영)는 그리스어의 필로소피아(philosophia)에서 유래하였다. philosophia라는 말은 sophia에 대한 philia라는 뜻이다. sophia는 지식과 지혜를 의미하며, philia는 탐구, 사랑, 욕망을 의미한다. 그래서 일반적으로 철학은 지혜에 대한 사랑이라고 일컬어진다.

철학을 이렇게 애지(愛知)라고 할 때 사랑은 플라톤(Plato, B.C 427~347)의 대화편 ≪향연≫에 나타난 에로스(Eros)에 대한 언급에서 이해할 수 있다. ≪향연≫에 의하면 아프로디테(Aphrodite)가 출생하였을 때, 신들이 잔치를 베풀었는데, 그 자리에는 풍요의 신 폴로스(Polos)가 있었다. 식사가 끝날 무렵에 빈곤의 여신 페니아(Penia)가 구걸하러 와서, 문간에서 있었다. 폴로스는 이때 벌써 술을 많이 마시고 취하여 제우스신의 정원에 들어가 아주 고단해서 깊이 잠들었다. 그러나 페니아는 너무 궁핍했던 끝에 폴로스에게서 자식을 하나 얻으려고 그의 곁에 누워 결국 에로스를 잉태한 것이다. 이 에로스는 빈궁하지도 않고 부유하지도 않고, 또한 지혜와 무지의 중간에 있다. 왜냐하면 그는 지혜롭고 부유한 아버지와 가난하고 무지한 어머니에게서 태어났기 때문이다.

이러한 중간자인 에로스는 항상 아버지의 풍요함, 완전함을 동경하게 된다. 마찬가지로 지혜에 대한 사랑인 철학도 중간자인 인간이 완전한 지혜를 추구하고자 하는 노력의 과정이다. 결국 철학은 일종의 지식욕이다. 또한 그것은 지식을 탐구하는 것이지 소유하는 것이 아니다. 같은 맥락에서 피타고라스(Pythagoras, B.C. 570?~500?)는 철학이란 '지(知)와의 사귐'이라고 하였다.

philosophia(愛 智 學) = philia(사랑) + sophia(지혜)
➡ 지혜에 대한 탐구, 지혜에 대한 사랑

Polos(풍요의 신) + Penia(빈곤의 여신)

Eros(중간자인 에로스)

## 2) 철학은 왜 하는가?

철학은 인간인 한, 누구나 반드시 지니고 있는 것이라 할 수 있다. 그래서 인간은 철학 없이는 아무도 살아갈 수가 없을 것이다. 즉, 인간에게 철학은 가장 가까이 있는 것이다. 그렇다면 우리는 어떤 경우에 철학을 하게 될까?

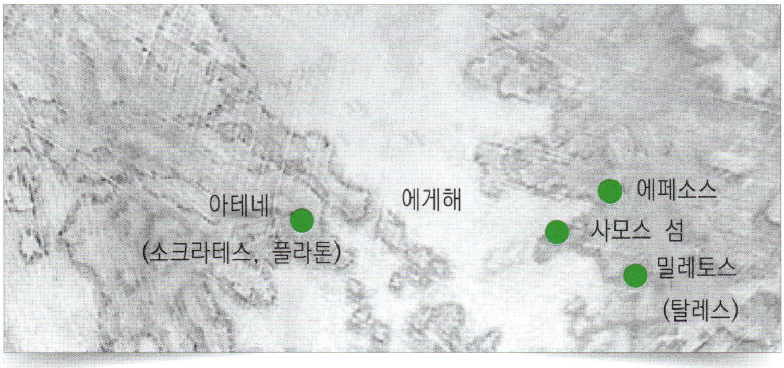


고대철학의 무대

희랍 철학자들은 철학의 기원이 달과 태양의 변화, 만물의 근원 등에 대한 놀라움(경이감), 호기심에 있다고 지적하였다. 서양철학은 그리스에서 시작한다고 전해진다. 그리스인들은 삶에서 죽음으로의 변화 등에 민감했고, 최초의 그리스 철학자는 B.C. 6 · 7세기(?)에 지금의 터키인 아시아지역에서 살았던 밀레토스의 탈레스(Thales, B.C. 624?~546?)라고 대개 말해진다. 탈레스는 밀레토스에서 태어난 밀레토스학파이며, 철학자가 돈을 벌 작정을 하면 많은 돈을 벌 수 있다는 것을 보여 준 그의 일화는 유명하다. 그는 흉년과 풍년을 예측하여 올리브 짜는 기계를 비수기 때 싼 값에 사서 풍년일 때 비싼 값에 되팔아서 큰돈을 벌었었다. 철학의 시조라고 불리는 고대 그리스의 탈레스는 '우주만물의 근원물질은 무엇인가?'라는 최초의 철학적인 질문을 하였다. 탈레스는 만물의 근원이 물이라고 보았다. 물이라는 물질 자체를 세밀히 관찰했을 때, 물을 끓이면 수증기가 되고 수증기를 더욱 가열하면 더운 바람이 되고, 더운 바람은 공기가 되고 공기는 영혼이 될 수 있다고 생각했기 때문이다. 이러한 시도는 철학이라는 심오한 학문을 탄생시켰고, 과학의 시발점을 만들었다. 이 밖에도 우리들은 절망에 빠졌을 때, 인생의 고뇌 같은 것을 느낄 때 혹은 삶에 회의를 느낄 때 철학을 하게 된다.

그렇다면 철학을 하는 태도는 어떤 것일까? 한 철학자[1]는 자명(自明)한 사실이나 당연한 사실에 대해서 왜라고 묻는 것이 바로 철학하는 태도라고 하였다. 1+2는 3이라는 것은 누구나 다 아는 사실이다. 그러한 '스스로 명백한' 것에 대해서 '왜'라고 묻는 것은 철학하는 태도인 것이다. 근대의 과학자인 뉴튼(Newton, 1642~1727)도 어느 누구도 문제 삼지 않았던 사과나무에서 사과가 떨어진다는 그야말로 당연한 사실에 대해서 '왜'라는 질문을 함으로써 모든 물체는 서로 끌어당기고 있고, 지구 중심에서 모든 물체를 끌어당기고 있다는 만유인력의 법칙을 이끌어 낸 것이다. 그는 논리적인 사고과정을 거쳐 과학적 발견을 해낸 것이다.

이와 같이 당연한 사실에 대해서 왜라고 묻는 비판적 태도로서 철학하는 태도는 일상적인 삶에서도 볼 수 있다. 러시아의 대문호인 도스토예프스키(Dostoevskii, 1821~1881)의 소설 ≪죄와 벌≫의 주인공 대학생 라스콜리니코프의 전당포 노파 살해사건이 그 일례이다. 대학생 라스콜리니코프는 노파가 가난한 사람들을 착취한다고 생각해서 노파를 도끼로 쳐서 죽인다. 이것은 어리석은 행동이지만 스스로 진지하게 사고하는 자세는 철학하는 자세로서 평가될 수 있다. 라스콜리니코프는 기성도덕에 맹종하는 선량한 시민이 아니라 자신의 행위의 법칙을 창조해 나가는 소수의 비범한 사람인 초인이 된 것이다. 작품을 통해서 우리는 과연 누군가를 미워하고 정죄할 권리가 개인에게 있을 수 있는가 하는 철학적 문제를 제기하게 된다.

1) 고 한전숙교수

러시아의 대문호인 토스토예프스키(1821~1881)

세계적인 만화작가 슐츠(Schulz, 1922~2000)는 철학을 전공하였는데, 그는 절망에 빠진 사람들에게 희망을 주기 위해 '스누피'라는 캐릭터를 창안하였다고 한다. 그는 자신의 우울한 삶을 희화화(戱畵化)해서 항상 웃음을 선사했던 것이다. 때로는 철학은 삶에 희망과 기쁨을 준다고 볼 수 있지 않을까 생각해 본다.

미국 하버드대학에서 가장 인기 있는 강의는 철학 강의라고 한다. 800명의 수강생이 듣는 하버드대학의 마이클 샌델 교수는 플라톤, 로크, 밀, 칸트 등의 고전을 읽고 그들의 철학이 지금 여기의 현실세계에 어떻게 작용하는지 강의하고 토론한다고 한다. 소득불균형, 대리모, 동성애자 결혼 등 사회적으로 예민한 주제를 놓고 학생들은 열띤 토론으로 강의실을 달군다. 논리적 사고력과 치밀한 분석력, 그리고 총체적 통찰력을 가진 사람이 진정한 인재이므로 철학이 인기 있는 것이다.

### 3) 철학과 과학의 차이

고대에는 철학은 만학(萬學)의 여왕의 지위를 차지하고 있었고, 중세에도 철학은 가장 가치 높은 학문이라고 하였다. 그러나 근세에는 자연과학이 발달됨에 따라 과학들이 차례로 철학에서 독립하여 나갔다.

예를 들어, 1960년 이래로 심리학은 하나의 독립적인 학문으로 성립하였다. 아담 스미스(Adam Smith, 1723~1790)의 ≪국부론≫도 그의 도덕철학의 강의의 일부로서 강의한 것을 토대로 하여 발전 완성된 것이다. 그러므로 경제학도 철학으로부터 독립된 과학이라 할 수 있다.

그러나 철학과 과학은 차이가 있다. 과학은 존재하고 있는 것, 즉 사실만을 문제 삼고, 철학은 가치 자체를 문제로 삼고 근본적 물음에 관해 사색한다. 철학과 과학의 차이는 역사적 사실을 통해서도 알 수 있다. 르네상스 시대의 철학자 브루노(Bruno, 1548~1600)와 근세 자연과학의 할아버지 갈릴레이(Galilei, 1564~1600)는 둘 다 우주의 중심은 지구가 아니라 태양이고 지구가 돈다는 입장의 코페르니쿠스(Copernicus)의 지동설을 지지하여 종교재판에 걸리게 되었다. 당시에는 태양이나 혹성이 지구의 둘레를 돌고 있다는, 다시 말해 지구가 중심이고, 행성과 항성 모두 지구를 중심으로 돌고 있다는 주장의 천동설[2)]이 지배적인 견해였다. 이러한 천동설에 반하는 주장은 당시로서는 일종의 혁명이었다. 브루노는 주장을 철회하지 않아 화형을 당했고, 갈릴레이는 지동설을 철회하여 사형을 면했다. 과학은 이론에 불과하지만 브루노는 자연 깊숙이 신의 힘이 존재한다고 생각하고 있었으므로 끝까지 자신의 확신을 굽히지 않았고 그에게 지동설은 자신의 주체적 진리였던 것이다. 이 신의 위대함은 천동설을 취하는 것보다 지동설을 취함으로써 잘 증명된다고 생각하고 있었던 것이다. 따라서 그가 지동설을 철회하는 것은 그의 철학적 신념을 부정하는 일이었다. 그러나 갈릴레이의 경우에는 지동설은 단지 과학상의 이론에 지나지 않았던 것이다. 이러한 역사적 사실에서 볼 때, 이론으로서 지식은 객관성을 갖지만, 주체적 진리는 철학자 자신의 최고의 가치로서 포기될 수 없는 것이었다.

이밖에도 현대의 러셀(Russell, 1872~1970)은 철학이란 다른 모든 학문과 마찬가지로 일차적으로 지식을 목적으로 한다고 하였다. 물론 철학적 지식은 과학적 지식과 구별되는 것이다. 철학이 목적으로 하는 지식

---

2) 지구가 중심이고, 행성과 항성 모두 지구를 중심으로 돌고 있다는 주장

은 여러 과학에 체계를 주고 우리들의 신념의 근거를 비판적으로 검토함으로써 생기는 지식이다. 예를 들어, 과학은 자연적인 현상들을 설명하려고 하나 철학은 '왜 아무것도 없지 않고 세계가 있는가?' 같은 형이상학적 질문을 한다.

그러므로 철학과 과학은 상호 보완해 가면서 우리들의 문제를 해결해야 한다. 철학은 과학의 성과로서 얻어진 경험적 지식을 활용함으로써 새로운 경지에 도달할 수 있을 것이고, 과학은 깊은 철학적 반성과 결합함으로써 우리 인생을 위한 유익한 도구의 구실을 할 수 있게 된다. 우리의 현실은 반성을 통하여 끊임없이 개혁되기를 요청하고 있는데, 이 현실의 변화와 개혁을 위해서도 철학과 과학의 결합은 대단히 중요하다. 변화와 개혁의 목표를 위해서는 심원한 철학적 지혜의 힘을 빌려야 하며, 정해진 목표를 달성하는 구체적인 방안 또는 방법을 발견하기 위해서는 치밀한 과학적 지식을 동원해야 한다.

### 4) 철학의 갈래

철학은 사람에 관한 물음이며, 그것은 곧 자신에 관한 질문이며, 자신이 속해 있는 세계에 대한 탐구이다. 그래서 18세기 독일의 철학자 칸트는 철학의 문제 전체를 다음과 같이 요약하였다.

1. 나는 무엇을 알 수 있는가?(인식론)~≪순수이성비판≫
   (Critique of Pure Reason, 1781)
2. 나는 무엇을 행해야만 하는가?(윤리학)~≪실천이성비판≫
   (Critique of Practical Reason, 1788)
   [나의 삶을 어떻게 꾸며 나가야만 하는가?]
3. 나는 무엇을 바랄 수 있는가?(종교, 미학)~≪판단력비판≫
   (Critique of Judgement, 1790)
   [내가 믿어도 좋은 것은 어떤 것인가?]
4. 인간은 무엇인가?(인간학)
   (Was darf ich hoffen?)

이와 같은 4가지 문제를 해결하기 위해 칸트는 평생을 노력해 왔다고 할 수 있다. 일반적으로 많은 학자들이 철학의 분야는 다음과 같다고 보았다.

칸트

**철학의 분야**

형이상학[3] (metaphysics) ———— 실재의 본질
논리학 (logic) ———— 사고의 형식과 법칙
인식론[4] (epistemology) ———— 지식의 습득방법
미학 (aesthetics) ———— 아름다움의 의미와 경험
윤리학 (ethics) ———— 도덕적 가치판단

3) 존재하는 것이 무엇인지를 규정하는 철학의 한 분야
4) epistemology는 '지식', '참된 앎'이라는 뜻의 그리스어 episteme에서 유래

### 칸트와 커피

군인 출신 하인이 새벽 5시에 깨우면 연한 차 한 잔과 함께 "명상의 친구"인 파이프 담배를 즐기며 생각을 하거나 글을 썼고, 오전 7시~11시 강의를 하고 다시 글을 썼고, 점심을 먹으러 외출하고 산책하고…. 평생이 늘 그랬다는 것이다. 그는 관계가 자아를 확장한다는 지혜를 비웃듯 책과 더불어 평생 독신으로 살았고, 여행이 견문을 넓힌다는 속설을 조롱하듯 고향인 동프로이센 쾨니히스베르크의 반경 10마일을 벗어난 적이 없었다.

그런 극단적인 삶이 오히려 칸트의 작은 사생활 혹은 욕망을 더 주목하게 했을지 모른다. 예컨대, 그는 파이프 담배를 하루에 딱 한 번만 피운다는 원칙을 지켰지만 세월이 갈수록 파이프의 크기가 점점 커졌다고 한다. 밤에 화장실 갈 때 촛불을 켜는 게 귀찮아 침대에서 화장실 문까지 실을 이어 두었다는 이야기도 있다. 그리고 말년의 기쁨이었다는 커피에 대한 갈망도 유명하다.

담배도 그렇지만, 카페인 중독자들이 유난스레 기억하는 커피 애호가 목록에는 예술가와 철학자들이 많다. 계몽사상가 볼테르는 하루 40~50잔의 커피를 — 주로 카카오와 섞어 — 마셨고, 키에르케고르는 진한 에스프레소에 흰 설탕을 피라미드처럼 쌓아 마시는 걸 즐겼다고 한다. 말년에 그 맛을 알게 된 금욕주의자 칸트는 커피도 저녁 식사 후 딱 한 잔만 마셨지만, 커피가 즉각 준비되지 않으면 노인 특유의 성마름과 곧 죽을 것처럼 기력 없는 목소리로 칭얼대듯 커피를 요구하곤 했다.

출처: 한국일보 2019년 4월 22일

철학의 분야 중 형이상학은 실재의 본질, 즉 제1원인(第一原因)을, 논리학은 사고의 형식과 법칙을, 인식론은 지식의 습득 방법을, 미학은 아름다움의 의미와 경험을, 윤리학은 도덕적 가치판단을 탐구한다. 다시 말해 '이 세계에 참으로 존재하는 것은 무엇인가?'를 질문하는 형이상학과, '어떻게 생각을 옳게 할 수 있을까?', '사고의 형식이란 어떤 규칙을 갖고 있는가?', '어떤 법칙에 따라 사고해야 하는가?'라는 논리학, '앎이란 무엇인가'를 질문하는 인식론, '가치 있는 삶이란 무엇인가?', '정의란 무엇인가?', '선은 무엇인가?' 등의 문제를 묻는 윤리학 등이 철학의 분야이다.

## 학 습 정 리

### 철학은?

무지(無知) ➡ 전지(全知): 철학은 무지와 전지와의 중간

지식욕

- 과학은 존재하고 있는 것, 즉 사실만을 문제 삼고, 철학은 가치 자체를 문제로 삼고 근본적 물음에 관해 사색한다.

## 퀴 즈

**※ 다음 문제 중 맞으면 ○, 틀리면 ×를 하시오.**

**01.** 탈레스는 "만물은 물로 이루어졌다"라고 했다. (   )

**정답** ○

**해설** 만물의 근원은 물이라 했다.

**02.** 비트겐슈타인의 세계에서 철학은 '말할 수 있는 것'에 해당한다. (   )

**정답** ×

**해설** 너무나 중요해서 말할 수 없는 것

**※ 괄호 안에 적당한 단어를 넣으시오.**

**03.** 과학은 존재하고 있는 것, 즉 사실만을 문제 삼지만 철학은 (   ) 자체를 문제 삼는다.

**정답** 가치

**해설** 철학은 세계와 인생의 주체적 자각이기 때문이다.

**※ 다음 빈칸에 들어갈 말로 알맞은 것은?**

**04.** 철학은 일반적으로 '(    )에 대한 사랑'이라고 일컬어진다.

① 명예 ② 욕망
③ 지혜 ④ 자기자신

정답 ③

해설 철학은 '애지학'으로서 지혜에 대한 사랑이다.

## 2. 철학의 역할

### 1) 철학한다는 것

철학은 우리에게 있어서 가장 가까운 것이다. 우리들의 생활에 무관하기는커녕 오히려 생활과 밀접히 맺어져 있는 것이다. 우리들 모두가 자신의 인생관이나 철학에 의해서 생활하고 있기 때문이다.

철학이 인간의 생활을 어떻게 규정하는가가 우리가 추구해야 할 과제이다. '인간의 생활에 가장 필요한 것은 무엇인가?'라고 묻는다면 대다수의 사람들이 '행복'이라고 대답한다.

우리들은 '행복'이 무엇인가를 잘 알고 있다고 생각한다. 그러나 '행복'이 무엇인가를 질문한다면 분명한 대답을 할 수 없다. '행복'을 무엇이라고 생각하는가가 우리들 각자의 철학으로 규정되는 것이다. 인간은 누구나 자신의 방식으로 행복을 구한다. 우리들은 항상 스스로에 대해 행복을 줄 것 같은 대상을 선택하고 있는 것이다.

그러나 인간은 같은 환경, 같은 조건을 갖고 있다고 해도 개인에 따라 삶을 살아가는 방식은 다르다. 역경에 처하면 자포자기하는 사람이 있는가 하면, 오히려 자신의 변화를 추구하여 재도약하는 사람도 있다. 이처럼 인생에 대처하는 방법이 다름은 우리가 무엇을 행복이라고 생각하느냐에 따라 생겨나는 것이라고 할 수 있다.

행복한 삶이란 구체적인 일상 속에서 좋은 삶을 구현해야 한다는 것이라 할 수 있다. 삶의 여정 속에서 늘 고민하고, 고민을 통해 얻은 좋은 생각을 실천하면서 더 나은 삶을 향해 한걸음 나아가는 것이 행복한 삶을 꾸리는 것이라 할 수 있고, 그 과정이 바로 '철학하는 것', 즉 '지혜를 찾아가는 것'이라 생각된다.

> 행복은 먼 곳에 있지 않다. 누구나 잡을 수 있는 곳에 있다. 하지만 그것을 붙잡는 한 가지 비결은 붙잡기를 멈추는 데 있다.
>
> -리처드 칼슨

## 2) 철학의 유용성

### (1) 언어 분석

일반적인 철학의 정의는 무엇일까? 그것은 삶의 원리라고 할 수 있다. 철학은 자기완성과 행복에 대한 끝없는 추구를 의미할지도 모르겠다. 즉, 철학은 보다 깊이 산다고 하는 일에 토대를 둔 것이다. 20세기의 분석철학자 중 가장 뛰어나고 영향력 있는 루드비히 비트겐슈타인(Ludwig Wittgenstein, 1889~1951)은 자기의 학설을 실천에 옮기면서 많은 반시대적 반응에 직면한다. 그는 체계적인 철학교육을 받지는 않았지만 현대철학에서 가장 영향력 있는 철학자 중의 한 사람이다. 그는 유태인 태생으로 오스트리아의 빈에서 태어났고, 영국인으로 케임브리지에서 세상을 떠났다. 그의 아버지는 철강 사업가였고, 비트겐슈타인이 공학을 전공하여 중금속 산업을 물려받을 것을 원했으나 그는 중퇴하였다.

비트겐슈타인의 집안은 어마어마한 재산을 가졌으므로 그는 많은 재산을 상속받았으나, 릴케를 비롯한 예술가들과 형제들에게 재산을 다 나누어 주었다. 그는 오스트리아 빈 중심부 저택에 살았고, 음악의 밤을 위해 초빙된 음악가가 선택할 수 있는 그랜드 피아노만 무려

비트겐슈타인가의 저택

여섯 대나 있을 정도로 오스트리아 최고 갑부의 집안이었던 것이다. 그의 가족은 8남매였는데 그중 4명의 남자 형제 가운데 3명의 천재 형들이 자살하였고, 천재 철학자 비트겐슈타인도 평생 자살의 충동에서 벗어날 수가 없었다. 또한 그는 타협할 줄 모르는 강직함과 엄격한 도덕적 성향을 갖고 있었으며 자신의 동성애적 기질로 인해 고통스러워하였다고 한다.

20세기의 위대한 철학자 비트겐슈타인은 죽을 때 "나는 멋진 삶을 살았다"는 말을 남겼다. 우리는 어떻게 살아야 자신의 멋진 삶을 이루어낼 수 있을까?

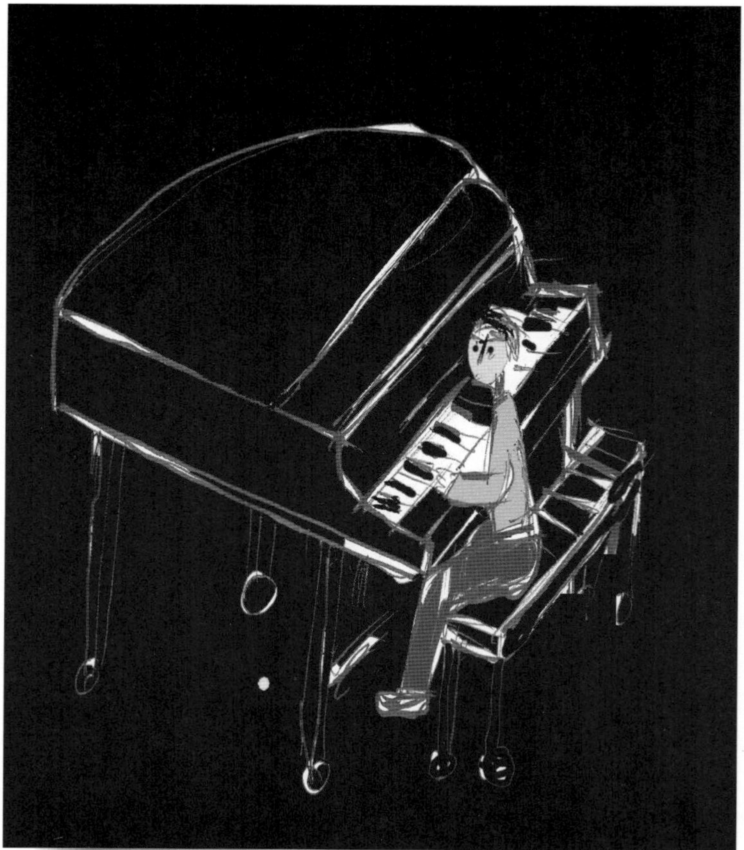

비트겐슈타인은 평생 동안 자신의 삶에 대한 글을 썼는데 '내 노트가 체계적으로 정돈되려면 사실 나는 문 밖으로 나와 삶 속으로 뛰어들어야만 한다'는 입장이었다. 그래서 부와 명예를 다 버리고 벽지의 초등학교 교사가 되기도 하고, 수도원의 가정교사가 되기도 한다. 그는 케임브리지 대학에서 강의를 하기도 했지만 대학을 곧 떠난다. 그 당시 그는 제자들에게 '지독하게 힘든 길'을 가라고 거듭 말하곤 하였다. 비트겐슈타인은 철학적 사유에서만이 아닌 삶 전체에서 어려운 길로 가야 한다고 제자들을 독려했다. 그는 힘든 길을 가야만 지혜를 습득할 수 있다고 보았다.

참호

또한 그는 제1차 · 2차 세계대전에 다 지원하였는데, 제1차 세계대전 중 비트겐슈타인은 톨스토이의 요약 복음서를 지니고 다녔다고 한다. 왜냐하면 그는 지적인 삶보다 윤리적인 삶이 더 중요하다고 생각했기 때문이다.

비트겐슈타인은 생전에 단 한 권의 책인 80쪽 분량의 ≪논리 철학 논고≫만을 출판하였다. 이러한 비트겐슈타인은 "세계는 경우(境遇)인 것 모두이다"(논고 1), "세계는 사물들의 총체가 아니라 사실들의 총체이다"(논고 1.1). "나의 언어의 한계는 나의 세계의 한계를 뜻한다", "세계와 삶은 하나이다"(논고 5.621), "나는 나의 세계이다"(논고 5.63), "행복한 사람의 세계는 불행한 사람의 세계와는 다른 세계이다"(논고 6.43)라는 자신만의 독창적인, 그리고 세계의 중심이 '나'라는 유아론적(唯我論的) 철학을 주장하였다. 세계는 하나이나 행복한 사람과 불행한 사람이 보는 세계는 다르다. 행복과 불행도 보는 이의 태도에 달려 있는 것이다.

또한 그는 ≪논고≫(논리 철학 논고, 1921)의 마지막에 "말할 수 없는 것에 대해서는 침묵해야 한다"(논고 7)라고 하였다. 비트겐슈타인은 '말할 수 있는 것'과 '말할 수 없는 것'으로 나눈다. 이때 '말할 수 있는 것'은 자연과학의 명제이고, '말할 수 없는 것'은 윤리학, 신학, 형이상학 등의 철학의 영역들이다. 비트겐슈타인은 "말로 할 수 없는 것들이 정말 있다. 그들은 '스스로를 보여준다.' 신비적인 것들이 이런 것들이다"(논고 6.522)라고 하였다.

예를 들어, 우리는 '왜 사랑하느냐?'는 물음에 논리적으로 정확하게 대답할 수 없다. 신비로운 일도 마찬가지다. 종교적 체험과 같은 것은 말로 표현할 수 없는 것이다. 비트겐슈타인은 이러한 것들에 대해서 침묵해야 한다는 것이다. 그것은 철학의 영역이 아니다.

'인생은 나그네 길'을 말로 표현할 수 있을까? 자연과학적 의미로 보면 '인생은 나그네 길', '사랑은 눈물의 씨앗', '사랑은 삶(生)', '사랑은 황홀함' 등은 말할 수 없는 것을 말하려는 것이다. 그러나 이러한 것들은 무엇인가 보여주고 있다. 비트겐슈타인에게 있어 말할 수 없는 침묵의 영역이 더 중요한 것이다. 이처럼 비트겐슈타인에 의하면 철학은 말할 수 없는 것을 말하려고 하는 과대망상을 버려야만 한다고 역설한다.

한 예로 비트겐슈타인에 있어서 종교적 언어는 말할 수 없는 말이다. 즉, 하나님에 대해 우리가 받은 교육에 의하면 하나님에 대한 믿음은 무엇이건 간에 실험할 수 있는 것에 대한 믿음이 아니며 실험할 수 있는 방법도 없다는 것이다. 그러므로 어떤 종교인이, 하나의 종교적 조각상이 1년 중의 어느 특정한 날에 피를 흘린다고 주장한다고 할 때 그 종교인은 그것이 빨간 잉크일 수 있다는 것도 인정한다. 그러나 종교인들은 그가 속임쟁이일 수 있지만 하나님이 그를 사용할는지도 모른다고 말한다. 이로 인하여 그것은 어떤 의미로는 빨간 잉크이지만 또 하나의 다른 의미로는 빨간 잉크가 아니라는 것이다. 그러니까 정말 중요한 것은 우리가 그것에 관하여 침묵할 수밖에 없는 것이다. 비트겐슈타인에 의하면 우리들은 철학적인 질문에 대답할 수가 없다는 것이다. 이것은 종래의 철학에 대한 하나의 종지부였다. 비트겐슈타인에게 있어 철학은 생각하는 방법을 개선시켜 주어야 하며, 언어사용에 대해 신중하도록 도와주어야 하는 것이다. 왜냐하면 그에게 있어 '모든 철학은 언어 비평'이기 때문이다.

### (2) 파리통에서 빠져나오기

제2차 세계대전이 일어나자, 그는 의무병으로 지원하고, 전쟁 후에는 아일랜드로 가서 골웨이 근처의 한적한 어촌의 절벽 같은 곳에서 오두막집을 손수 짓고 혼자서 살아간다. 이곳에서 그는, 은둔자와 같은 생활을 하면서 비트겐슈타인의 후기사상으로 구분되는 250쪽을 넘지 않는 아주 작은 책인 ≪철학적 탐구≫(1953)를 쓰기 시작한다. 사후에 출판된 ≪탐구≫에서 비트겐슈타인은 다음과 같이 말하고 있다. "네 철학의 목적은 무엇이냐? 그것은 파리에게 파리잡이 유리 항아리로부터 탈출할 출구를 가르쳐 주는 것이다."

파리잡이 유리 항아리는 비트겐슈타인에게 있어서는 인간이 사는 세계처럼 비쳤던 것이다. 〈파리잡이 항아리〉는 투명한 유리로 만들어진 항아리로, 아래쪽에 파리가 들어가도록 되어 있는데, 그 항아리 바닥에 생선 꼬리 같은 비린내 나는 것을 넣어두면, 파리가 냄새를 맡고 들어간다. 그러나 파리는 그 항아리 속으로 기어 들어갈 수는 있어도 나오지를 못한다. 파리는 마구 날아다니다가 유리에 부딪혀서 죽기도 하고, 유리벽을 타고 내려오다가 항아리 아래 물이 들어 있는 도랑에 빠져서 죽는다. 비트겐슈타인은 인간을 이러한 파리에 비교하고 있는 것이다. 파리가 그 속에서 날아다니는 항아리는 하나의 우주이다. 우리 인간은 길을 잃고 있는 것이다. 그러므로 철학하는 일은 병 속에 갇힌 파리에게 어떻게 하면 그 병에서 빠져 나올 수 있는가 하는 길을 가르쳐 주는 것과 같이 우리 인간에게 길을 제시하는 것이다.

이런 그에게 있어 철학은 일종의 치료요법으로서 작용한다고 할 수 있다. 다시 말해 비트겐슈타인에게 있어 철학은 우리에게 사유 활동을 해가다 보면 얽히게도 되는 실날들의 매듭들을 풀어 주는 것이다. 다시 말해 '나는 길을 잃었다'라는 것이다. 그러므로 "철학적 문제를

비트겐슈타인이 손수 짓고 살았던 오두막집

제기하는 형식은 나는 나의 출구를 모르겠다는 것이다."(≪철학적 탐구≫, 123; A philosophical problem has the form: "I don't know my way about.") 철학자가 문제를 다루는 방식은 마치 병을 치료하는 것과 같다.

가치 있는 것은 무엇인가? 무엇이 중요한가? 인생의 의미는 무엇이며 올바른 삶이란 무엇인가? 무엇이 인생을 살 가치가 있게 하는가? 이렇듯 정말 누구에게나 삶의 문제는 그대로 남아 있으며 이 문제의 해결은 우리들 각자의 과제인 듯싶다.

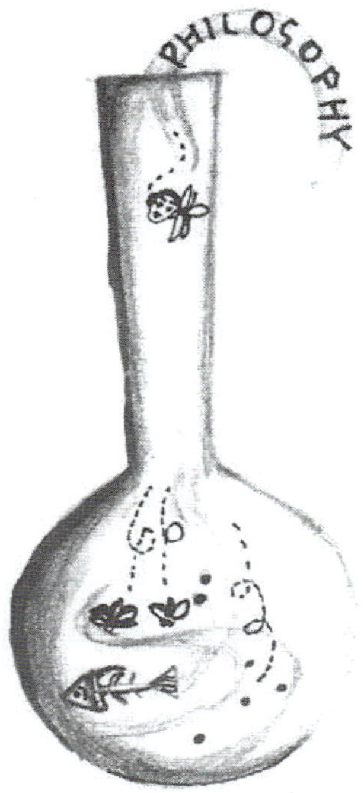


## 학 습 정 리

- 철학은 우리에게 있어서 가장 가까운 것이다. 우리들의 생활에 무관하기는커녕 오히려 생활과 밀접히 맺어져 있는 것이다.

### 비트겐슈타인

- 전기 〈논고〉
- 후기 〈탐구〉: 파리잡이 항아리로 상징

### 비트겐슈타인-세계:

- 말할 수 있는 것: 자연과학의 명제
- 말할 수 없는 것: 윤리, 철학, 형이상학

## 퀴 즈

**※ 다음 빈칸에 들어갈 말로 알맞은 것은?**

**01.** 비트겐슈타인에 의하면 "철학은 병 속에 갇힌 파리에게 병에서 빠져나올 수 있도록 하는 것과 마찬가지로, 우리 인간에게 ( )을 제시하는 것이다"라고 하였다.

① 길　　② 협상
③ 돈　　④ 행운

정답 ①

**※ 다음 문제 중 맞으면 ○, 틀리면 ×를 하시오.**

**02.** 비트겐슈타인의 세계에서 철학은 '말할 수 있는 것'에 해당한다. ( )

정답 ×

해설 너무나 중요해서 말할 수 없는 것

**03.** 비트겐슈타인은 "말로 할 수 없는 것들이 정말 있다. 그들은 스스로를 보여준다. 신비적인 것들이 이런 것들이다"라고 하였다. ( )

정답 ○

해설 예를 들면 형이상학의 영역 등 말할 수 없는 영역이 더욱 중요하다.

SECTION 02

# 현대사회와 고대의 지혜

## 1. 고대 사상

### 1) 최초의 질문들

#### (1) 탈레스

탈레스

철학적 사고의 기원을 '만물은 물이다'라고 말한 전설적인 인물인 탈레스(Thales, B.C. 624?~546?)에게서부터 두고 있는 것은 주지의 사실이다. 탈레스는 지구 전체가 물 위에 떠 있으며 물에서 나왔고 물로 구성되어 있다는 것이었다. 예를 들어, 인간 신체도 70%가 물이고 모든 사물이 물의 성분이 없는 것이 없기 때문이었다.

실제로 성장이 정지된 성인의 신체는 70%가 물로 이루어져 있다. 그리고 10세의 어린이는 85%이며, 노인의 경우는 50% 이하로 떨어진다. 나이가 들수록 체내의 수분이 줄어드는 것은 사실이지만 인간 신체에는 일정량의 물이 필요하다.

아낙시만드로스

만물의 근원을 그리스어로 '아르케(arche)'라고 하는데 그의 수제자인 아낙시만드로스(Anaximandros, B.C. 610?~546?)는 아르케를 '무한한 것'이라고 했고, 또한 아낙시만드로스의 제자인 아낙시메네스(Anaximenes, B.C. 585~528?)는 만물의 근원–아르케를 '공기'라고 보았다. 즉 그는 공기의 변화로 세계의 변화가 일어난다고 본 것이었다. 이들은 이오니아의 식민지 가운데서 가장 중심 도시인 밀레토스 출신으로서 이오니아 자연학–밀레토스학파라고 하며, 이들의 관심은 주로 자연이었으며 아직 자연과 인간을 구별하지 못하였다.

- 밀레토스학파
  - 탈레스—물
  - 아낙시만드로스—무한자
  - 아낙시메네스—공기
- 엘레아학파
  - 파르메니데스—존재=사유
  - 제논—운동부정

## (2) 제논

밀레토스학파와 달리 이오니아의 식민지 엘레아에서 일어난 엘레아학파는 일체의 변화를 부인하였다. 이 학파의 창시자인 파르메니데스(Parmenides, B.C. 515?~450?)[5]는 '있는 것은 있고, 없는 것은 없다'는 주장을 내세운다. 세계는 생성불멸, 아무런 변화도 없고, 존재하는 것과 사유하는 것은 같은 것이라는 것이다. 이러한 파르메니데스의 주장은 제자 제논(Zenon, B.C. 490?~430?)으로 하여금 스승의 학설을 옹호하게 하였다. 제논은 운동 자체를 부정함으로써 그의 역설을 형성하고 변증법의 시조로 불리게 된다.

---

5) Robert C. Solomon과 Kathleen M. Higgins의 연대기를 참고로 했음; Robert C. Solomon & Kathleen M. Higgins, A Short History of Philosophy, oxford, 1996, xiii 참조.

제논의 '아킬레스와 거북의 경주'와 '날아가는 화살은 날지 않는다'는 논증은 유명하다. 첫 번째 논증은 아킬레스[6]와 느림보 거북이가 경주 시합을 벌일 때 거북보다 빠른 아킬레스가 100미터 후방에서 시작하는 것으로 설정해 놓는다. 이 경우 어떻게 하든 아킬레스는 거북이를 추월할 수 없다는 것이다. 아킬레스가 거북을 따라잡기 위해서는 먼저 거북이 있는 지점까지 와야 하는데 아킬레스가 그 지점에 도착하면 거북은 조금이라도 앞으로 나아간다. 경주는 이런 식으로 끝없이 진행된다. 거북이를 추월하기 위해서 아킬레스는 항상 거북이가 지나갔던 지점에 도달해야 하기 때문이다. 따라서 아킬레스는 결코 거북을 따라잡지 못한다는 것이다. 두 번째 논증은 '날아가는 화살은 정지해 있다는 것이다.' 다시 말해 공중을 향해 쏜 화살은 실제로는 날지 않는다는 것이다. 이 화살은 날아가는 것처럼 보이지만 실은 제자리에 있는 것이다. 화살이 존재하기 위해서는 한 점을 차지해야 하는데 한 점을 차지한다는 것은 정지해 있다는 것을 말하는 것이기 때문이다. 즉, 화살이 분할된 공간 속의 한 위치를 차지하려면 그것은 정지해 있어야 한다. 이렇듯 제논은 운동이라는 관념을 거부하였는데 이러한 논증은 '만물은 분할 가능하다는 주장'인 피타고라스학파에게서 출발하여 운동의 불가능성을 보여줌으로써 피타고라스학파의 입장을 논박하는 것이었다. 피타고라스학파의 분할된 공간이라는 생각은 날아가는 화살이 정지되어 있다고 말하는 것과 다름없기 때문이다.

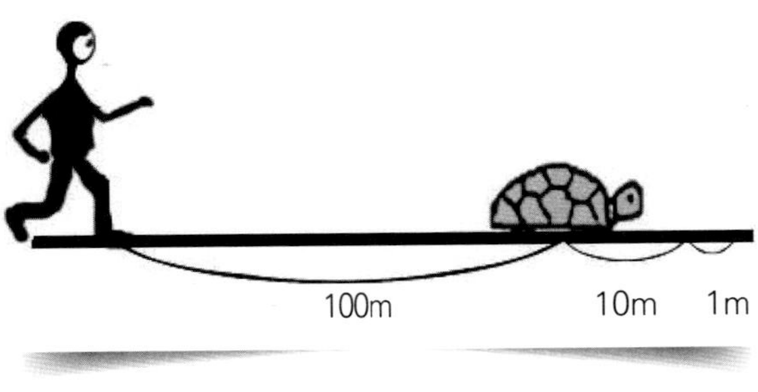


6) 트로이 전쟁을 그린 호머의 작품 ≪일리어드≫에 나오는 누구도 대적할 수 없는 힘과 잘 달리는 다리를 가진 희랍의 영웅으로 발꿈치에 화살을 맞고 죽었다.

### (3) 피타고라스

피타고라스(Pythagoras, B.C. 580?~500?)는 원래 에게해의 사모스 섬 출신인데 남부 이탈리아로 이주하였다. 그는 의사로서, 종교적 윤리적 스승으로서 또한 수학자로서 대단한 존경을 받으며 살았고, 지금까지도 '피타고라스의 정리'는 잘 알려져 있다. 그는 자신의 사상을 따르는 사람들과 함께 이탈리아 크로톤에서 공동체 생활을 하며 '피타고라스학파'를 형성하였다.

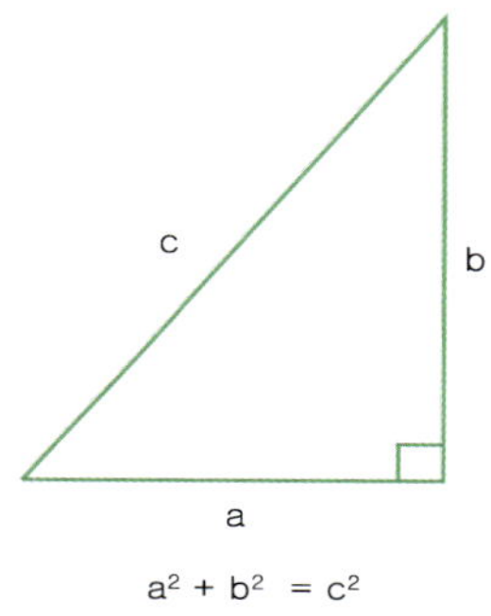


피타고라스 정리

피타고라스는 자신을 '철학자', 즉 '지혜를 사랑하는 자'라고 칭했던 최초의 사상가로 알려져 있다.[7] 그러므로 '철학자'를 '지혜의 친구'라 하고, 철학이란 '지(知)와의 사귐'이라고 말한 그가 최초로 '철학'을 명명하지 않았을까 하고 학자들은 추측하고 있다. 또한 그는 우주를 질서 있고 조화로운 세계로 간주했고 수학의 원리야말로 만물의 원리라고 생각하였다. 그리고 그가 형성한 피타고라스학파는 한때 600명의 철학자와 2,000명의 청강생이 있었고 자신의 제자들 속에 최초의 여성 철학자들을 수용하였다고도 전해진다. 이러한 피타고라스학파는 만물의 근원-아르케가 '수'라고 하였으며, '만물은 분할 가능하다'고 보았으며, '영혼이 윤회'한다고 생각하였다.

---

7) 로버트 C. 솔로몬 외(박근재·서광렬 역), 『철학사. Zip』, 작은이야기, 2004, p. 87 참조.

피타고라스와 그의 제자들은 눈에 보이는 것에서 세계의 아르케를 유추하려 했던 밀레토스학파와는 달리, 눈에 보이지 않는 것에서 이 세계의 아르케를 추구하였다. 그들이 '수'에서 이 세계의 아르케를 찾은 것은 지상세계에 있는 것이 아닌 오히려 영원한 것, 이 세계를 초월한 어떤 것이었다. 그리고 그들은 영혼불멸설 및 윤회설에 입각하여 육식을 금하는 채식주의자였으나 콩 속에는 인간의 태아가 들어있다고 생각해서 콩을 먹는 것을 피했다. 이처럼 이들은 순결한 영혼을 위하여 음식을 가려 먹어야 하고 음악과 철학을 통해 정신적 교양을 쌓을 것을 주장하였다. 그래서 피타고라스는 철학을 최고의 음악이라고 하였으며 이와 같은 '수'의 철학과 생활의 신비주의적 경향은 플라톤(B.C. 427?~347?)의 사상에 많은 영향을 끼친다.

### (4) 헤라클레이토스

밀레토스의 철학자들이 만물의 근본적 재료—물, 무한자, 공기—등에 관심을 가졌던 것과는 달리, 에페소스의 왕가 출신이었던 헤라클레이토스(Heraclitus, B.C. 540?~480?)는 만물의 변화 그 자체에 관심을 가졌다. 그는 파르메니데스와 동시대인으로서 '만물은 유전(流轉)한다', '태양은 날마다 새롭다'라고 말하였다.

헤라클레이토스가 '만물은 유전한다'고 말한 것은 만물은 변화하고, 세계의 참된 본질은 영원히 흐르고 있다는 것이다. 세계에는 서로 모순되는 것의 투쟁이 있고, 만물은 이러한 투쟁에서 생겨나는 것이다. 따라서 그에게는 투쟁인 싸움, 전쟁은 만물의 아버지이고 만물의 왕이다. 그러나 이러한 투쟁 중에서 숨겨진 조화를 발견하였고, 그것이 바로 세계를 지배하는 로고스(logos)이다. 그리고 이러한 이치의 상징으로서 '불'을 내세운다. 그러므로 그에게서 만물의 근원은 영원히 살아 있는 '불'인 것이다. 그는 세계의 원소를 불이라고 하고 불에서 모든 것이 발생한다고 보았다. 그에 따르면 불은 전화(轉化)하여 물이 되고, 물은 흙이 된다. 흙은 물이 되고, 물은 또다시 불로 환원되고, 이러한 전화 과정은 투쟁이지만 전체적으로는 조화를 찾을 수 있다. 그에 의하면 '세상에 악한 사람은 많고 선한 사람은 적다.' 생존경쟁이 치열하기 때문이다.

이렇듯 '만물은 변화한다'는 사상은 '어느 누구도 같은 강물에 두 번 들어갈 수 없다'는 그의 입장을 잘 나타낸다. 그에 의하면 '만물은 흐른다'라는 것이다. 즉, 우리는 어느 누구도 '같은 강물에 두 번 발 담글 수는 없다'는 논변이다.

> 너희는 다시는 고향으로 돌아갈 수 없다.
> 어린 시절은 이미 지나가버렸다.
> 어린 시절의 친구들은 사라졌다.
> 너희의 현재는 너희를 떠나고 있다.8)

이처럼 그의 세계관은 변화하지 않는 것은 아무 것도 없다. 끊임없이 새로운 물이 흐르고, 흐르는 강물에 발을 담군 나 자신도 변화한다. 나 또한 조금 전의 나와 다르다. 그 어떤 것도 안정되거나 머물러 있지 않다고 보았다. 만물은 변화한다. 현실에서도 우리의 피부나 뼈, 폐, 뇌는 끊임없이 소멸되면서 빠르게 새로운 요소나 세포로 대체되고 있다. 피부는 매달 새로워지고 있고 골격조차도 3개월마다 완전히 대체된다. 1년이란 기간 동안에 우리 몸을 구성하는 요소 중 98퍼센트가 새로운 것으로 바뀐다.

그래서 고대의 헤라클레이토스는 끊임없는 생성과 운동 그리고 변화의 과정만이 영원하다고 보았다. 그의 난해한 이론 때문에 그는 '암울한 철학자'라고 불렸다. 이밖에 그의 사상은 '삶과 죽음', '오르막길과 내리막길', '젊은이와 늙은이', '밤과 낮' 등은 동일한 것이라는 변증법을 제시하였는데, 이러한 그의 변증법은 근세 헤겔의 변증법의 근원이 되었다. 예를 들어 '늙음' 속에는 '젊음'이, '젊음' 속에는 '늙음'이 이

8) 도널드 팔머(이한우 역), 『서양철학사1』, 자작나무, 1997, p. 39.

미 들어 있어서 '늙음'과 '젊음'은 동전의 양면과 같이 동일하다는 뜻이다.

이렇듯 초기의 자연철학자들—밀레토스학파, 헤라클레이토스, 피타고라스, 엘레아학파—은 자연현상의 근저에 있는 아르케를 하나의 근원 물질에서 구하였다.

## 2) 후기 자연철학자들

후기의 자연철학자들은 아르케를 여럿의 근원물질에서 구하였다. 이러한 후기 자연철학자들로서 엠페도클레스, 아낙사고라스, 데모크리토스가 있다. 그리스의 식민지인 시칠리아에서 살았던 엠페도클레스(Empedocles, B.C. 490~430)는 세계는 물, 불, 공기, 흙으로 이루어져 있어 사랑과 미움—견인력과 반발력—이라는 두 가지 힘에 의하여 지배받는다고 보았다. 의사이면서 정치가였던 엠페도클레스는 에트나 화산의 분화구에 스스로 몸을 던져 삶을 마감한 가장 극적인 최후를 맞이한 철학자였다.

아낙사고라스(Anaxagoras, B.C. 500?~428?)는 어떤 사물도 누스(이성 또는 정신)가 없이는 생겨날 수 없다고 보았고, 정신은 '씨앗들'이나 원소들을 가지고 사물들을 만들어내는 신과 거의 같은 것이었다. 그러므로 그는 만물의 근원이 되는 원질은 무수히 있다고 보았으며 그것들을 씨앗이라고 불렀다. 그리고 이러한 씨앗들을 움직여서 생성 변화하게 하는 힘을 정신이라고 한 것이었다. 아낙사고라스의 후계자인 데모크리토스(Democritos, B.C. 460?~370?)는 만물을 구성하는 것이 원자라는 수많은 입자들이라고 주장한 원자론자였고, 원자론을 제창한 레우키포스(Leukippos, B.C. 460?~?)의 제자였다. 데모크리토스는 스승의 딸을 사랑했는데 그녀가 18세 때 죽어 버렸기 때문에 크게 상심하고 90여 세까지 평생을 독신으로 살았다. 그의 견해는 정신적 즐거움을 강조하였으며, 유머가 풍부하고 항상 웃으면서 살았으므로 '웃는 철학자'라는 별명이 붙여지기도 하였다. 훗날 그는 20세기 원자 물리학 이론에 많은 영향을 주었는데, 그것은 단지 그의 치밀한 철학적 사유로 인한 것이었다.

지금까지 설명한 밀레토스학파, 피타고라스학파, 엘레아학파, 헤라클레이토스, 엠페도클레스, 아낙사고라스, 데모크리토스 등은 세계의 궁극적인 본질을 다루었는데, 이 이론들—자연철학—은 모두 소크라테스 이전 철학이라 한다.

아폴로신전

### 학습정리

- 밀레토스학파
  - 탈레스: 물
  - 아낙시만드로스: 무한자
  - 아낙시메네스: 공기
- 엘레아학파
  - 파르메니데스: 존재 = 사유
  - 제논: 운동부정론
- 피타고라스 —— 수

헤라클레이토스 — 우주만물의 근원은 불, 생성변화론

엠페도클레스 — 만물의 근원은 물, 불, 공기, 흙의 4원소로 이루어졌다.

데모크리토스 — 세계는 원자로 구성

자연철학
- 일원론적(一元論的) 자연철학 – 밀레토스학파, 엘레아학파, 피타고라스, 헤라클레이토스
- 다원론적(多元論的) 자연철학 – 엠페도클레스, 아낙사고라스 데모크리토스

〈소크라테스 이전 철학자들〉

탈레스 → 아낙시만드로스 → 아낙시메네스 → 피타고라스 → 헤라클레이토스 → 파르메니데스 → 제논 → 엠페도클레스 → 아낙사고라스 → 데모크리토스

## 퀴즈

**※ 다음 문제 중 맞으면 ○, 틀리면 ×를 하시오.**

**01.** 탈레스는 우주만물의 근원을 물이라 했다. (  )

정답 ○

**02.** 헤라클레이토스는 운동부정론을 주장하였다. (  )

정답 ×

해설 제논–운동부정론, 헤라클레이토스–생성변화론

**03.** 데모크리토스는 우주만물의 근원을 '원자'라는 수많은 입자들이라고 주장하였다. (  )

정답 ○

**※ 다음 빈칸에 들어갈 말로 알맞은 것은?**

**04.** 제논은 자신의 유명한 변증법 논증에서 “날아가는 (　)은 날지 않는다”고 하였다.

① 새　　② 창
③ 화살　　④ 구름

정답 ③

해설 제논의 역설에서 날으는 화살의 예는 아킬레스와 거북의 경주의 예와 함께 매우 유명하다.

## 2. 고대의 지혜와 자각

### 1) 소크라테스와 지혜

#### (1) 생애와 무지의 자각

일반적으로 철학을 하는 목적은 지식을 얻는 데 있지 않다고 한다. 철학의 목적은 우리의 지식과 신념이 과연 제대로 인지 아닌지, 혹은 의미 있는지를 검토하거나 우리의 독단과 선입견을 제거하는 데 있다. 자신의 생각이 올바른지에 대해 고민하고, 이성적인 대화를 통해 더 나은 삶을 지향하는 것이 진정으로 철학하는 자세인 것이다. 소크라테스는 이와 같은 철학하는 태도로 평생을 살았다고 한다.

소크라테스는 기원전 5세기경 아테네에서 태어났다. 그의 아버지 소프로니코스는 조각가였고, 어머니는 아이를 잘 받아내는 유명한 산파였다. 소크라테스도 사람들이 지혜를 낳게 하는 산파라고 불렸다. 그는 사람들이 ‘정신’을 분만하는 데 옆에서 거드는 산파였던 것이다. 그가 한 일은 사람들 각자가 가지고 있는 여러 가지의 문제와 어려움을 밝혀내는 데 조력한 것뿐이다.

그는 한 권의 저술도 없다. 소크라테스는 평생을 거리의 철학자로 지냈으며 단 한 권의 책도 남기지 않았다. 그와 제자들 사이의 대화를 제자인 플라톤이 저술하여 소크라테스의 사상이 후세에 전해졌다. 하지만 플라톤의 대화록 중 어디까지가 실제로 소크라테스 사상이고 플라톤의 사상인지는 엄밀하게 구별하기가 어렵다.

그는 아테네 광장을 누비며 끊임없이 아테네 청년들과 대화하며 사색했을 뿐이다. 그는 자신이 '진리에 대해 아무것도 모른다'라는 사실만을 깨달았을 뿐이다. 바로 이 점 때문에 그가 가장 현명한 사람이었다.

당시 그리스의 델피에는 아폴론 신을 모시는 신전이 있었다. 사람들은 큰 행사나 사건이 있을 때마다 이곳에서 사제에게 신탁을 받았다. 델피 신전의 기둥에는 '너 자신을 알라'라는 유명한 문구가 새겨져 있었다. 이 문구는 '네 분수를 알아라, 자신이 죽을 곳을 알아라'라는 뜻이라는 주장도 있다. 이 문구를 소크라테스는 자신의 무지를 자각하고 반성하는 것의 중요함을 일깨우기 위해 인용하였다.

소크라테스의 말년에는 아테네와 스파르타 사이에 펠로폰네소스 전쟁이 있었고 아테네는 스파르타에게 패배했다. 그래서 8개월의 짧은 기간 동안 과두정부가 들어섰으나 곧 무너지고 다시 민주정이 들어섰다. 이 민주정부에게 소크라테스는 아테네 청년들을 타락시킨다고 오해를 받았다. 정부는 소크라테스가 아테네의 젊은이들을 선동해 현혹시킨다는 죄목으로 법정에서 재판을 받게 하고 마침내 사형을 언도한다. 그래서 소크라테스가 독배를 마시게 된 것이었다. 그는 탈옥의 기회가 있었지만 그렇게 하지 않았다. 진리를 위해 죽음을 선택했다. 독배를 마시는 장면은 다음과 같다.

독이 든 잔을 받아든 소크라테스는 태연하게 간수에게 물었다.

"여보게, 어떻게 하면 되는지를 내게 가르쳐 주게."

그러자 그 간수는 침울하게 말했다.

"그 약을 다 마시고 다리가 무거워질 때까지 걷다가 그 다음에 누우시면 됩니다."

그러자 그는 침착하게 독이 든 잔을 비웠다. 제자들이 울기 시작하자, 그들을 달래면서 감옥 안을 거닐기 시작했고, 이윽고 다리가 무거워지자 누워서 다음과 같은 말을 남기고 숨을 거두었다.

"크리톤, 부탁이 있네. 나는 아스클레피우스한테 닭을 한 마리 빚졌다네. 잊지 말고 내대신 갚아 주게나."

쟈크 루이 다비드 <독배를 드는 소크라테스>

소크라테스는 아무리 나쁜 법이라 해도 국법은 이미 시민들에 의해 약속된 것이며, 그는 시민으로서 약속을 지키는 의무가 있다고 생각한 것이다. 자신의 주장이 옳고 그름에 앞서 사회 속에서 자신은 법을 준수해야 하는 시민으로 보았고, 이를 실천하였다.

### (2) 자연철학에서 인간철학으로

인간은 세상과 조화를 이루면서 살아간다. 그래서 인간의 모든 감각기관은 외부세계를 향하고 있다. 즉, 인간은 환경 속의 인간인 것이다. 외부세계를 인식하는 것은 생존에 중요한 요소이다. 이처럼 인간은 외부지향적인 존재다. 그런데 인간은 점차 외부세계에서 자기 자신에게로 향하게 되었다. 자신의 존재에 대해 관심이 증가한 것이다.

소크라테스

소크라테스(B.C. 469~399)가 등장할 무렵인 B.C. 5세기경 아테네가 모든 분야의 중심지가 되면서 고대 그리스 철학의 중심지도 지중해 연안으로부터 아테네로 옮겨졌고, 때를 같이하여 자연보다도 인간에 관심이 집중되어 자연철학에서 인간철학이라는 새로운 장으로 넘어갔다. 따라서 이 시기를 '아테네기의 철학' 혹은 '인간탐구기'라고 한다.

소크라테스는 자연계에 대해서는 관심을 갖지 않았고 오히려 윤리적 문제에 몰두했다. 그는 자연적인 것에서 찾아왔던 보편적인 것을 윤리적 문제에서 찾았다. 이를 위해 그는 처음으로 정의(定義)라는 것에 대해 주의를 기울였다.

소크라테스는 최초의 윤리교사라고 할 수 있는데 그가 등장할 수 있었던 배경에는 소피스트가 있었다. 소크라테스는 당시의 '궤변론자'인 소피스트들의 양립론(兩立論, dissoi logoi)—모든 것이 귀에 걸면 귀걸이요, 코에 걸면 코걸이라는 식의 논쟁술—에 반대하였다. 그는 소피스트들의 상대적인 태도로부터 진리를 옹호하여 논리적인 방법, 즉 반어법과 산파술에 의하여 진리를 획득할 수 있음을 입증하였고, "너 자신을 알라!"라고 하여 타락한 아테네 시민들의 각성을 촉구했다.

소크라테스는 아테네 사회가 정신적으로 타락해 가고 있기 때문에 윤리와 규범을 세워야 한다고 주장했다. 당시 아테네는 민주주의의 본고장이었고 소피스트들은 논쟁술을 가르쳤다. 이들은 법정에 직접 서기도 하면서 돈을 벌었다. 이들에게 있어서는 진리란 상대적일 수밖에 없었다. 대표적인 소피스트인 프로타고라스의 '인간은 만물의 척도'라는 말은 상대적 진리를 잘 나타내고 있다. 소크라테스는 이러한 상대적 진리를 반대하고 절대적 진리를 주장하였다. 만일 사람들 사이의 갈등을 판정해 줄 절대적인 진리가 있다면 사람들은 훨씬 행복해질 것이다. 그는 행복은 바르게 사는 데에서 오는 것이며, 바르게 산다는 것은 선(善)을 실천하는 것이고, 선을 실천하기 위해서는 선이 무엇인지 알아야 한다고 하여 지 · 덕 · 복 합일(知 · 德 · 福 合一)을 주장했다(지덕복일치설, 知德福一致說). 즉, 소크라테스는 안다는 것은 곧 그대로 행동하는 것이라고 생각했다.

이러한 소크라테스의 사상은 자연계에 대해서는 관심을 갖지 않고, 인간 문제 특히 윤리적인 문제를 중심과제로 삼았다는 데 의의가 있다고 할 수 있다. 그러나 소크라테스의 사상과 플라톤의 사상은 플라톤의 작품 속에서 서로 얽혀져 있기 때문에 그들을 분리시키기란 쉬운 일이 아니다.

### (3) 소크라테스의 대화

소크라테스는 대화야말로 우리를 결정적인 무지에서 빠져 나오게 하는 유일한 방법이라고 했다. 그는 자신의 철학을 끝없는 대화를 통해서 가르쳤고, 이러한 대화가 그에게는 '철학하기'이며 동시에 '삶의 행동'이었다.

소크라테스에게 있어 대화는 인간이 인간으로 돌아갈 수 있는 삶의 근본적인 현장이다. 그래서 그는 예술가, 정치가, 장인(匠人)들, 궤변론자, 심지어 매춘부들과도 대화를 나누었다. 그는 거의 아테네 광장에서 시간을 보냈다. 즉, 소크라테스는 대화의 삶을 살았다.

소크라테스에게 있어 교육이란 일방적으로 가르치는 것이 아니라 서로 대화를 함으로써 그 대화 속에 나타나는 진리를 찾는 것이다. 그는 누구나 먼저 자신의 무지를 알고 사색의 여행을 떠나야 한다고 믿었다. 각 개인은 자기 자신을 계발하고, 각 개인의 잠재적인 존재를 직접 행동으로 현실화하고, 지식이란 결국 덕이라는 것을 깨닫기 이전에는 어떠한 사회적인 개선도 불가능하다.

≪메논≫이라는 플라톤의 대화편에서 메논은 다음과 같이 말한다. “한 노예 소년이 처음에는 어떤 수학 문제의 해답을 알고 있다고 확신한다. 그러나 그는 곧 여러 가지의 어려움에 부딪혀서 그가 모르고 있음을 깨닫고, 그러면서도 노력을 계속하여 마침내 올바른 해답을 찾게 된다.” 이 이야기는 진리가 대화를 통해 우리에게 나타남을 잘 보여준다. 대화를 처음 시작하는 두 사람은 진리를 모른다. 소크라테스는 사람들이 빨리 진리 탐구를 시작하기를 바랐다.

그는 그의 이러한 역할을 ≪테아이테토스≫ 대화편에서 산파의 역할에 비유했다. 젊은 테아이테토스는 해답을 모르고 스스로 해답을 발견할 능력이 없다고 생각한다. “그럼에도 불구하고 진리를 찾으려는 내 욕망을 떨쳐버릴 수는 없습니다”라고 말했다. 이에 대하여 소크라테스는 “당신은 지금 산고의 고통을 느끼고 있다. 왜냐하면 당신은 곧 아기(진리)를 낳을 것이기 때문이다”라고 답변한다.

소크라테스는 청년들과의 대화를 이렇게 기술한다. 첫째로 산파와 같이 그는 임신의 여부를 알아보고, 산모의 고통을 불러일으키거나 덜어준다. 그 다음에는 참된 출생일지 헛된 출생일지를 구별한다. 다시 말해 소크라테스 자신은 지혜를 탄생시킬 수 없다. 이런 의미에서 그가 단순히 남에게 질문만 한다고 비난을 할 수 있다. “신은 내게 산파의 역할을 맡겼을 뿐이며 내 자신의 출산을 허락하지는 않았다.” 소크라테스와 처음 대화를 나눈 사람들은 얼핏 보아 더욱 무지하게 된다. 그러나 이렇게 무지를 깨달을 때 그들은 가짜 지식으로부터 벗어난다. 이렇듯 소크라테스는 대화를 통해 그들 스스로가 지혜를 깨닫도록 만든다.

## 2) 자신의 이해

우리는 우리 자신에 대해 어떻게 생각하고 어떻게 평가하고 있을까? 스스로 괜찮은 사람이라고 생각하고 있을까, 아니면 부족함이 많은 사람이라고 평가하고 있을까? 이처럼 자신에 대한 이해는 자존감과 자신감의 기반을 이루게 되어 우리의 행동에 많은 영향을 미친다. 자신에 대한 생각에 따라 행동이 달라지기 때문이다. 자신에 대해 긍정적인 생각을 가진 사람은 자신감 있게 행동하고, 부정적으로 생각하는 사람은 소극적으로 행동을 하게 된다. 그러므로 우리들은 자신에 대한 이해가 매우 중요하다고 할 수 있다.

### 학습정리

- 소크라테스가 등장할 무렵인 B.C. 5세기경 아테네가 모든 분야의 중심지가 되면서 고대 그리스 철학의 중심지도 지중해 연안으로부터 아테네로 옮겨졌고, 자연보다도 인간에 관심이 집중되어 자연철학에서 인간철학이라는 새로운 장으로 넘어갔다. ➡ '아테네기의 철학' 혹은 '인간탐구기'
- 대표적인 소피스트인 프로타고라스의 '인간은 만물의 척도' ➡ 상대적 진리를 잘 나타내고 있다.
- 소크라테스 ➡ 상대적 진리를 반대하고 절대적 진리를 주장

### 퀴즈

**※ 다음 문제 중 맞으면 ○, 틀리면 ×를 하시오.**

**01.** 소크라테스는 자연에 대한 관심을 인간으로 돌려놓은 철학자이다. (   )

**정답** ○

**해설** 소크라테스 이전의 철학을 "자연철학"이라고 한다. 소크라테스는 "너 자신을 알

라"는 말을 강조함으로써 철학의 새로운 방향을 제시했다.

**02.** 소크라테스는 한 권의 저술도 없다. ( )

정답 ○

해설 소크라테스와 제자들 사이의 대화를 제자인 플라톤이 저술하여 소크라테스의 사상이 전해진 것이다.

**03.** 소크라테스는 절대적 진리를 반대하고 상대적 진리를 주장하였다. ( )

정답 ×

해설 소피스트들은 상대적 진리를 주장하였다. 소크라테스는 이러한 상대적 진리를 반대하고 절대적 진리를 주장하였다.

**※ 다음 빈칸에 들어갈 말로 알맞은 것은?**

**04.** 대표적인 소피스트인 프로타고라스의 '인간은 만물의 척도'라는 말은 ( )를 잘 나타내고 있다.

① 절대적 진리 ② 상대적 진리

정답 ②

해설 소피스트들의 양립론

**05.** 만물유전사상을 주장한 철학자는 ( )이다.

① 데카르트 ② 칸트
③ 탈레스 ④ 헤라클레이토스

정답 ④

**06.** '있는 것은 있고, 없는 것은 없다'라고 주장한 철학자는 ( )이다.

① 파르메니데스 ② 칸트
③ 탈레스 ④ 공자

정답 ①

SECTION 03

# 현대사회와 정의의 문제

## 1. 고전적 정의관

### 1) 고대 플라톤의 생애와 사상

#### (1) 플라톤의 생애

플라톤

플라톤(B.C. 427~347)은 소크라테스의 젊은 제자들 중에서 가장 중요한 인물이라 할 수 있다. 현대 철학자 화이트헤드는 플라톤의 저서들에 대해 '서양철학의 전통은 플라톤 저서에 대한 일련의 각주이다'라고 말했을 정도로 서양철학사에서 플라톤이 끼친 영향은 지대하다.[9)]

철학자 플라톤은 기원전 427년에 태어났다. 그리스 철학의 최고봉이라고 할 수 있는 그는 아테네의 명문가 출신이다. 스승 소크라테스의 죽음은 ≪국가론≫을 저술하는 동기가 되었다고 추측되기도 한다. 플라톤은 어머니 쪽으로도 아버지 쪽으로도 뛰어난 명문 집안이었다. 어머니는 유명한 정치가의 후손이고, 아버지는 왕가와 연결된다. 플라톤은 "나는 야만으로

9) 안재훈, 『철학여행』, 새날, 2003, p. 45 참조.

태어나지 않고 그리스인으로 태어난 것과 노예로 태어나지 않고 자유인으로 태어난 것, 그리고 여자로 태어나지 않고 남자로 태어난 것, 특히 소크라테스 시대에 태어난 것을 신에게 감사한다"고 말했는데, 스승의 처형은 그에게 큰 충격이었다. 플라톤은 소크라테스의 제자로 철학에 입문하여 그리스의 각종 철학을 섭렵한 뒤 많은 저술을 남겼는데, 그것들은 오늘날까지 서양의 지적 유산의 중요한 밑거름이 되고 있다. 그는 스승 소크라테스를 가장 훌륭하고 정의롭고 현명한 사람으로 여겼기 때문에 소크라테스의 죽음은 그가 아테네를 떠나는 동기가 되었다. 플라톤은 아테네의 민주주의가 쇠퇴하고 스파르타에 의해 파멸되는 것을 보았고, 기원전 399년에는 아테네의 시민 정신을 일깨우려 했던 스승 소크라테스가 타락한 민주정치의 다수결의 원칙에 따라 사형당하는 것을 경험하였다. 아테네의 위정자들은 소크라테스가 잘못된 학설을 퍼트리고 젊은이들을 타락시킨다는 이유로 재판에 회부시켰고, 배심원들은 280 대 220으로 소크라테스의 사형을 언도하였다. 이러한 다수결의 원칙 투표를 보고서 플라톤은 민주제를 퇴보된 체제라고 비판하였다. 그는 소크라테스의 순교로 정치에 환멸을 느끼고 12년간 이탈리아와 시칠리아를 돌아다녔는데 세 차례의 여행지인 시칠리아에서는 정적들에 의해 스파르타로 쫓겨나고, 그 후 노예시장에 팔려나갔다가 피타고라스학파 철학자와 친구들을 만나 다시 자유를 얻게 되었으며 아테네로 돌아와서 B.C. 347년에 죽었다.

한때 플라톤은 첫 번째 시칠리아 여행 후, 아테네에 되돌아와서 B.C. 385년경 '아카데메이아(Akademeia)'라는 세계 최초의 대학을 세웠으며, 이 학교의 입구에는 '기하학을 모르는 자는 이 문을 들어오지 말라'고 쓰여 있었다. 이러한 경고는 감각의 대상에만 매어 있는 자는 아카데메이아에 입문할 자격이 없다는 의미일 것이다. 플라톤은 오늘날 대학의 원형이라고 할 수 있는 아카데메이아를 설립하여 변증법과 이데아의 이론을 가르치며 완숙한 인간을 길러내는 데 심혈을 기울였던 것이며 최초의 교수라 할 수 있다. 실제로 아카데메이아에서는 수학 교과목이 대단히 중시되었고, ≪테아이테토스≫ 같은 당대의 유명한 수학자들이 이곳에서 배출되었고, 이곳의 졸업생들은 철학자, 수학자, 정치보좌관 등 다방면에서 활동하였다.

소크라테스가 단 한편의 글도 쓰지 않은데 비해서 플라톤은 소크라테스 사후 50년간 약 30편이나 되는 다양한 분량의 대화편을 광범위한 주제로 저술하였다. 플라톤은 자신의 고유한 사상을 대화편에서 소크라테스와 제자들의 대화를 통해 말하고 있다. 그래서 후세 사람들은 초기 대화편들은 소크라테스 사상을, 중기 이후의 대화편들은 대개 플라톤 사상을 다루고 있다고 보고 있다.

저술들은 보통 초기, 중기, 후기로 구분되는데 ≪소크라테스의 변명≫, ≪크리톤≫, ≪프로타고라스≫, ≪고르기아스≫ 등은 초기 저술로, ≪향연≫, ≪국가론≫, ≪파이드로스≫는 중기 저술로, ≪파르메니데스≫, ≪테아이테토스≫, ≪티마이오스≫등은 후기의 저술로 간주된다. 그중에서도 ≪국가론≫은 그의 주된 철학 작품으로 이상국가의 모델을 보여주려 한다.

### (2) 플라톤과 사랑

'플라토닉 러브'라는 말은 육체적 사랑이 아닌 정신적인 사랑을 가리키는 말이고, 그 기원은 플라톤 철학에 있다. 남성 중심적이었던 고대의 분위기에서 그것은 동성애를 나타내는 것이라는 주장이 강력하다.

플라톤의 대화록 ≪향연≫은 사랑에 대한 책이다. ≪향연≫은 다양한 종류의 놀이와 오락을 포함한 저녁식사 후의 주연이었다. ≪향연≫에서는 '사랑(에로스)의 참된 본성'에 대하여 논의하고 있다.

대부분의 아테네 남성들은 이성애는 생식과 관련된 열등한 충동 정도로 여겼다. 대부분의 여성들은 공적인 삶에서 거의 활동하지 않고 가사만 담당하였다. 플라톤 자신도 아름다운 젊은 남성들한테 몹시 끌렸다고 한다.

### (3) 플라톤의 이원론

플라톤을 유명하게 만든 이론은 이데아(Idea)이다. 그의 스승이자 동양의 공자라 할 수 있는 소크라테스가 "아름다움이란 무엇인가?" 또는

철학의 스승

"용기란 무엇인가?"라고 물었을 때, 그는 실제로 존재하는 추상적 실재의 본성을 발견하고자 한 것이다. 소크라테스는 시공을 초월한 보편적인 존재를 가지고 있다고 생각했다.

일상세계에 존재하는 아름다운 사물과 개인들의 용기 있는 행위는 언제든지 추하거나 비겁해질 수 있지만, 이상적 존재인 실재는 진정한 아름다움과 진정한 용기라는 보편적 본질을 나눠 가지고 있기 때문에 '아름다운', '용기 있는'이라는 표현을 할 수 있다.

다시 말해 개개의 많은 아름다운 것은 미 자체(美 自體)에 참여함으로써 아름다운 것이다. 선한 행위는 여러 가지로 나타나지만 그 개인의 행위가 선 자체에 참여함으로써 선하게 되는 것이다.

플라톤은 도덕과 가치의 본성을 다루고 있는 이 이론을 실재에 적용시켰다. 시공을 초월한 영원불변하는 존재인 이상적 형상을 모방한 이 세상의 만물은 모두 순간적이고 덧없는 존재인 것이다. 동양의 맹자에 비유되는 플라톤은 이상주의라 할 수 있다.

이상주의

플라톤은 완전하고 이상적인 형상들로 구성된 세계와 감각적인 대상들이 가지고 있는 항상 변화하며 불완전한 세계를 구분한다. 플라톤에 의하면 세계에는 우리가 경험적으로 알 수 있는 구체적인 사물과, 그 사물들의 이데아 혹은 형상이라는 것이 있다. 다시 말해 그는 '보이는 세계'와 '참으로 있는 세계'를 구별했던 것이다.

'참으로 있는 세계'인 형상이란 비물질적이며 영원하고 완전히 실재적이며, '보이는 세계'인 감각을 통해 획득되는 물질적 대상들은 이데아의 세계인 형상을 모방한다. 디오게네스 라에르티우스는 다음과 같이 드러낸다.

플라톤은 그의 형상에 대해서 말하면서 '탁자성(tableness)', '컵성(cupness)'이라는 말을 사용하고 있었다. 디오게네스는 "플라톤 씨, 나는 탁자와 컵은 볼 수 있지만 탁자성이나 컵성 같은 것은 보이질 않는군요"라고 말한다. 플라톤은 이에 다음과 같이 대답한다. "바로 그렇습니다. 탁자나 컵을 보려면 눈이 필요합니다. 당신은 그것을 가지고 있군요. 그러나 탁자성이나 컵성을 보려면 지성이 필요합니다. 당신은 그게 없는 겁니다."

## 2) ≪국가론≫과 이상국가의 모델

### (1) 앎의 문제

≪국가론≫은 모두 10권으로 이루어져 있으며 전체의 내용은 각각의 장마다 특정 주제를 소크라테스와 주변인물들이 토론하는 형식으로 되어 있다. 이 저서는 형이상학, 윤리학, 인식론, 정치학, 심리학, 교육학, 예술론, 여성해방 등 철학의 거의 모든 영역을 다루고 있다.

제1권에서는 '정의란 강자의 이익에 지나지 않는다'라는 정의에 대해 소크라테스가 산파술로 이러한 것들의 부당함을 논의한다. 제2권에서는 개인에 있어서 정의의 확대된 모습을 국가에서 찾아보자고 제안하고, 제3권 · 4권에서는 이상적인 수호자의 조건을 제안한다. 제5권에서는 수호자계급에 있어 부인과 자녀의 공유문제, 남녀평등, 철인 통치자의 필요성을 다루고 제6권 · 7권에서는 동굴의 비유에 의해 선의 이데아를 인식할 수 있는 철학적 방법론이 전개된다. 제8권 · 9권에서는 이상국가의 타락과정을 묘사하고, 제10권에서는 시의 모방성에 대해서 언급하면서 진리와의 관계를 밝힌다.

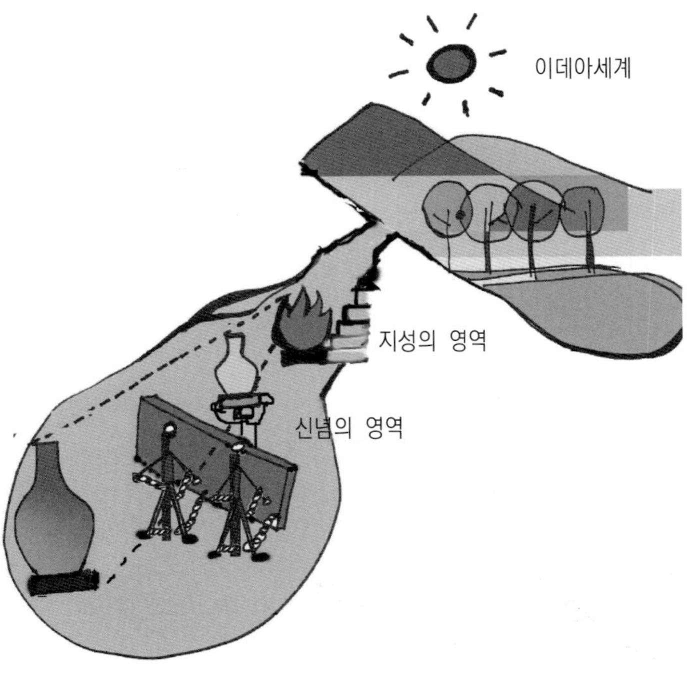


플라톤은 ≪국가론≫에서 우리가 사는 세계를 어둡고 캄캄한 동굴에 비유하고 있다(제7권). 비유는 동굴 속에 갇힌 죄수들에 관한 이야기로서 철학자의 삶과 선의 이데아, 앎의 단계에 따르는 동굴의 비유를 나타내고 있다. 동굴 안에서 목과 손발이 묶여서 움직일 수도 없이 벽만 바라보며 지내는 죄수들이 있다. 죄수들은 동굴 벽에 비치는 그림자(억견)가 실재이고 멀리서 들려오는 메아리 소리가 그림자가 내는 소리라고 믿으며 살고 있다. 어느 날 죄수들 중 한 명이 사슬이 풀려서

담 뒤의 횃불과 사람들의 실물을 보게 되고(신념의 영역) 힘들게 동굴 밖으로 나가는 계단(지성의 영역)을 올라서 동굴 밖의 태양(善의 이데아)을 보게 된다. 즉, 참다운 존재(사유의 영역)를 깨닫게 된다. 이때 동굴 밖의 세계로 비유했던 것은 이데아의 세계이며, 그 중에서도 태양으로 비유하고 있는 것은 이데아 중의 이데아인 선의 이데아인 것이다. 왜 선의 이데아가 다른 모든 이데아의 아르케로서 다른 이데아에 존재의 근거를 부여하고 있을까? 예를 들면 용기란 무엇일까라고 생각했을 때, 용기가 바르게, 또 선한 것을 위해 쓰이지 않으면 용기가 아닐 것이다. 그것은 용기란 무엇일까라는 물음의 전제가 되기 때문이다. 이것이 플라톤이 선의 이데아를 다른 모든 이데아의 근원으로 생각했던 이유이다.[10] 플라톤의 이데아는 영원한 실재, 참된 실재를 가리킨다. 그러므로 그의 이데아론은 이원론적 세계관을 주장하는 것이며, 인간은 현상세계에 갇혀 있기 때문에 본질의 세계인 이데아의 세계를 볼 수가 없으며 단지 그림자만을 벽을 통해 알 수 있다는 것이다.

"그러면 다음으로 교육 및 교육 부족과 관련된 우리들의 성향을 이런 상태에다 비유해 보게나. 자, 상상해 보게. 사람들이, 이를테면 지하의 동굴 모양의 거처에서, 그 입구가 불쪽을 향해서 나 있되 전체 동굴을 따라 널따랗게 나 있는 통로를 갖고 있는 그러한 동굴에서 어릴 적부터 사지와 목을 결박당한 상태로 있네. 그래서 이들은 앞만 보는 상태로 머물러 있되, 포박 때문에 머리를 돌릴 수도 없는데, 그들 위쪽으로 멀리 뒤쪽에서는 불빛이 타오르고 있네. 그리고 불과 죄수들 사이에는 이들 위쪽으로 가로로 길이 하나 나 있는데, 이 길을 따라 담이 세워져 있는 걸 상상해 보게. 마치 인형극을 공연하는 사람들의 경우 그들 앞에 야트막한 휘장이 쳐져 있어서, 이 휘장 위로 인형들을 보여주듯 말일세." 내가 말했네.

"상상해 보고 있습니다."하고 그가 말했네.

"더 나아가 또한 상상해 보게나. 이 담(흉장)을 따라 이 사람들이 이 담 위로 온갖 기구들과 돌이나 나무 또는 그 밖의 온갖 것들을 재료로 하여 만들어진 인물상들 및 동물상들을 쳐들고 지나가고 있는 걸 말일세. 또한 이것들을 쳐들고 지나가는 이들 중에서 어떤 이들은 소리를 내나, 어떤 이들은 잠자코 있을 수도 있네."

10) 고사까 슈우헤이(방준필 역), 『철학사여행』, 사민, 1990, p. 81.

“이상한 비유와 이상한 죄수들을 말씀하시는군요.”하고 그가 말했네.

“우리들과 같은 사람들일세. 글쎄, 우선 이런 상태의 사람들이 불로 인해서 자기들의 맞은편 동굴 벽에 투영되는 그림자들 이외에 자기들 자신이나 서로의 어떤 것인들 본 일이 있을 것으로 자네는 생각하는가?” 하고 내가 물었네.

“글쎄요, 그들이 일생을 통해서 머리조차 움직이지 못하도록 강제 당했다면 어떻게 볼 수 있었겠습니까?”하고 그가 반문했네.

“그럼 쳐들리어 지나가게 되는 것들의 경우는 어떻겠는가? 이 역시 마찬가지 아니겠는가?”

“물론입니다.”

“그러므로 만일에 그들이 서로 대화를 할 수 있을 경우에는 지나가는 것들로서 자신들이 가리키는 것들은 바로 그들이 보는 그것들이라고 그들이 믿고 있는 걸로 말할 것으로 자넨 생각지 않는가?”

“그야 필연적입니다.”

“그러면 이 감옥의 맞은편 벽에서 또한 메아리가 울려온다면 어떻겠는가? 지나가는 이들 중에서 누군가가 소리를 낼 때에는 그 소리를 내는 것이 지나가는 그림자 아닌 다른 것이라고 그들이 믿을 것으로 자네는 생각하는가?”

“저로서는 결단코 그렇게 생각하지 않습니다.”하고 그가 말했네.

“따라서 이런 사람들은 다름 아닌 인공의 것들의 그림자들을 진짜로 믿을게 어느 모로 보나 틀림없네.”하고 그가 말했네.

“그럼 생각해 보게. 만약에 당연한 일로 다음과 같은 사태가 이들에게 일어난다면, 이들의 결박으로부터의 풀려남과 어리석음으로부터의 치유가 어떠하겠는지 말일세. 가령 어떤 사람이 풀려나서는 갑자기 일어서서 목을 돌리고 걸어가서 그 불을 쳐다보도록 강요당할 경우에, 그래서 이 모든 것들을 함으로써 그가 고통스러워하고 또한 전에 그 그림자들만 보았을 뿐인 실물들을 그 섬광 때문에 바라볼 수도 없게 되었을 경우에, 만약에 누군가가 이 사람에게 말하기를 전에는 그가 엉터리를 보았지만 이제는 실상(실제; to on)에 다소 더 가까이 왔고 또한 보다 참된 것들로 향함으로써 한결 더 옳게 보게 되었다고 한다면, 게다가 또 지나가는 것들의 각각을 그에게 가리켜 보이며 그것이 무엇인지를 물으면서 대답할 것을 강요한다면, 그가 무슨 말을 할 것으로 자네는 생각하는가? 그가 어리둥절해 할뿐더러, 또한 앞서 보게 된 것들을 지금 지적받은 것들보다도 더 진실된 것들로 믿을 것이라 생각하지 않는가?” 내가 물었네.

“훨씬 더 그럴 겁니다.”하고 그가 대답했네.

“그리고 만약에 그로 하여금 이 불빛 자체를 보도록 강요한다면, 그는 눈이 아파서 자신이 바라볼 수 있는 것들로 피해 달아날뿐더러, 또한 이것들이 방금 지적받은 것들보다도 정말로 더 명확한 것들이라고 믿지 않겠나?"

"그럴 것입니다."하고 그가 대답했네.

"그러나 만약에 어떤 사람이 그를 이곳에서 험하고 가파른 오르막으로 억지로 끌고 간다면, 그래서 그를 햇빛 속으로 끌어내올 때까지 놓아주지 않는다면, 그는 괴로워하면서 또한 자신이 끌리어온 데 대해 언짢아하지 않겠는가? 그리고 그가 광명에 이르게 되면, 그의 눈은 광선으로 가득 차서 방금 진짜들이라고 들려준 것들 중의 어느 것 하나도 볼 수 없게 될 것으로 자넨 생각지 않는가?" 내가 물었네.

"적어도 당장에는 볼 수 없겠죠."하고 그가 대답했네.

"그러므로 그가 높은 곳의 것들을 보게 되려면, 익숙해짐이 필요하다고 나는 생각하네. 그리고 처음에는 그림자들을 제일 쉽게 바라보게 될 것이고, 그 다음으로는 물속에 비친 사람들이나 또는 다른 것들의 상들을, 그리고 나중에는 실물들을 쉽게 보게 될 걸세. 또한 이것들로부터 하늘에 있는 것들과 하늘 자체를, 별빛과 달빛을 봄으로써 낮에 해와 햇빛을 보는 것보다도 밤에 더 쉽게 관찰하게 될 걸세."

"어찌 그러지 않겠습니까?"

"그러니까 마지막으로는 해를, 물속이나 다른 자리에서의 해의 영상물로서가 아니라 제 자리에 있는 그것 자체로서 바라보고, 그것이 어떤 성질의 것인지를 관찰할 수 있게 될 것이라고 나는 생각하네."

"반드시 그럴 겁니다."하고 그가 말했네.

"또한 이윽고 그는 해에 대해서 이런 결론을 벌써 내리고 있을 걸세. 계절과 세월을 가져다주고 보이는 영역에 있어서의 모든 것들을 통할하는 것이 바로 이것이며, 또한 이것이 어느 면에서는 그들이 보았던 모든 것들의 원인이라고 말일세."

"그가 이런 결론에 그 다음으로 이르게 될 것이라는 건 분명합니다."하고 그가 말했네.

"어떤가? 이 사람이 최초의 거처와 그 곳에서의 지혜 그리고 그때의 동료 죄수들을 상기하고서는, 자신의 변화로 해서 스스로를 행복하다고 여기되 그들은 불쌍히 여길 것이라고 자넨 생각지 않는가?

"그러고 말고요."[11]

–소크라테스와 글라우콘의 대화(≪국가론≫ 514a~516c)

11) 국가론 514a~516c: 박종현 편저, 플라톤『메논·파이돈·국가』, 서울대학교 출판부, 1989.

이렇듯 동굴의 비유는 삶의 형태를 동굴 내부의 삶과 동굴 밖의 삶으로 나누고, 동굴 안의 삶은 현상세계의 삶이며 동굴 밖의 삶은 철학적 삶으로 본다. 플라톤에 따르면, 현상의 세계가 사멸하는 세계라면 동굴 밖의 세계는 영원히 변치 않는 참다운 실재의 세계, 즉 이데아의 세계이다. 동굴 안은 우리의 일상적인 세계이며 동굴 밖은 참된 현실이며 이데아의 세계이다. 동굴의 비유는 철학자의 삶과 선의 이데아, 앎의 단계를 나타내면서 인간의 본질적 근거가 사유로부터 시작되고 있음을 나타낸다. 동굴의 비유에서 인간의 참된 삶은 죄수 한 사람이 동굴 밖으로 나갔다가 철학적 진리를 깨닫고, 이 진리를 인간사회에 알리기 위해 동굴 속으로 되돌아오면서 시작된다. 이 되돌아온 죄수가 철학자인 것이다. 그러므로 플라톤에 의하면 철학자는 동굴 속에 있는 사람들이 밖으로 나오도록 하는 일을 해야 한다.

### (2) 윤리의 문제

플라톤은 윤리문제에도 관심이 많았는데, ≪국가론≫의 제2권에서는 '기게스의 반지'의 신화가 등장한다. 여기서 '기게스(Gyges)왕의 금반지'에 관한 신화를 인용하고 있다. 실제로 여러 가지 설 중에 기게스는 소아시아 서부에 위치한 리디아의 왕으로 메르난덴 왕조를 창건하고, 기원전 약 680년에서 650년까지 실제 리디아를 통치했던 역사적 인물로 알려져 있다. 그의 권력 장악에 대한 야욕과 그의 정치적 라이벌들과의 알력과 갈등관계가 이러한 전설이 유래하게 된 역사적 배경으로 전해지고 있다.

제2권에서 플라톤의 둘째 형인 글라우콘은 강력하게 정의로움에 대해서 소크라테스와 논쟁을 벌인다. 예를 들어, 희랍신화에 리디아의 왕 기게스는 원래 양치기였으나 어느 날 우연히 동굴에서 시체로부터 반지 하나를 얻어 신통력으로 왕좌에 오른 인물이다. 그 반지는 요술을 부려서 보석받이를 돌리면 반지를 낀 사람의 모습이 보이지 않는 것이다. 나중에 다시 반지를 돌리다가 보석받이가 손등 바깥쪽으로 향하자 사람들은 다시 기게스가 그 자리에 있다는 것을 알게 된다는 것이다. 기게스는 그 반지로 왕비를 유혹하고 그녀와 공모하여 왕을 살해하고 그 자리를 차지했던 것이다. 기게스의 반지는 소유자에게 처벌의 두려움없이 양심과 정의의 의무를 면제해 주게 된다. 도덕적인 행위는 사람들에게 자신의 이익을 타인과 나누어 갖기를 요구하지만, 만약 비도덕적인 행위를 통하여 자기이익을 극대화시킬 수 있고, 또한 아무도 알지 못하여 처벌이나 비난을 면할 수 있다면 인간은 누구나 비도덕적인 행위를 하려할 것이다. 만약 누군가 절대권력의 기게스의 반지를 얻었는데도 아무런 나쁜 짓도 하지 않는다면, 사람들은 면전에서는 그를 칭찬할지 모르지만 내심으로는 비웃을 것이다. 글라우콘이 기게스의 반지라는 사례를 통해서 제시된 도덕의 동기는 비난과 처벌에 대한 두려움과 '자기만 알고 타인을 배려하지 않는 삶의 자세'의 이기적 동기라는 것이다. 사람들이 도덕을 따라 사는 까닭은 다른 사람의 시선과 비판에 신경을 쓰기 때문이란 것이다. 물론 소크라테스는 이 주장을 특유의 대화법으로 논박하면서, 도덕을 따라서 사는 삶이 자기 이익이나 인습을 따라서 사는 삶보다 훨씬 더 나은 삶이라는 결론을 유도한다.

제가 말씀드리는 이른바 마음대로 할 수 있는 힘이란, 옛날에 리디아의 기게스의 선조에게 생겼다고들 말하는 그러한 힘이 이들 두 사람에게 주어진다면, 가장 근사하겠습니다. 실은 그 사람은 당시의 리디아의 통치자를 섬기고 있던 양치는 사람이었다죠. 어느 날 소낙비가 억수로 내리더니, 지진이 일고 땅이 갈라졌는데, 그가 양들에게 풀을 먹이고 있던 곳에 커다란 틈이 생겼다죠, 이를 보고 놀라워하면서, 그는 아래로 내려갔는데, 거기에서 그는 사람들이 설화로서 이야기하는 다른 여러 가지의 놀라운 것들도 보았지만, 그는 또한 문들이 달리고 속이 빈 청동 말을 한 마리 보았는데, 그가 문 아래쪽으로 몸을 구부리면서 그 안을 들여다보니까 사람보다 더 커 보이는 송장이 그 속에 있는 걸 보았더라죠. 그런데 이 송장은 다른 것은 아무것도 걸친 게 없고, 다만 손가락에 금반지를 끼고 있었는데, 그는 그 손가락에서 그것을 빼가지고 밖으로 나왔죠. 그러나 왕에게 양들에 관한 일을 달마다 보고하기 위해서 양치는 사람들이 늘 갖는 모임이 마침 있게 되었을 때, 그 역시 그 반지를 낀 채, 참석했다고 합니다. 그래서 다른 사람들과 함께 자리에 앉는 그는, 우연히도 반지의 보석받이를 손 안쪽으로 자기를 향하게 돌렸는데, 그러자마자 그의 모습이 동석한 사람들에게 보이지 않게 되었고, 따라서 그들은 그에 관해서, 마치 떠나고 없는 사람에 관해서 말하듯, 대화를 하였다죠. 이에 놀란 그는 다시 그 금반지를 손으로 더듬어서는 보석받이를 밖으로 향하게 돌렸더니, 그것을 돌리자 보이게 되었다고 합니다. 이를 알게 된 그는 과연 그 반지가 이 힘을 지니고 있는지를 시험해 보았는데, 역시 그에게 있어서 같은 일이 일어나는 것이어서, 보석받이를 안쪽으로 돌리면 그가 보이지 않게 되나, 바깥쪽으로 돌리면 보이게 되었답니다. 이를 확인하게 된 그는 왕한테로 가는 사자들 속에 자신도 속하게 곧바로 일을 꾸며서는, 그곳으로 가서 왕비와 간통을 한 후에, 그녀와 더불어 왕을 모살하여서는 왕국을 장악했다고 합니다. 그러니, 만약에 이러한 반지가 두 개가 있어서, 하나는 올바른 사람이, 그리고 다른 하나는 부정한 사람이 끼게 된다면, 그런 경우에 올바름 속에 머무르면서 남의 것을 멀리 하고 그것에 손을 대지 않으리만큼, 그처럼 철석같은 마음을 유지할 사람은 아무도 없을 것같이 생각됩니다. 말하자면 시장에서 자기가 갖고 싶은 것은 무엇이든지 두려움 없이 가질 수 있고, 또 어느 집에든지 들어가서 자기가 원하는 사람과 교접할 수 있다면, 그리고 또 자기가 그러고 싶은 사람이면, 누구든 죽이거나 사슬로부터 풀어줄 수 있으며, 또 그 밖의 여러 가지에 있어서 인간들 사이에서 마치 신과도 같은 사람으로서 행위할 수 있다면 말씀입니다. 이처럼 행동하는 한, 그는 부정한 인간과 조금도 다를 것이 없을 것이니, 양쪽 다가 꼭 같은 방향으로 갈 겁니다.

(359c–360c)

소크라테스는 제10권에서 '올바름'이 그 자체로 혼 자체를 위해서 최선의 것이며, 혼으로서는, 자기가 '기게스의 반지'를 가졌건 갖지 않았건 간에, 그리고 그런 반지에 더하여 '보이지 않게 하는 히데스의 모자'를 가졌건 갖지 않았건 간에, 올바른 것들을 행해야만 한다는 것을 주장한다. 정의로움은 그 자체로 추구되어야 함을 논증하고 있는 것이다. 그러므로 동굴 밖으로 나갔던 철학자는 다시 현상의 세계로 돌아와서 '정의'를 실현하기 위해 국가를 통치하는 것이다. 플라톤은 이상적인 통치자의 모습으로 '철인 왕'을 제시했다. 플라톤에 따르면, 철인은 최상의 행위가 무엇인지 아는 자이며, 이 앎을 통해 다른 사람들을 안내하고 이끄는 자이다. 철인 왕은 동굴 밖에 있는 진리의 세계를 관찰할 수 있을 뿐만 아니라 현상세계인 동굴 안으로 내려와 이 진리를 현실에서 실천하는 행위자이다.

### (3) 이상국가론과 정의(正義)

플라톤의 ≪국가론≫은 가장 오래된 유토피아 이론이며, 철학적 공산주의의 기획이다. 즉, 국가론에 대한 그의 글은 '이상향'에 대한 것이다. 플라톤의 국가론의 근본 특성은 개인에 대한 유비이다. 그에 의하면 영혼이 세 부분으로 나뉘는 것처럼 국가도 세 계급으로 나뉜다.

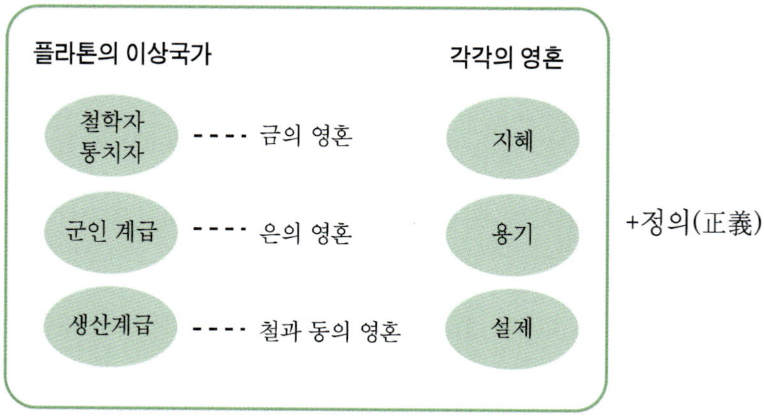


모든 인간을 창조했던 신은 통치자가 될 사람에게는 황금을 섞었고, 군인들에게는 은을 섞었으며, 농부나 장인에게는 구리나 철을 섞었다는 것이다. 모든 사람은 본성에 따라 통치자가 되기도 하며 군인이나 장인이 되기도 한다. 통치자 계급은 현자로서 모든 시민의 올바른 생활 방식을 염려하고, 군인 계급은 국가의 방어를 염려하고, 생산 계급은 공동체의 의식주를 보장해야 한다.

그러나 플라톤에 의하면 구두닦이의 아들이라도 유능하기만 하면 국가의 수호자가 되는 길이 열려 있다. 어떠한 처지로 태어났든 재능만 있으면 전도양양하다고 할 수 있다.

플라톤에게 개인의 덕이 지혜에서 생겨나는 것처럼, 국가도 통치자의 지배에서 발생한다. 그러므로 군인 계급은 용기에 상응하고, 생산 계급에게는 절제가 어울린다. 국가와 마찬가지로 개인에게서도 정의(正義)의 덕은 각 부분에서 조화가 발생할 때 발휘된다. 이런 정의를 포함한

4덕은 인간성과 국가 형성의 근원이다.

그러므로 플라톤은 '정의는 자신에게 알맞은 것을 소유하고 자신에게 알맞은 일을 하는 것'이라고 말한다. 즉, 정의는 각 계급 간의 조화, 다시 말해 각 계급들이 자기 고유의 임무를 완벽하게 수행할 때 생긴다. 플라톤은 모든 사람이 자신의 일에 열심일 때 정의가 실현된다고 한다. 그는 조화로운 전체적인 인간 형성을 지지한다. 그의 관심은 결국 시민들의 성취를 완전히 국가를 위한 것으로 받아들이는 '전체국가'이다.[12] 또한 플라톤에게서 교육은 국가 전체의 기초이다. 그는 20세까지 음악, 시, 체육을 통한 기초 교육을 실시하고, 30세까지 수학, 천문학을 교육하고, 35세까지 변증법을 교육하고, 50세까지 국가에서 공부 활동을 할 것을 주장한다.

이러한 교육과 더불어 플라톤의 이상국가의 모델에서 상층의 통치자와 군인계급은 완전히 공동체의 복지에 생애를 바쳐야 한다. 그러므로 그들의 사유 재산은 금지되고, 여자와 어린이도 모든 사람의 공동 소유가 된다. 양친은 자기 자식을 알 수 없으며 자식 또한 양친을 알 수 없고, 양성(兩性) 중에서 어느 쪽이건 우수한 자는 역시 우수한 상대와 결합하고 열등한 자는 열등한 상대와 결합해야 한다. 국민들을 가장 이상적인 상태로 끌어올리려면 전자의 자손들만을 양육하고 후자의 자손들은 길러서는 안 된다. 이러한 일은 통치자만이 알고 있어야 하는 비밀이고, 결혼의 수는 인구의 균형을 보존하는 수준에서 교묘한 제비를 뽑도록 함으로써 조절할 뿐만 아니라, 전쟁이나 그 밖의 의무를 용감히 수행한 뛰어난 젊은 청년들은 명예뿐만 아니라 여자와 자주 동침하는 자격과 기회가 주어져야 한다는 것이다. 그것은 동시에 우수한 자손을 더 많이 얻을 수 있기 때문이라고 하였다.

이러한 플라톤의 이상국가는 개개인의 개성 무시, 가족제도나 사유재산제의 폐지를 가져오기 때문에 많은 비판을 받았고, 그 당시 시실리에서 이상국가를 세우려던 그의 노력은 실패하였다. 그의 이상주의

12) 페터 쿤츠만 외 2인(홍기수·이정숙 역), 『철학사』, 예경, 1999, p. 45 참조.

적 유토피아는 질서 없는 현실세계에서 질서를 부여하는 것으로서 선의 이데아[13]를 이 지상에 실현시킬 수 있는 이상국가의 청사진을 제시하는 데 의의가 있다고 본다.

플라톤은 이상국가의 모델로서 그리스 도시국가 스파르타를 지향한다. 스파르트의 아버지라고 할 수 있는 뤼쿠르고스(Lycurgus)는 남성들의 체육경기를 강화하는 동시에 여성의 뜀박질, 씨름, 겨루기… 등을 제도화 했다. 여성의 여성다움을 소극적 생활태도로 생각하여 뤼쿠르고스는 여성도 강하게 하기 위해 알몸으로 겨루기에 참가하게 하였다. 스파르타에서는 동성애도 허물이 아니었다.

정의의 여신상은 몰개인성을 통한 판결의 공정성을 보장하기 위해 눈을 가리고 있으며 한 손에는 칼을, 다른 손에는 저울을 가지고 있다. 여러분이 생각하는 진정한 정의(正義)란 무엇인지 한 번쯤 생각해 볼 일이다.

**정의의 여신상**

정의의 여신상은 몰개인성을 통한 판결의 공정성을 보장하기 위해
한 손에는 칼을, 다른 손에는 저울을 가지고 있다.

13) 플라톤은 영원불변의 이데아세계와 현실세계라는 이원론적 세계관을 주장하고 있다.

## 학습정리

- 플라톤은 '정의는 자신에게 알맞은 것을 소유하고 자신에게 알맞은 일을 하는 것'이라고 말한다.
- 플라톤은 이상적인 통치자의 모습으로 '철인 왕'을 제시하는 것
- 플라톤의 이데아론-영원한 실재, 참된 존재
- 동굴의 비유 1. 그림자-억견
  2. 쇠사슬 끊김-실물 봄: 신념의 영역
  3. 계단-지성의 영역
  4. 참다운 실재-이데아: 사유의 영역
- 플라톤의 이상국가론: 가장 오래된 유토피아 이론
- 소크라테스는 '올바름'이 그 자체로 혼 자체를 위해서 최선의 것이라 하였다.

## 퀴즈

**※ 다음 문제 중 맞으면 ○, 틀리면 ×를 하시오.**

**01.** 플라톤의 동굴비유에서 태양으로 비유하고 있는 것은 이데아 중의 이데아인 선의 이데아인 것이다. ( )

정답 ○

해설 선의 이데아가 다른 모든 이데아의 아르케로서 다른 이데아에 존재의 근거를 부여

**02.** 플라톤은 '정의는 자신에게 알맞는 것을 소유하고 자신에게 알맞는 일을 하는 것'이라고 말한다. ( )

정답 ○

해설 각 계급 간의 조화, 다시 말해 각 계급들이 자기 고유의 임무를 완벽하게 수행할 때 생긴다.

**03.** 국가론에서 생산자 계급은 금의 영혼을 갖고 태어났다. (  )

**정답** ×

**해설** 통치자 계급–금의 영혼, 생산자 계급–동의 영혼

**04.** 다음 중에서 플라톤의 주장은? (  )

① 만물은 변화한다.
② 통치자계급은 사유재산을 가져야 한다.
③ 정의란 강자의 이익에 지나지 않는다.
④ 올바른 것들을 행해야만 한다.

**정답** ④

**05.** 다음 중 플라톤의 주장으로 보기 어려운 것은?

① 철학자가 국가를 다스려야 한다.
② 철학자는 참다운 실재를 추구해야 한다.
③ 누가 보지 않으면 이익에 따라 행동해도 괜찮다.
④ 지도층의 사유재산을 금하여야 한다.

**정답** ③

**06.** 다음 중 플라톤이 주장한 것으로 가장 적합한 것은?

① 철학자가 국가를 다스리면 안 된다.
② 여성과 아이들은 공동으로 소유해야 한다.
③ 누가 보지 않으면 이익에 따라 행동해도 괜찮다.
④ 지도층의 사유재산을 인정하여야 한다.

**정답** ②

## 2. 현대의 정의론

### 1) 정의란?

≪국가론≫에서의 플라톤의 글은 이상향을 꾸는 것이라 할 수 있다. 플라톤의 이상국가는 총체적으로는 결코 실현된 적이 없다. 그가 시칠리에서 이상국가를 세우려던 노력은 실패하였다. ≪국가론≫에서 정의의 문제는 개인적인 차원에서는 덕이요, 지혜이지만 여기서 보다 중요한 것은 국가적 차원에서의 정의이다. 국가적 차원에서의 정의는 각 계급 간의 조화, 다시 말해 자기 고유의 임무를 충실히 수행할 때 생긴 것이었다. 플라톤에 있어서 정의란 무엇인가? 우리는 정의를 추구할 것인가? 힘을 추구할 것인가? 착한 것이 더 좋은가, 강한 것이 더 좋은가? 이러한 문제는 현대까지도 논의할 주제인 것이다.

플라톤의 제자인 아리스토텔레스는 정의란 사람들에게 그들이 마땅히 받아야 할 것을 주는 것이라고 말한다. 누가 무엇을 받을 자격이 있는가를 결정하려면, 어떤 미덕에 영광과 포상을 주어야 하는가를 결정해야 한다. 아리스토텔레스는 가장 바람직한 삶의 방식부터 심사숙고해야만 무엇이 정의로운 법인지 알 수 있다고 주장한다.

반면 18세기의 이마누엘 칸트부터 20세기의 존 롤즈에 이르기까지 근현대 정치철학자들의 주장에 따르면, 우리 권리를 규정하는 정의의 원칙은 미덕과 최선의 삶에 관한 주관적 견해에 좌우되지 말아야 한다. 정의로운 사회라면 개인의 자유를 존중해, 각자 좋은 삶을 선택할 수 있어야 한다. 또한 벤담을 비롯한 공리주의자들은 최대 다수의 행복이 정의라고 말하고 있다.

이처럼 고대의 정의론은 미덕에서 출발하고, 근현대의 정의론은 자유에서 출발한다.

## 2) 분배정의와 롤즈

존 롤즈의 정의의 원리는 사회 · 경제적 부의 재분배를 목표로 하는 복지국가관이다. 일반적으로 분배정의에 있어 평등 기준이란 모든 사람은 평등하게 다루어져야 정의롭다는 것이고, 가장 극단적인 평등주의자라고 불리는 마르크스는 '욕구에 따른 분배'를 말한다. 그리고 롤즈는 공리주의 사상에 대한 대안으로 자신의 정의론을 전개한다. 공리주의는 모든 개인이 만족의 최대 순수 잔여량을 달성하면, 그 사회는 정당한 질서를 갖춘 것이며 따라서 정의롭다고 한다. 하지만 공리주의는 만족의 총량이 개인들에게 어떻게 분배되는지에 대해서보다 다수의 보다 큰 선을 중요시 한다.

정의의 원칙에 대한 합의를 도출하는 방법으로 롤즈는 사회계약론을 사용한다. 이는 공정한 최초의 상황에서 합의를 하므로 '공정으로서의 정의(justice as fairness)'라고 부른다.

롤즈의 공정으로서의 정의론은 의무론적 윤리이론에 바탕을 두고 있다. 공리주의가 채택한 목적론적 윤리이론은 좋음을 옳음과는 상관없이 규정하고 옳음은 그 좋음을 극대화하는 것으로 규정한다. 반면 공정으로서의 정의론은 의무론적 윤리이론이다. 공정으로서의 정의론은 옳음이 좋음에 우선한다고 말한다. 따라서 옳음에 위배되는 좋음은 무가치한 것이다. 롤즈의 차등의 원칙에 따르면 최소 수혜자에게 최대의 이익을 가져오는 경우에 경제적 · 사회적 불평등이 정당화된다. 반면 공리주의는 모든 사람의 이익을 가져온다면 경제적 · 사회적 불평등이 정당화될 수 있다고 말할 것이다.

롤즈의 공정으로서 정의는 순수 절차적 정의이며, 순수 절차적 정의의 공정성을 담보하는 것이 원초적 입장이라는 관념이다. 롤즈가 "로크, 루소 그리고 칸트에게서 흔히 알려져 있는 사회계약의 이론을 일반화한 것"이라고 자신 있게 명명한 공정으로서의 정의가 이루어지기 위해서는 평등하고 자유로운 가상적인 상황인 원초적 입장이 전제된다.

원초적 입장은 무지의 베일 속에서 합의된다. 무지의 베일은 사회 구성원들에 의해 정의의 원칙이 채택되는 최초의 상황에 대한 철학적인 해석이다. 계약을 맺는 당사자들은 자신이 어떤 원초적 입장에 있는지 모른다는 가정하에 자신의 이해관계를 떠나 자신의 도덕적 사고능력에 따라 판단하고 선택한다.

> "아무도 자신의 사회적 지위나 계층상의 위치를 모르며, 누구도 자기가 어떠한 소질이나 능력, 지능, 체력 등을 천부적으로 타고났는지를 모른다는 점이다. 심지어 당사들은 자신의 가치관이나 특수한 심리적 성향까지도 모른다고 가정한다."
>
> 롤즈(2003: 195-196)

그들은 공정한 합의가 이루어지기 위해서는 당사자들이 무지의 베일 속에 있을 것을 요구한다. 그러나 그것은 가능한가?

롤즈의 정의의 원칙은 제1원칙인 자유의 평등한 분배원칙과 제2원칙인 불평등의 원칙으로 이루어진다. 롤즈의 정의론은 자유와 평등이라는 두 가지 개념을 가지고 출발한다. 또한 롤즈의 정의론은 바르고 공정하게 되는 순수 절차적 정의이다. 공정한 절차는 그것이 실제로 진실로 수행될 때에만 그 결과에 공정성을 부여할 수 있다.

첫째는 차등의 원칙이란 부당한 불평등은 보상을 해 주어야 한다는 것이다. 진정한 기회 균등을 위해서는 보다 적은 천부적 재능을 가진 사람이거나 불리한 사회적 지위를 가지고 태어난 사람에게 더 많은 관심을 가져야 한다. 차등의 원칙은 천부적 재능의 분배를 공동의 자산으로 생각하고 그 결과에 상관없이 이러한 분배가 주는 이익을 함께 나누어 가지는 데 합의한다는 것을 의미한다. 공정으로서의 정의에 있어서 사람들은 공동의 이익을 가져 오는 경우에만 자연적 · 사회적 여건의 우연성을 이용하기로 약속한다. 이러한 제도가 정의로운 것이다.

둘째는 차등의 원칙이 호혜성의 원칙의 입장을 표현하고 있다는 것이다. 그것은 상호이익의 원칙이다. 천부적 재능을 가진 사람에게 유리한 체제는 그들에게 이중의 이득을 주는 체제이다. 천부적 재능을 가진 이들은 다른 사람들의 이익에 기여하지 않는 방식으로 이익을 얻는 권리를 가져서는 안 된다. 최소 수혜자 이익극대화의 원칙으로 불평등이 조정되어야 한다. 이것은 모든 사람들에게 '공정한 기회의 균등'을 요구하는 것으로서 삶의 기회들에까지 평등화하자는 원리이다.

롤즈의 정의론은 사회계약론에 바탕을 두고 있는데, 사회 구성원이 무지의 베일에 가려진 원초적 입장에서 자유로운 결정을 내리게 되고 그러면 이런 절차가 공정하다는 것이다. 즉, 정의는 공정한 절차에서 나온다는 것이다. 또한 롤즈가 전제하는 인간관은 칸트적인 도덕적 인간상이다. 즉, 자유롭고 평등한 인간이다.

### 3) 노직의 정의론

노직의 자유지상주의 정의론은 롤즈의 정의론을 비판하면서 나타난 이론이다. 롤즈 정의론의 제1원칙은 기본적 자유에 대한 평등한 권리이다. 자유는 어떠한 상황에서도 불평등하게 분배될 수 없다는 것이다. 중요한 것은 자유의 우선성이다. 자유는 자유를 위해서가 아니라면 어떠한 경우에도 제한될 수 없다.

제2원칙은 불평등의 용인에 대한 기준이다. 우선적으로 적용되는 것이 공정한 기회 균등이다. 기회 균등은 공정한 절차로서의 정의원리가 적용되기 위한 장치이다.

노직은 그의 저서 ≪아나키, 국가, 그리고 유토피아(Anarchy, State, and Utopia)≫(1974)를 통하여 롤즈의 자유주의적 평등주의에 반대하여 새로운 분배정의를 내세운다. 롤즈의 정의론은 개인의 기본권을 최우선으로 강조하나 공정한 기회 균등과 가장 낮은 계층에 대한 배려를 주장하여 평등이나 정의에 중점을 둔다. 노직의 최소국가론은 바람직한 국가란 개인의 자유로운 획득이나 교환에 대해 간섭하거나 개인의 이익을 빼앗지 않는 국가를 의미한다. 국가가 기본적인 개인의 권리를 침해해서는 안 된다는 것이다. 또한 그의 소유권리론은 개인이 이처럼 국가의 간섭이나 강제적인 개입 없이 자유롭게 자신의 재산을 획득하고 교환할 수 있는 권리에 대한 것이다.

노직의 소유권리론은 개인의 권리를 침해하지 않는 국가야말로 가장 이상적인 국가로 여기게 된다. 개인의 권리를 보장하기 위한 또 다른 관심은 재산이다. 사람이 자신의 몸과 정신을 보호하고 유지하기 위해 가장 기본적으로 필요한 것은 기본적인 재산이다. 이것이 없이는 신체와 정신을 건강하게 유지할 수 없기 때문이다. 부당하게 재산을 강탈당하면 자신의 몸과 정신을 지킬 수 없다. 그러므로 개인의 재산에 대한 소유권은 가장 기본적인 권리이고 보호받아야 한다.

하지만 개인의 자연적 권리를 침해하지 않는 국가의 권력이란 것이 존재할 수 있을까? 국가란 본질적으로 개인의 권리를 제한할 수밖에 없다. 노직은 현실적인 측면에서 국가는 개인의 권리를 보호하는 역할만 하여야 한다고 말한다. 개인이 국가에 내는 세금이나 의무는 자신의 권리를 보호받는 대가를 지불하는 것에 불과하다. 국가는 이 수수료를 받는 만큼 자신의 국민을 보호하면 된다.

노직의 소유권리론은 세 가지 원리로 이루어진다. 첫째, 취득에 있어 정당하여야 한다. 둘째, 이전에 정당하여야 한다. 누구도 이 둘의 조건에 의하지 않고는 그 소유물에 대한 소유권리가 없다. 셋째, 소유물에 있어 불의의 교정의 원리이다. 즉, "어떤 사람이 다른 사람의 물건을 훔쳤거나 사취하거나, 그들을 노예화하거나, 그들의 생산물을 수탈하거나, 그들이 살고자 하는 바대로 살지 못하게 하거나 또는 교환에서의 자유경쟁을 방해하거나" 함으로써 과거의 불의가 존재한다면 이 불의는 교정되어야 한다는 것이다. 어떤 사람이 이런 세 원리에 의해 자신의 소유물에 대한 권리를 부여받았다면, 정당한 것이다. 그의 소유권리론은 소유의 문제를 정의의 문제라고 말한다.

그의 소유권리론에 의하면 한 개인이 갖게 되는 합법적 유산이나 천부적 재능은 자신의 것이 되지만, 롤즈에 의하면 소득이나 부의 분배가 역사적·사회적 행운이나 천부적 자산에 의해 이루어져서는 안 된다. 롤즈에 의하면 천부적인 자산인 재능도 재분배되어야 한다는 것이다.[14] 개인이 가진 천부적 재능은 사회적 공동자산이며 공동의 이익을 가져오는 경우에만 그런 우연성에 의한 이익을 이용하여야 한다. 그럴 경우에만 사회적 기본구조가 정의로운 제도가 된다.

반면 노직은 자신의 분배 정의론인 소유권리론을 전개하면서 과정상의 정당함을 강조하고 있다. 노직과 롤즈는 그들 이론의 기초가 개인주의적 자유주의라는 동일한 뿌리를 가지고 있다. 이 두 사람은 개인의 자유와 권리를 가장 중요시하고 있다.

### 4) 올바른 가치 측정

정의란 공리나 행복 극대화, 즉 최대 다수의 최대 행복을 추구하는 것이라 하기도 하고, 정의란 선택의 자유를 존중하는 것이라고 말하기도 한다. 또한 정의란 미덕을 키우고 공동선을 고민하는 것이라고도 한다.

하버드대학 교수인 마이클 샌델(1953~ )은 정의로운 사회는 단순히 공리를 극대화하거나 선택의 자유를 확보하는 것만으로는 만들 수 없다고 보았다. 좋은 삶의 의미를 함께 고민하고, 으레 생기게 마련인 이견을 기꺼이 받아들이는 문화를 가꾸어야 한다고 역설한다.

예를 들어, 구제금융이나 상이군인훈장, 대리출산이나 동성혼, 소수집단우대정책이나 군 복무, 최고경영자의 임금이나 골프 카트 이용권을 두고 어떤 논란을 벌이든, 정의는 영광과 미덕, 자부심과 인정에 관한 대립하는 여러 개념과 밀접히 연관된다고 보았다. 왜냐하면 그에 있어 정의는 올바른 분배만의 문제가 아니라 올바른 가치 측정의 문제이기 때문이다.

14) 참고: 비환교수는 능력 등 천부적 자산도 운에 따른 분배로서 재분배되어야 한다는 입장이다.

## 학 습 정 리

≪국가론≫ 플라톤의 이상향에 대한 글

- 아리스토텔레스의 정의론: 사람들에게 그들이 마땅히 받아야 할 것을 주는 것
- 롤즈의 정의론: 사회계약론에 바탕을 두고 있는데, 사회 구성원이 무지의 베일에 가려진 원초적 입장에서 자유로운 결정을 내리게 되고 그러면 이런 절차가 공정하다는 것
- 롤즈의 차등의 원칙: 최소 수혜자에게 최대의 이익을 가져오는 경우에 경제적 · 사회적 불평등이 정당화
- 공리주의: 모든 사람의 이익을 가져온다면 경제적 · 사회적 불평등이 정당화
- 노직의 소유권리론: 개인이 국가의 간섭이나 강제적인 개입 없이 자유롭게 자신의 재산을 획득하고 교환할 수 있는 권리에 대한 것
- 마이클 샌델: 정의는 올바른 가치 측정의 문제

## 퀴 즈

**01.** 다음 중에서 롤즈의 정의론으로 틀린 것은?

① 롤즈의 정의론은 사회계약론에 바탕을 두고 있다.
② 사회 구성원이 무지의 베일에 가려진 원초적 입장에서 자유로운 결정을 내리게 된다.
③ 롤즈가 전제하는 인간관은 칸트적인 도덕적 인간상이다. 즉 자유롭고 평등한 인간이다.
④ 소유권리론이다.

**정답** ④

**해설** 소유권리론은 노직의 정의론

**02.** 다음 괄호 속에 들어갈 말로 옳은 것은? (   )

노직의 (          )은 바람직한 국가란 개인의 자유로운 획득이나 교환에 대해 간섭하거나 개인의 이익을 빼앗지 않는 국가를 의미한다.

① 최소국가론    ② 공리주의

정답 ①

SECTION 04

# 기술시대와 중용의 지혜

## 1. 행복과 중용

### 1) 아리스토텔레스와 사상

현실주의

동양의 현실주의자 순자에 비유되는 아리스토텔레스는 이상주의자인 플라톤의 제자였으나, 사후세계를 중시하는 초월적 성향을 지닌 스승 플라톤과는 달리 현실세계를 중요시 여기는 현실주의자였다. 서구사상의 양대 산맥인 플라톤과 아리스토텔레스는 서구사상의 원류라고 할 수 있다.

아리스토텔레스

아리스토텔레스(Aristoteles, B.C. 384~322)는 플라톤의 '아카데미'에서 20년 동안 배운 학생이었다. 스승인 플라톤은 아리스토텔레스를 '아카데메이아의 정신'이라고 칭찬했다. 플라톤은 수학과 기하학에 몰두하였으며 수학과 같은 세계를 이상적인 세계로 본 반면, 의사의 아들인 아리스토텔레스는 생물학과 자연현상에 관심이 많았고, 살아 움직이는 우리의 삶 속에서 진리를 추구하였다. 그는 우리가 이해하고자 하는 세계는 바로 이 세계라는 사실을 알아야 한다고 말한다. 그는 아테네 북쪽의 스타기라에서 태어났다. 아버지는 마케도니아 왕의 시의(侍醫)였고 어머니도 의사집안 출신이었다. 아리스토텔레스의 집안은 대대로 의학에 종사하였다. 그래서 그는 일찍부터 자연과학적 분위기에서 자라났고, 관찰과 경험을 중요시 하였다. 플라톤이 금욕적인 독신 생활을 관철한데 반해 미식가인 아리스토텔레스는 동서로 유랑생활을 계속하기도 하였다.

아리스토텔레스의 저술들은 대부분 그가 세운 학교인 '리케움'에서 학생들을 가르치기 위해서 사용했던 강의 노트들이다. ≪니코마코스 윤리학≫도 그 강의 노트들 중의 하나이다. 그의 저서는 ≪논리학≫, ≪형이상학≫, ≪정치학≫, ≪시학≫, ≪윤리학≫ 등이 있다. 13세 때의 알렉산더 대왕의 가정교사이기도 했던 그는, 서양 정신사에 기여한 논리학을 저술하였다. 그의 논리학은 '전통 논리학'의 근본이 되었다. 그는 삼단논법을 정식화한다.

〈삼단논법〉

| | |
|---|---|
| 모든 인간은 죽는다. | M-P |
| 소크라테스는 인간이다. | S-M |
| 따라서 소크라테스는 죽는다. | S-P |

여기서 '모든 인간은 죽는다'(대전제)와 '소크라테스는 인간이다'(소전제)를 전제라 한다. '따라서 소크라테스는 죽는다'는 전제들의 주장에 의해 필연적으로 내려지는 결론이다. 전제에서 인간이라는 개념은 두 문장을 연결하는 개념이므로 매개개념(媒介槪念)이라 한다.

이 인간이라는 매개개념은 결론에서 나타나지 않는다. 따라서 삼단논법에서 보면 '대전제'와 '소전제'에서 결론이 필연적으로 도출되기 때문에, '대전제'와 '소전제'가 참이면 결론은 항상 참이 된다. 일련의 추론이 연결되어 증명이 된다. 이는 연역법으로서 '일반적인 것'에서 '특수한 것'으로 나아간다.

그 반대는 아리스토텔레스의 연역법과 더불어 오늘날 논리학의 가장 중요한 이론인 귀납법의 창시자이기도 한, 근대 베이컨의 귀납법으로서 '개별적인 것'에서 '일반적인 것'으로 나아간다.

귀납법은 관찰과 실험에 의해 많은 속성을 제외시켜가는 과정을 거친다. 그런 과정을 통해 제외시킬 수 없는 속성을 발견하고 개개의 사실로부터 하나의 법칙을 세워나간다.

우리는 과거의 경험을 바탕으로 미래를 예측하기 원한다. 이러한 과거를 바탕으로 한 예측은 많은 경우 신뢰된다. 예를 들어, 지금까지 해가 동쪽에서 떴다면, 내일도 해는 동쪽에서 뜬다고 믿는 것이 합리적일 것이다. 하지만 이러한 예측의 약점은 완벽한 확실성을 제공하지 못한다는 점이다. 왜냐하면 먼 훗날 해가 서쪽에서 뜰지도 모른다.

형이상학과 윤리학의 아버지라고 할 수 있는 아리스토텔레스는 플라톤의 세계관이 분리시킨 현실세계와 이데아세계를 결합하여 일원론적 세계관을 세웠다. 그는 개체의 형상(이데아)과 개체를 나누어 생각하지 않았다. 그는 사물의 본질이 사물 자체에 있다고 하였다.

아리스토텔레스는 '사물의 본질은 사물의 현상들의 배열 속에 있다'는 그의 ≪형이상학≫의 첫머리에서 '모든 인간은 본질적으로 알기를 원한다'고 하였다. 그래서 인간은 밤하늘의 별을 관찰하고, 어떻게 푸르던 나뭇잎이 울긋불긋한 단풍잎이 되는지를 연구하고, '우리는 어디서 왔고, 누구이며, 어디로 가는가?'를 알고 싶어 한다. 그러나 무엇보다도 인간이 가장 알기를 원하는 것은 바로 자기 자신이다. 그러므로 소크라테스가 "너 자신을 알라!"고 외친 이유도 여기에 있는 것이다.

아리스토텔레스에게 모든 운동은 기본적으로 4가지 원인을 가진다고 한다. 이는 목적인, 형상인, 질료인, 작용인이다. 예를 들어, 하나의 석상이 있을 때 그 석상의 재료로 쓰인 돌이 석상의 질료인이며, 석상을 만든 사람의 구상이 형상인, 석상을 만든 사람의 손과 도구가 작용인이고, 석상을 만든 목적이 목적인이다.

그리고 4원인으로 그는 동물의 탄생을 설명한다. 동물은 기본적으로 남과 여의 성교의 결과이다. 그는 생성 가운데, 주요 원리는 남과 여이며, 남은 운동의 원리, 즉 작용인이고, 여는 질료인이라 한다. 그리고 그는 남은 아버지인 하늘과 같은 것이고, 여는 어머니인 대지와 같은 것이라고 비유를 든다.

아리스토텔레스에 의한 생식 연구를 알아보자. 예를 들어, 정자에 대한 그의 이론을 보면, 정자는 열처리된 혈액이다. 혈액이 정자의 질료이다. 그런데 여성은 여기에서 스스로 정자를 만들 수 없다. 여는 질료인이고 남(정자)은 작용인이다. 정자는 그 안에 운동이 들어가 있고, 자궁 안에 들어가서 암컷이 제공한 재료(월경피)에 어떤 작용을 한다는 것이다.

아리스토텔레스는 정자가 태아를 만드는 씨앗을 갖고 있고, 월경의 피가 그것을 성장시키는 토양이 된다고 했다. 그리고 태아를 형성하는 것은 영혼이고, 남자는 목적인, 작용인이며 여자는 그 질료라고 했다. 작용인은 정자이며 질료인은 월경피이다. 형상인은 정자 안의 형상이며, 목적인은 생명체이다. 이렇게 그는 목적론적인 그의 자연철학을 기반으로 여와 남에 대한 신체적 논의를 전개한 것이다.

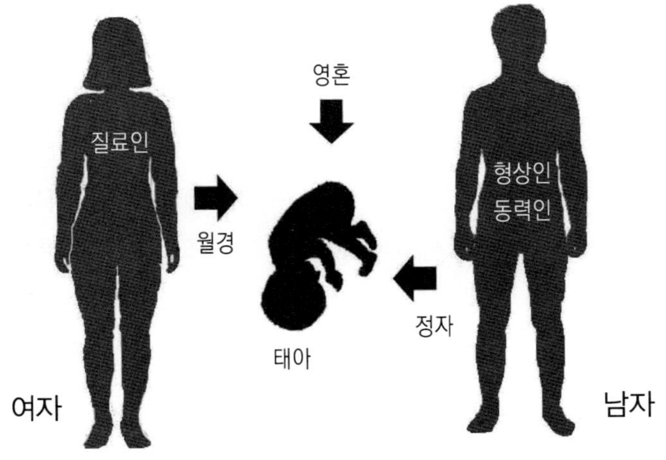

## 2) ≪니코마코스 윤리학≫과 행복, 그리고 중용

≪니코마코스 윤리학≫은 10권으로 된 아리스토텔레스의 저서이다. ≪니코마코스 윤리학≫은 인간 실천의 영역을 대상으로 삼으며, 인간 삶의 목적은 행복에 있다고 한다. 행복이라는 말은 잘 산다는 말과 같은 말이다. 행복은 목적 중에서 제일가는 목적이며, 선 중에서도 첫째가는 선이다. 그에게 있어 행복이란 각자의 기능을 잘 수행하는 것이다. 또한 '정의(Justice)'란 일종의 중용으로서 옳은 행위란 어떤 두 극단 사이의 중간인가를 고찰하지 않으면 안 된다고 하였다. 그리하여 그에게 있어 중용에 따르는 삶이 행복한 삶이라 할 수 있다. 행복은 쾌락과 도덕 사이의 균형을 잃지 않는 데서 오고, 이런 태도는 '중용'이라는 말로 요약될 수 있다.

아리스토텔레스에 의하면 도덕적 행위라고 하는 것은 목적을 달성하기 위해서 무엇을 해야 할 것인가를 인식하고 행하는 행위이다. 그러므로 그는 도덕은 행위 선택의 성품이고, 중용(中庸)을 그 본질로 하는 습성이라고 한다. 이때의 중용은 이성적 원리에 의하여 그리고 또 실천적인 지혜를 가지고 있는 사람이 그것을 결정할 때에 기준으로 삼을 원리에 의하여 결정되지 않으면 안 되는 것이다. 그런데 그것은 두 악덕, 즉 과도로 말미암은 악덕과 부족으로 말미암은 악덕 사이의 중용이다. 아리스토텔레스의 덕스러운 또는 올바른 행위는 양 극단 사이의 중간이다. 진정한 중용은 자기와의 관계이며 자기 자신과 양 극단들과 각각 등거리에 있는 것이 중용이다. 아리스토텔레스는 윤리적 태도는 실천을 통해 습득된다고 주장한다. 그리고 내용적으로 윤리적 덕은 잘못된 극단 사이의 중용 또는 중도로서 규정된다. 우리가 위험에 처했을 때 너무 겁을 먹으면 비겁해지고, 너무 배짱을 부리면 만용이 나타난다. 그에 의하면 만용과 비겁의 중용은 용기이고 나태와 탐욕의 중용은 포부이다. 쾌락의 과도는 방종이고 부족한 것은 무감각이다. 따라서 그 중용은 절제이다. 돈(재물)에 관계되는 덕으로서는 관대(또는 관후)가 있다. 방탕(낭비)과 인색은 재물에 관한 과도와 부족이다. 방탕은 자제력이 없는 사람들이나 방종한 생활에 돈을 쓰는 사람들을 말하고, 인색은 주는 면에 있어서 부족을 의미한다. 그에게 있어 특이한 점은 관대한 사람은 당연히 취할 데서 취하고 그렇지 않은 데서는 취하지 않는 것보다는, 받아서 마땅한 사람에게 주는 것이다.

| 과도 | | 중용 | | 부족 |
|---|---|---|---|---|
| 만용 | ← | 용기 | → | 비겁 |
| 낭비 | ← | 관대 | → | 인색 |
| 탐욕 | ← | 포부 | → | 나태 |
| 방종 | ← | 절제 | → | 무감각 |
| 자만 | ← | 성실 | → | 자기비하 |
| 파렴치함 | ← | 겸손 | → | 수줍음 |
| 돈키호테의 저돌성 | ← | 극기 | → | 햄릿의 우유부단 |

이 밖에 온화는 노여움에 관해서의 중용인데, 노여워할 일에 적당한 시간 동안만 노여워하는 것이다. 또한 아리스토텔레스는 사람들과 교제함에 있어서, 즉 사회생활을 하거나 남과 말이나 행위를 서로 주고받음에 있어, 발라맞추는 사람들이 간혹 있다고 말한다. 이런 사람들은 상대방을 기쁘게 해 주기 위해서 무엇이든지 칭찬만 하고 반대하는 일이 없으며, "자기가 만나는 사람들에게 절대로 괴로움을 주지 않는 것"을 신조로 삼고 있다. 이와 반대로 무엇에든지 덮어놓고 반대하며, 남을 괴롭히는 것을 아무렇지도 않게 생각하는 사람들이 있다. 아리스토텔레스는 이 중간의 상태를 '우애'와 닮았다고 보았으며, 이 중간의 상태는 시인할 만한 것은 올바르게 시인하고 꾸짖을 만한 것은 올바른 태도로 꾸짖는 것이다.

아리스토텔레스의 중용은 우리에게 많은 삶의 실천적 지혜와 한결같은 균형 잡힌 인성유지를 제공하여 준다. 그에게서 중용의 도는 곧 덕이 된다.

학 습 정 리

### 아리스토텔레스-일원론적 세계관

- 아리스토텔레스에게 모든 운동은 기본적으로 4가지 원인을 가진다: 목적인, 형상인, 질료인, 작용인
- 아리스토텔레스: '정의(Justice)'란 어떤 종류의 중용이며 옳은 행위란 어떤 두 극단 사이의 중간인가를 고찰하지 않으면 안 된다.
- 진정한 중용은 자기와의 관계이며 자기 자신과 양 극단들과 각각 등거리에 있는 것이 중용: 아리스토텔레스는 윤리적 태도는 실천을 통해 습득된다고 주장
- 두 악덕, 즉 과도로 말미암은 악덕과 부족으로 말미암는 악덕 사이의 중용

| 과도 | 중용 | 부족 |
|---|---|---|
| 만용 | ← 용기 → | 비겁 |
| 낭비 | ← 관대 → | 인색 |
| 탐욕 | ← 포부 → | 나태 |
| 방종 | ← 절제 → | 무감각 |
| 돈키호테의 저돌성 | ← 극기 → | 햄릿의 우유부단 |

- 돈에 관계되는 덕으로서 관대(또는 관후): 방탕(낭비)과 인색은 재물에 관한 과도와 부족. 방탕은 자제력이 없는 사람들이나 방종한 생활에 돈을 쓰는 사람들을 말하고, 인색은 주는 면에 있어서 부족을 의미
- 아리스토텔레스에게 있어 특이한 점은 관대한 사람은 당연히 취할 데서 취하고 그렇지 않은 데서는 취하지 않는 것보다는, 받아서 마땅한 사람에게 주는 것
- 아리스토텔레스는 행복을 최고선으로 규정하면서 그에 이르는 길을 제시

## 퀴 즈

**※ 다음 문제 중 맞으면 ○, 틀리면 ×를 하시오.**

**01.** 아리스토텔레스는 일원론적 세계관을 세웠다. (  )

정답 ○

해설 플라톤은 이원론적 세계관

**02.** 아리스토텔레스에게 있어 낭비와 인색의 중용의 덕은 관대이다. (  )

정답 ○

해설 과도 : 낭비, 부족 : 인색

**※ 다음 빈칸에 들어갈 말로 알맞은 것은?**

**03.** ≪니코마코스 윤리학≫의 저자는 (        )이다.

① 데카르트 ② 칸트
③ 공자 ④ 아리스토텔레스

정답 ④

**04.** 아리스토텔레스는 ≪니코마코스 윤리학≫에서 (     )의 덕을 다루고 있다.

① 과용 ② 절정
③ 빈곤 ④ 중용

정답 ④

**05.** 아리스토텔레스는 이 세계는 하나라는 (        )적 세계관을 주장하였다.

① 일원론 ② 이원론
③ 회피 ④ 다원론

정답 ①

**06.** 다음 중 아리스토텔레스에 대한 설명으로 맞지 않은 것은?

① 플라톤의 스승이었다.
② 논리학을 저술하고 삼단논법을 정식화하였다.
③ ≪시학≫을 저술하였다.
④ 중용을 주장하였다.

정답 ①

## 2. 건강과 중용

### 1) 건강철학

중용철학은 '음양화평지인(陰陽和平之人)'이라는 우리의 건강음양법칙에도 적용해 볼 수 있다. 질병이 있다는 것은 중용에서 벗어난 것을 의미한다. 섭취 음식물 간에도 음양의 조화가 있다. 양적인 사람에게는 굼벵이 음식이 좋고, 양적인 요리인 상어요리는 양기 없는 사람에게 좋다. 맥주처럼 음적인 것에는 양적인 노가리포, 생강에 설탕절인 편강 같은 안주가 좋다. 이러한 중용의 조율은 중용철학의 원리에 기초한다. 이러한 원리를 인간관계에 있어서는 '믿을 사람은 믿고 의심할 사람은 의심하는 것'이라고 확대 해석하기도 한다.

이렇듯 중용은 우리의 생각과 일상의 삶 속에서 다방면에서 건강한 균형을 이루어 나가는 것이다. 일과 놀이, 휴식과 운동, 정신적인 삶과 물질적인 삶 중에서 자신이 좋아하는 것만 한다거나 어느 한 가지에 몰입되는 일이 없이 자신의 삶을 균형 있게 관리하는 중용의 미덕은 스스로의 마음에 달려 있다. 그래서 우리는 일상생활에서도 "가까운 것을 멀리하고 먼 것을 가까이하라", "걸림돌을 디딤돌이 되게 하라" 등의 격언으로 마음의 평정을 누리려고 노력하고 있다.

맥주
(음적인 것)

+

노가리
(양적인 것)

소주
(양적인 것)

+

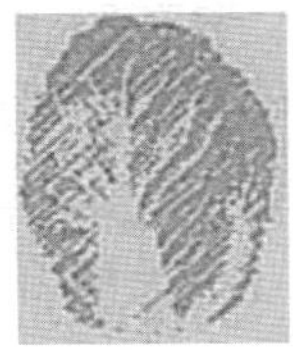

배추
(음적인 것)

상어(양적인 것)

+

복어(음적인 것)

버섯요리(음적인 것)

+

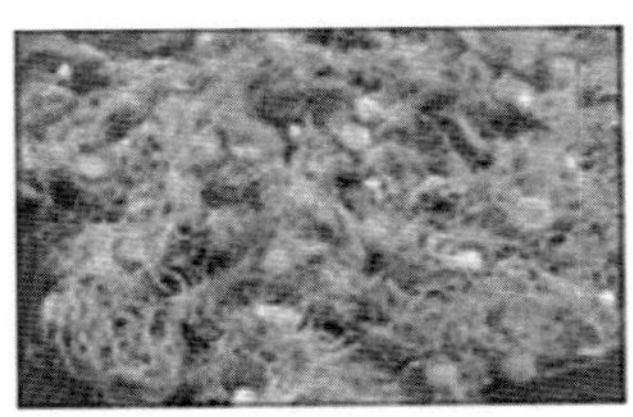

파뿌리(양적인 것)

## 2) 동양의 중용

### (1) 중용이란?

중용은 유가(儒家)의 4서(중용, 대학, 논어, 맹자)의 하나인 ≪중용≫에서 말한 것처럼 어느 한쪽으로 기울어지거나 치우치는 일이 없고 지나치지도 모자라지도 않은 것으로, '중'이란 온 천하에 통용될 수 있는 도(道)이고, '용'이란 사리에 알맞은 것이라는 뜻이다. 또한 아리스토텔레스보다도 100여 년이 빠른 출생의 공자는 ≪논어≫에서 '때에 언제나 알맞게 한다'라고 함으로써 중용으로 처신하여 지나치는 일도 없고 미치지 못하는 일도 없다고 하였다.

공자는 노나라에서 태어나서 그곳에서 죽었고, 그는 세 살 때 아버지를 잃고 홀어머니의 보살핌을 받으며 궁핍한 환경 가운데서 성장했다. 그의 아버지는 처음 결혼하여 아홉 명의 딸과 한 명의 아들을 두었는데, 아들이 건강하지 못하여 집안의 대를 이을 수 없었다. 그래서 공자의 어머니를 후처로 맞아들여 공자를 얻은 것이었다. 그러한 공자는 건장한 체구를 가진 거인이었다. 그는 인(仁)을 중용에 의해서 설명한다. 그에 의하면 인간의 본성은 인이라고 하였다.

공자는 '인간성의 최상은 중화(中和)에 있다'고 보았으며, 中(중)을 인간의 내면으로부터 솟아나는 것으로 설명했다. 가장 은밀한 것이 중화에서 나오고, 또 모든 것은 중화에 근원을 두고 있다.

≪중용≫은 유학(儒學)의 경전인 사서 중에 하나로서 사상 형식의 최초의 경전이라고 볼 수 있고, 중용은 대체로 자사(子思)에 의해서 저술된 것으로 알려져 왔다. 자사는 요·순 이래로 전승되어 온 뜻의 근본을 추구하고 사부의 말씀을 바르게 고치고 서로 참조하며 풀어나가 뒤에 배우는 사람들에게 일러 주기 위해 ≪중용≫을 지었다고 한다.

중용의 의미는 바로 그 제목 자체에 있다. 중용은 원래 치우치지도 기울지도 않으며 지나치지도 모자라지도 않은 상태를 가리킨다. 다시 말해 중용은 조화의 산물이다. 중용은 누가 옳고 누가 그르고의 시비를 초월하여 글자 그대로 어느 쪽에도 치우침이 없이 중립적 입장에 서는 것이라고도 할 수 있다.

≪중용≫에는 '희노애락이 아직 드러나지 않은 것'을 '중(中)'이라 하고, 드러나서 모든 절도에 맞는 것을 '화(和)'라고 한다. 다시 말해 행동적인 면에서 절도에 맞게 행동하는 것을 중화라고 하고 있다.

중용이라는 말은 ≪논어(論語)≫에 처음 등장한다. ≪논어≫에서 '중용의 덕은 지극한 것인데 이를 지속해서 행하는 사람이 별로 없다'라는 표현이 나온다. 여기서 나오는 중용이라는 표현이 중(中)이 용(庸)과 결합하여 나타나는 효시이다. 물론 '중'의 개념은 고대로부터 존재하여 왔고, '중'은 중국 사상의 핵심을 이루는 개념이다. 그런데 고대에 있어서 그것은 '용'과 결합되어 쓰이지 않았다. 논어에서 최초로 '중'이 '용'과 결합되어 사용되었다. 그러나 논어에서는 중용의 참뜻이 무엇인가에 대해서는 더 이상 부연하고 있지 않다.

### (2) 중용과 군자

중용의 의미는 자사가 지은 ≪중용(中庸)≫에서 비로소 구체화되어 나타난다. 주희(朱熹)의 중용장구(中庸章句)에서 보면 중(中)은 두 가지 의미를 갖고 있다. 첫째는 치우치지도 기울지도 않은 상태(中者不偏不倚)이며, 둘째는 지나치지도 모자라지도 않은 상태(中者無過不及)이다. 중용에서는 치우치지도 기울지도 않는 상태를 다음과 같이 비유하고 있다. "자로(子路)가 공자에게 강(强)에 대하여 묻자 다음과 같이 말씀하셨다. …… 군자는 세상 모든 것과 조화를 이루지만 세상에 빠져 거기에 휩쓸리지 않는다. 강하도다! 가운데(中)에 위치하여 어느 쪽으로도 기울지 않으니 강하도다! 나라의 도가 세워져 높은 자리에 올랐어도 어려웠던 시절에 품었던 뜻을 변치 않으니 강하도다! 나라의 도가 무너져 곤궁하게 지내어도 죽을 때까지 지조를 변치 않으니 강하도다!"(중용, 10장)

중용에서 용(庸)의 개념은 반복을 통한 지속적인 쓰임(用)을 뜻한다. 그러므로 '용'을 주희(朱熹)는 매일 매일의 일상적인 행위, 즉 평상적 행위로 풀이했다.

중용의 한 구절을 보자. "군자는 자신의 처지에 맞게 행동하고 그 밖에 것은 바라지 않는다. 부귀(富貴)에 처하면 부귀를 누리고, 빈천(貧賤)에 처하면 빈천을 즐기고, 오랑캐 나라에 가면 오랑캐의 풍속에 따르며, 환란을 맞게 되면 피하지 않고 받아들인다. 군자는 어느 곳에 처하든지 자득(自得)하지 못할 데가 없다. 윗사람이 되면 아래 사람을 업신여기지 않고, 아래 사람이 되면 윗사람에게 아첨하지 않는다. 자신을 바르게 세워 남에게서 구하지 않으니 원망할 것이 없다. …… 공자께서는 활 쏘는 것은 군자와 유사한 데가 있다. 정곡(正鵠)을 맞추지 못하면 돌이켜 자신에게서 그 원인을 찾는다고 말씀하셨다. …… 군자의 도가 넷이 있는데 구(丘)는 아직 한 가지도 제대로 하지 못하였다. 자식에게 받고 싶은 것을 아버지에게 해드리지 못하였고, 신하에게 받고 싶은 것을 임금에게 드리지 못하였으며, 동생에게 받고 싶은 것을 형에게 해드리지 못하였고, 친구에게 받고 싶은 것을 친구에게 먼저 해 주지 못하였다."(중용, 14장) 일상생활에서 중용의 실천은 양극단을 파악하여 그 중간을 쓰는 것이다.

이밖에도 중용에 이르는 길은 인간관계에서 입장을 바꾸어 상대방의 입장에서 그를 이해하는 것이다. 상대방의 처지에서 생각하는 역지사지가 중용에 이르는 첩경인 것이다. 역지사지(易地思之)는 글자 그대로 타인의 처지 또는 입장에 서 보는 것이다. 이렇게 사람들이 타인의 처지나 입장에 서게 되면 이제까지 미처 보지 못했던 것을 보게 된다.

자사가 '군자는 때에 맞게 처신한다'고 한 것은 곧 중(中)을 택해야 함을 일컬은 것이다. 그렇기 때문에 군자는 홀로 있을 때 삼간다. 희 · 노 · 애 · 락이 나타나지 않는 것을 중(中)이라 하고, 나타나서 모두 절(節)에 맞는 것을 화(和)라 한다. 중이라는 것은 천하의 대본(大本)이고 화라는 것은 천하의 달도(達道)이다. 중과 화에 이르게 하면 천지가 자리 잡히며 만물이 자라게 되는 것이다.

중니(仲尼)께서 "군자는 중용이고 소인은 중용에 반(反)하느니라"라고 말씀하셨다. 그래서 군자의 중용은 군자로서 때에 맞게 행동하지만 소인은 기탄없이 행동한다.

군자는 정성을 귀하게 여긴다. 정성이라는 것은 만물의 처음이며 끝이니, 정성이 아니라면 만물은 없는 것이다. 그러므로 군자는 덕성을 높이고 묻고 배우는 길을 가고 넓고 큼에 이르되 정미(精微)함도 다하며 높고 밝음을 다하되 중용의 길을 가며, 옛것을 익혀서 새것을 알며, 돈후(敦厚)함으로 예를 높인다. 그렇기 때문에 윗자리에 있어도 교만하지 않고, 아랫자리에 있게 되어도 배반하지 않는다. 나라의 도가 있을 때엔 그의 침묵은 충분히 용납된다. 시경에 '이미 밝고 또 어짊으로써 그 몸을 보전하도다'고 하였는데, 그것은 군자와 덕성을 말한 것이다.

## 3. ≪깡디드≫와 중용적 세계관

18세기 프랑스를 대표하는 계몽사상가인 볼테르는 그 당시에 풍미하던 라이프니츠(Leibniz)의 낙천주의를 ≪깡디드≫[15]라는 작품을 통해 통렬하게 풍자한다.

≪깡디드≫는 사상적 경향이 강한 작품이다. '깡디드'란 불어로 '순박하다', '단순하다'는 뜻이다. ≪깡디드≫의 내용은 다음과 같다.

> 독일 남작의 성에 살게 된 깡디드는 남작의 딸 뀌네공드를 좋아하게 되는데 어느날 뀌네공드가 그녀의 손수건을 떨어뜨렸을 때 그것을 주워주면서 키스를 한 것이 남작에게 발각되어 성 밖으로 쫓겨난다.
>
> 깡디드는 남작의 성에서 가정교사 팡그로스에게서 현실은 '최선의 세계'라는 가르침을 받는다. 그래서 깡디드는 이러한 것을 믿었지만, 그는 성 밖으로 내쫓기어 온갖 불행을 겪으면서 "모든 것이 최선으로 되어간다"고 한 가정교사의 말을 불신하게 된다. 이 같은 불신은 뀌네공드에게도 일어난다.

15) 볼떼르(염기용 역), 『깡디드』, 범우사, 1989, 참조.

> 남작의 성을 불가리아 병사가 침입하여 남작부부는 죽음에 직면하게 되었고, 그녀는 능욕을 당하고 칼날에 의해 상처를 입게 되어 하녀로 팔려 다니게 된다. 작품은 모든 악의 기록으로 일관된다. 포로의 생활로 여기저기 팔려가는 뀌네공드 외에도, 교황 10세의 딸의 불행, 팡그로스 선생의 고난의 체험 등이 그렇다.
>
> 이제 뀌네공드는 너무나 추한 모습이 되었지만 깡디드는 그녀의 몸값을 지불하여 자신이 옛날에 사랑했던 그녀를 구하고 청혼을 하여 결혼을 한다. 사실 깡디드의 마음속에는 뀌네공드를 아내로 맞아들이고 싶은 생각은 털끝만큼도 없었으나 그녀의 오빠인 젊은 남작의 거드름에 결혼을 해야겠다는 결론을 내려버린 것이었다. 그 후 그녀는 비록 차마 눈뜨고 볼 수 없을 만큼 추한 모습이 되었지만 아주 훌륭한 과자 제조인이 되었다.

이 작품에서 볼테르는 '모든 것이 선이다'라는 라이프니츠의 세계관에 반대하여 인간 스스로의 노력과 창조 정신을 더 높이 평가한 듯하다. 볼테르는 낙관주의와 비관주의의 중간의 위치에 서서 중용적 세계관을 펼친 것이다. 이 작품은, 이 세상은 라이프니츠의 '최선의 세계'도 마니교의 '최악의 세계'도 아니라는 깨달음에 의미 부여를 하고 있다.

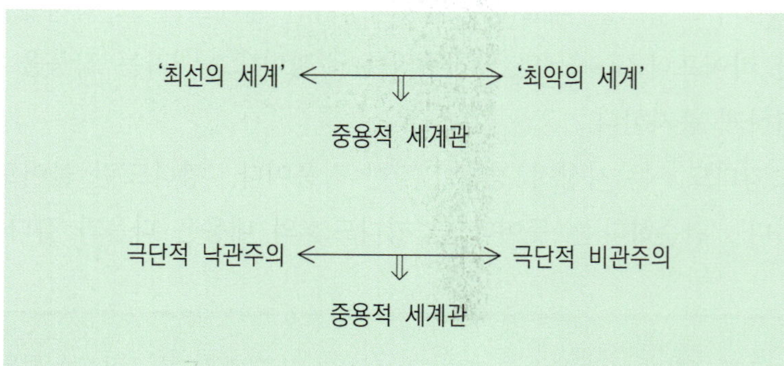


작품은 인간의 운명은 스스로 개척하고 진보해 나가는 것이라는 것을 묘사하면서 끝을 맺는다.

"지금 우린 우리의 뜰을 경작해야 합니다."[16] 인간의 운명은 뜰을

16) 같은 책, p. 178.

경작해 나가듯 스스로 개척하고 진보해 나가는 것이라는 사상을 강하게 묘사하고 있는 것이다.

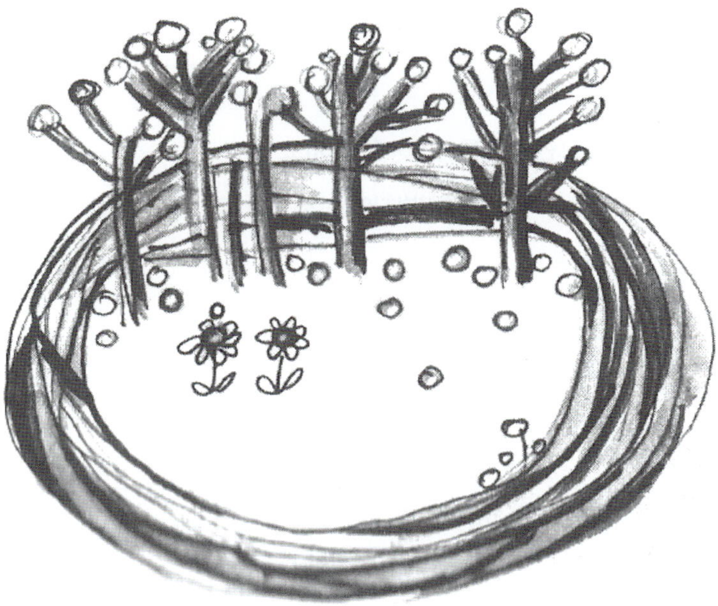

### 학 습 정 리

- '음양화평지인(陰陽和平之人)'이라는 중용철학은 우리의 건강음양법칙에도 적용
- 중용은 유가(儒家)의 4서(중용, 대학, 논어, 맹자)의 하나
- 중용은 어느 한쪽으로 기울어지거나 치우치는 일이 없고 지나치지도 모자라지도 않은 것으로, '중'이란 온 천하에 통용될 수 있는 도(道)이고, '용'이란 사리에 알맞은 것이라는 뜻에 조금도 벗어나지 않는다.
- 중용에서는 "군자는 자신의 처지에 맞게 행동하고 그 밖에 것은 바라지 않는다."
- 볼테르는 '모든 것이 선이다'라는 낙관주의와 '모든 것이 악이다'라는 비관주의의 중간의 위치에 서서 중용적 세계관을 펼친 것

## 퀴즈

**※ 다음 빈칸에 들어갈 말로 알맞은 것은?**

**01.** 유가(儒家)의 4서는 (　), 대학, 논어, 맹자이다.

정답 중용

**※ 다음 문제 중 맞으면 ○, 틀리면 ×를 하시오.**

**02.** 중용철학은 우리의 건강음양법칙에는 적용해 볼 수 없다. (　)

정답 ×

해설 질병이 있다는 것은 중용에서 벗어난 것을 의미

**03.** 볼테르는 ≪깡디드≫에서 중용적 세계관이 삶을 살아가는 미덕이라고 했다. (　)

정답 ○

해설 낙관주의와 비관주의의 중간의 위치

SECTION 05

# 현대인의 실존과 자유

## 1. 현대인의 실존과 자유

### 1) 실존주의

실존주의는 사전적 의미로 개인의 자유와 책임 그리고 주체성을 중시여기는 철학적 문학적 사조이다. 철학상의 실존주의와 실존철학은 거의 같은 의미로 사용된다. 대체로 독일에서는 실존철학이라고 불리며, 야스퍼스(Jaspers, 1883~1969)가 사용하기 시작하였고, 프랑스에서는 철학 외에 문학 · 종교도 포함해서 실존주의라고 말한다. 실존주의는 19세기의 합리주의적 관념론이나 실증주의에 반대하여, 헐벗은 인간, 즉 인간의 주체적 존재성을 강조하는 철학으로서 19세기의 키에르케고르와 니체, 20세기 독일의 하이데거와 야스퍼스, 프랑스의 신부인 마르셀과 사르트르 등이 대표자이다. 실존주의의 기원은 키에르케고르에서 비롯되는데, 실존주의에서 말하는 실존이라는 말은 키에르케고르가 사용하기 시작한 것으로서 불안, 고독, 절망에 의해 규정되고 있다. 이 같은 규정을 야스퍼스는 '한계상황'이라 부르고, 실존은 이 한계상황에서만 해명된다고 한다. 또한 인간의 실존을 세계 내에 던져진 '세계-내-존재'로서, 이 세계의 상황 속에 위치시킨 것은 하이데거이다.

현대의 실존주의는 키에르케고르, 야스퍼스, 마르셀 등의 유신론적(有神論的) 실존주의와 인간 실존은 절대적 자유로서 자신을 계획한다고 주장함으로써 무신론의 형태를 나타내는 니체, 사르트르, 까뮈, 하이데거 등의 무신론적 실존주의가 있다.

실존주의에서 실존은 항상 특수하고 개별적인 인간의 존재 성격이라 규정된다. 그러므로 실존주의란 존재 의미에 대한 탐구이기도 하다. 또한 실존으로서 인간은 다양한 가능성에 직면하며 이 가능성들 가운데서 선택해야 하며, 인간과 다른 사물 및 타인과의 관계에 의해 구성되는 실존은 주체로서 인간이며 항상 세계-내-존재이다. 그러므로 실존 분석은 일상생활에서 빠지기 쉬운 타락에서 인간 실존을 해방하고 실존이 그 본래성을 향하도록 한다. 실존주의는 현대 문화의 여러 영역에서 반향을 일으켰고, 문학에서는 프란츠 카프카, 사르트르, 시몬 드 보부아르, 알베르 카뮈 등이 실존주의 경향을 보였다.

## 2) 키에르케고르와 자유의 실현

### (1) 질적 변증법

키에르케고르

키에르케고르(Kierkegaard, 1813~1855)는 실존철학의 창시자이다. 실존철학이란 인간을 상황(situation) 안에서 고찰하는 철학이다. '인간은 어디서 왔으며 어디로 가는 존재인가?', '인간은 무엇 때문에 사는가?', '이 세계는 인간이 살기에 적합한 것인가? 아니면 부조리한 것인가?' 등의 문제를 다루는 것이 실존철학이다.

주체적인 인간의 철학인 '실존주의'의 아버지 쇠렌 키에르케고르는 19세기의 독자적인 대사상가였다. 그의 저서는 아주 독특한 종교적 관점을 내포하였다. 키에르케고르는 1813년 덴마크 정부가 파산하던 해에 부유한 가정의 일곱째로 태어났다. 그는 아버지 아래서 종교적인 죄의식과 끔찍한 우울과 불안의 환경에서 자랐다. 1838년 아버지가 죽자 키에르케고르는 많은 유산을 상속받았고, 그 덕분에 경제문제에 신경 쓰지 않고 직장을 갖지 않으면서 저술활동에 집중할 수 있었다.

어린 나이에 키에르케고르는 아버지를 짓누르고 있는 무거운 죄의식을 알게 되었으며, 훗날 그 이유가 아버지가 어릴 적에 신에게 퍼부었던 저주 때문이라는 것을 알게 되었다. 아버지의 죄를 알고 충격을 받은 그는 방탕한 생활에 빠졌고, 어머니의 죽음과 6명의 형제 자매 중 5명의 죽음이 신의 저주라고 생각했다.

그는 신학을 공부하러 코펜하겐대학교에 갔으나 오히려 철학 쪽에 관심을 가지게 되었다. 1838년 아버지가 사망하자 키에르케고르는 아버지의 바람대로 신학 공부를 다시 시작하여 2년 뒤 석사학위를 받았다.

어릴 때부터 우울증에 빠졌던 불안과 절망의 철학자인 키에르케고르에 의하면, 인간은 자신을 상실할 수 있는 가능성이 내재해 있다. 그는 이것을 '절망'이라고 부르며, ≪죽음에 이르는 병≫에서 인간이 자신의 자아를 상실하는 방식들을 서술하고 있다. 그는 '주관성이 진리'이며 실존은 가능성인 자유의 실현을 통해서 이루어진다는 사상에 중심을 둔다.

그는 ≪이것이냐 저것이냐(Either/Or)≫에서 신앙으로 가는 개개인의 길을 서로 다른 여러 실존 단계에 의거해서 서술한다. 그의 철학의 정수는 미적 체험 · 윤리적 체험 · 종교적 체험 등 세 가지 단계의 인생 체험에 있다. 이것들은 생에 대한 세 가지의 태도, 세 가지의 인생철학을 뜻한다. 어떤 사람들은 한 단계에서 그 다음 단계로 이행해 나가지만, 반면에 어떤 사람들은 그 첫 단계를 결코 넘어서지 못하는 수도 있다. 세 번째 단계가 다른 두 단계보다 우위이다. 키에르케고르는 ≪이것이냐 저것이냐≫를 그 첫 두 단계에 대한 상세한 분석에 할애

한다.

미적 태도를 키에르케고르는 비기독교적 낭만주의자들의 태도로 전형화될 수 있는 태도로 보고, '돈 쥬안(Don Juan)'의 예에서 찾는다. 이 태도는 추상적 지식인이 되어 현실적 상황과는 동떨어져서 살아가기도 한다. 그 다음의 윤리적 단계는 개인의 미적 단계의 무의미성, 절망감으로 인해 넘어오게 된다. 윤리적 실존은 결단의 주체이며, 단호하게 삶에 참여한다. 그래서 이 단계에서는 '너 자신을 알라'는 소크라테스의 명령은 '너 자신을 선택하라'로 받아들여진다. '이것이냐 저것이냐'에서 결단을 강조한다. 그러나 이 윤리적 단계도 완성될 수 없다. 왜냐하면 윤리적 인간은 그 자신이 죄인의 상태이기에 이상적인 삶을 살 수 없다. 키에르케고르에 의하면 우리는 신 앞에 홀로 선 죄인이다. 이렇게 해서 종교적 단계로 넘어간다. 하느님만이 진리의 조건을 제시할 수 있기 때문에, 인간은 스스로는 진리에 도달할 수 없고, 하느님에게 의탁한다. 이 세 번째 종교적 단계는 '신에게로의 귀의'이다. 윤리적 실존에서 종교적, 그리스도교적 실존으로의 이행은 이전 단계와는 다른 모습을 보인다. 윤리적으로 실존함은 인간이 자신의 자유를 스스로의 힘에 의해서 선택하면서 현실화시키는 자신의 존재 가능이라는 인간 고유의 가능성인데 반해, 종교적 실존은 그것의 가능성의 조건을 인간의 존재 가능성의 밖에 두고 있다. 그 결과, 종교적 실존은 인간이 자신의 뜻대로는 어찌할 수 없는 어떤 것에 의존해야 한다는 결론에 도달한다.

이러한 실존은 신 앞에서 단독자라는 확실히 고독한 존재이다. 이 고독이 하나님 앞에서 단독자임을 더욱 분명히 깨우쳐 준다. 이 단독자는 종교적 실존으로 이행하는 가운데서 하나님 앞에서 고독한 대결을 하게 된다. 그리고 이 단독자는 그 대결 이후 다시 문을 열고 타자에게로 나가게 되어 있다. 하나님 앞에서 실존하는 단독자는 이미 그 자체 속에 이웃사랑을 안고 있다. 이 단계가 성공한 실존의 단계이자 키에르케고르가 추구하는 실존의 단계이다.

위와 같은 세 개의 단계들이 키에르케고르의 질적 변증법이라 할 수 있다. 미적 단계는 연애에 비유되고, 윤리적 단계는 의무에 대한 배려에 근거한 결혼으로 비유되고, 종교적 단계는 절대적인 신앙으로 사는 종교적 실존으로 비유된다. 이 단계에서는 진실로 사랑하기 때문에 결혼할 수 없는 역설(paradox)적인 사랑이 나타난다.

### (2) 선택

키에르케고르의 특이한 사랑방식 때문에, 그는 사랑하는 약혼자 레기네와 파혼을 한 것은 아닐까? 다음의 인용은 ≪이것이냐 저것이냐≫의 중요 부분이라고 생각된다.

> 결혼해 보라, 그대는 그것을 후회하리라. 결혼하지 않고 있어보라. 역시 그대는 후회하리라. 결혼해도 하지 않아도, 어느 편이든 그대는 후회하는 것이다. 세상의 어리석음을 비웃어보라. 그대는 그것을 후회하리라. 세상을 기만해 보라. 그대는 또 그것을 후회하리라. 세상의 어리석음을 비웃듯 탄식하든, 여하튼 그대는 후회하는 것이다. 한 여자를 믿어보라, 그대는 후회하리라. 믿지 말아보라, 역시 그대는 후회하리라. 연애해 보라, 그대는 후회하리라. 연애하지 말아보라, 역시 그대는 후회하리라. 연애를 해도, 연애를 안 해도 그 어느 쪽이든 후회하는 것이다.

키에르케고르에 의하면 인간은 불안에 의해 비본래적 일상성에서 탈피하여 본래적인 자기존재와 관계하는 것이다. 그러므로 나의 실존은 '이것이냐 저것이냐' 사이에서 우리에게 그냥 주어진 것이 아니라 자유의 실현인 것이다. 나의 실존은 '이것이냐 저것이냐' 사이에서 하나를 선택하는 행위로서 어떤 것을 선택하느냐의 자유인 것이다. ≪이것이냐 저것이냐≫는 키에르케고르가 삶의 문제와 실험적 삶을 문학적으로 가공해 실존의 철학으로 발전시키려 했던 첫 번째 시도라고 할 수 있다.

연애를 하든지 안 하든지, 결혼을 하든지 안 하든지 혹은 학업이나 진로에 있어 자신의 선택과 자유의 실현에 대해 자신이 가지 않은 길에 대해서 아련한 추억이 있다고 본다. 영국의 미래학자인 로빈 배커 박사는 미래에는 맞선 대신 유전자 증명서로 궁합을 확인하는 시대가 올 것이라고 한다. 그리고 2060년경에는 두 명 중 한 명꼴로 정자은행이나 복제에 의해 아이가 태어나게 되어 결혼은 과거의 유물쯤으로 여기게 될 것이라고 한다. 이런 시대에도 선택의 자유가 있을 수 있을까? 과연 이러한 시대가 올 것인가를 논의해 보는 것도 의미가 있을 것이다.

한국의 결혼사진

영국 윌리엄 왕자와 케이트, Newsweek 2011.5.1

## 3) 니체와 초인(超人)

### (1) 생애

프리드리히 니체(Friedrich Nietzsche, 1844~1900)는 개신교 목사 집안의 외아들로 태어나서 21세 때에 생철학자 쇼펜하우어(Arthur Schopenhauer, 1788~1860)의 ≪의지와 표상으로서의 세계≫를 읽고 많은 영향을 받았다. 염세주의자의 대명사인 쇼펜하우어는 키에르케고르, 니체와 더불어 그 시

니체

대의 독신으로 고독하게 살다가 간 '고독한 선지자'이었다. 그들은 생전에는 각광을 받지 못했으나, 죽은 후 뒤늦게 그들의 사상이 빛을 보게 되었다.

니체는 쇼펜하우어의 ≪의지와 표상으로서의 세계≫라는 책을 헌책방에서 우연히 발견하여 단숨에 읽고서 그의 특이한 사상에 심취하였다. 쇼펜하우어는 그의 세계관을 염세주의로 인도한다. 쇼펜하우어에 의하면 "의지는 쾌락을 얻기 위해 끝없이 노력하는데, 이것은 뭔가를 결여한 상태이며, 따라서 고통을 겪는 것이다. 욕망은 충족되고 나면 곧 새로운 욕망이 생겨난다. 고통도 지나고 나면 새로운 고통이 찾아온다. 세계는 이처럼 최악의 것이다"라고 주장하였다. 니체는 저술도 없이 24세에 부교수로 임명되고, 라이프찌히 대학이 논문이나 시험 없이 박사학위를 수여할 정도로 일찍이 인정받은 천재였다. 1870년(26세)에는 바아젤 대학 정교수가 되었다. 뛰어난 철학자이면서 동시에 예술가였던 니체는 반유대주의를 경멸하였고 가치전환과 인간해방을 시도하였다.

그는 27세 때는 ≪비극의 탄생≫을 집필하여 28세 때 출간하였고, 1878년에는 ≪인간적인 너무나 인간적인≫을 출간하였고, 1881년 여름에는 알프스의 실스 마리아 호숫가를 산책하던 중 '모든 것은 끊임없이 윤회한다'는 영감을 얻었는데, 이것이 바로 우리의 삶이 영원히 반복한다는 '영원회귀'이다.

> 만물은 가고, 만물은 다시 돌아온다. 존재라는 바퀴는 영원히 굴러간다.
> 만물은 사라지고, 만물은 다시 꽃을 피운다. …존재의 동일한 집은 영원히 지어진다.

또한 니체는 1883년 ≪짜라투스트라는 이렇게 말하였다≫를 쓰기 시작해서 1885년(41세)에 완성하였다. 이 책에서 그는 '신은 죽었다'는 유명한 말을 남긴다. 1888년에 그는 그리스도교를 비판하는 ≪반그리스도교인≫과 ≪이 사람을 보라≫를 저술한다. ≪이 사람을 보라≫에서는 '왜 나는 이토록 영리한가', '왜 나는 이토록 좋은 책들을 쓰는가' 등의 표현을 사용했고, 성(性)에 대한 모든 종류의 경멸은 죄악이라고 단정했다. 니체에게 있어 저술이 곧 그의 삶이었다. 그리고 1889년 처음으로 길거리에서 발작을 일으켰는데, 이는 니체가 21세 때 생일을 자축하기 위해 쾰른 관광여행 중 유곽에 발을 딛게 되고, 라이프치히에 돌아와서도 그 비슷한 곳을 몇 차례 찾아가게 된 까닭으로 매독에 걸린 것이 원인이었다. 당시 매독은 불치병이었고, 1889년 3기에 이른 매독은 정신 마비 증세를 나타내었다. 그 후 죽을 때까지 거의 혼수상태로 누워서 지냈고 여동생의 간호를 받으면서 11년을 지냈다. 니체는 1900년 8월 25일 사망했고, 여동생 엘리자베트는 니체의 뜻과는 어긋나게 완벽한 기독교식 장례식을 치러주었다.

## (2) 초인(Ubermensch)

니체는 평생 독신으로 살면서 "강한 자가 되어라!", "초인이 되어라!"고 주장하였지만 스스로가 매우 내성적이었다. ≪짜라투스트라는 이렇게 말하였다≫에서 니체는 "신은 죽었다. 의미도 목적도 없는 이 세계에서 초인으로 살아가라!"고 역설하였다. 짜라투스트라는 고대 페르시아의 예언자이자 불을 신봉하는 배화교조인 조로아스터교의 독일식 이름이다. 그는 고대 다른 종교의 예언자를 주인공으로 소설 같은 사상서를 만들었다. 역동적인 니체 사상은 힘에의 의지, 영원회귀, 초인(超人, The Superman)이 주요 개념이다. 초인이란 삶의 근원이고, 권력(힘)에 대한 의지를 가진다. 그리고 개개인은 각자 스스로를 극복하고 초인을 지향해야 한다고 주장한다. 즉, 니체의 초인은 힘에의 의지로 산다. 초인은 '세계의 의미'이며 삶은 적극적으로 힘을 얻으려고 하는 창조적 의지이다. 이 초인 안에 니체의 의욕 전체가 응집해 있다. 니체는 존재의 본질을 남보다 더 강해지려는 의지와 남을 지배하려는 권력의지라고 보았다. 이러한 강자를 정신적으로 대표하는 초인은 신이 죽었다고 보았다. 그는 신의 존재를 부정하고 새로운 '초인'의 존재를 규정했다. 그렇게 함으로써 삶의 근원이 되는 권력에의 의지를 가지는 것으로 대중의 인간성을 되돌리려 했다. 니체는 '초인' 사상으로 전통적인 가치와 도덕에 의문을 제기하였으며, 새로운 가치를 만들어내야 한다고 보았다. 그래서 ≪짜라투스트라는 이렇게 말하였다≫에서 기독교적 가치들의 전복을 다음과 같이 서술하였다.

> 보라! 내가 그대들에게 초인을 가르치리라. 초인이란 대지의 참 뜻이다. 그대들의 의지는 당연히 말해야 한다. —초인이야말로 대지가 지닌 참뜻이어야 한다고.
>
> 형제들아! 나는 그대들에게 간절히 원한다. —대지에 충실하여라. 그리고 저 천상(天上)의 희망을 말하는 사람들을 믿지 말라! 그들이야말로 의식적이든 무의식적이든 간에 독을 주려는 자들이니라.
>
> 그들이야말로 생명의 모멸자요, 소멸되는 자, 또 스스로 독을 품은 자들이다. 대지는 그와 같은 사람들에 지쳐버렸다. 그들로 하여금 떠나는 대로 내버려두어라.
>
> 지난날에는 신을 모독하는 일이 최대의 모독이었다. 그러나 신은 죽었고, 그럼으로써 그들 모독자들도 함께 죽었다.
>
> 한때는 영혼이 육체를 모독했다. 그 시대에 있어서는 이 모독이 가장 큰 것이었다. —영혼은 육체가 여위고, 처참해지고, 그리고 굶주리기를 희망했다.…
>
> 그러나 말하라! 그대들의 영혼은 실제로 빈곤과 불결과 가련한 쾌적에 불과했던 것이 아닌가?
>
> –≪짜라투스트라는 이렇게 말하였다≫ 中

니체의 '신이 죽었다'고 함은 그리스도교적 신뿐만 아니라 플라톤 이래의 이상 일체가 소멸하였다는 것을 의미한다. 니체에 따르면 참과 거짓, 선과 악의 구별은 없고, 모든 것은 상대적이므로 중요한 것은 오직 적나라한 삶 그 자체, 순수한 자연적 생성, 영겁회귀뿐이다.

그에게 평등, 정의, 진리, 겸손, 동정심, 검소함, 인내심 등은 악덕이 되는 반면, 강하고 우월하고 재능 있는 모든 것이 덕이 된다. 그러므로 '인간적인 너무나도 인간적인 삶'의 철저한 현실주의를 옹호한 것이다. 그래서 그는 주인다움, 강자의 속성을 강조한다. 그래서 니체는 지배욕의 특징으로서 '주인의 도덕' 대 '노예의 도덕'을 이야기한다. 겸손, 평화, 사랑, 동정 따위는 약자의 도덕이자 노예의 도덕이라고 보았다. 니체는 "독수리는 결코 무리지어 날지 않는다. 그런 것은 참새나 찌르레기한테 맡기는 것이 좋다. … 높이 날아오르고 발톱을 갖는다는 것, 이것이야말로 위대한 천재의 운명이다"라고 피력하였다.

이렇게 해서 운명을 사랑하는 초인이 이상적인 인간형으로 등장하고, 초인은 이 '세계의 의미'라고 말한다. 니체가 생각한 초인의 원형은 그의 '짜라투스트라'이다. ≪짜라투스트라는 이렇게 말하였다≫에서 니체는 정신 성장이 낙타, 사자, 어린아이의 세 시기로 나뉜다고 했다. 낙타는 학문의 짐을 지고 있는 시기이고, 사자는 억압으로부터의 해방의 시기로서 자유를 얻기 위해 '아니오'를 말한다. 이때의 사자는 자유로운 비판적인 정신을 의미한다. 그리고 사자는 다시 천진난만한 어린아이 단계가 되어서 '창조적 놀이'를 한다. 어린아이는 즐겁고 부끄럼 없는 긍정적 태도로 살아간다고 한다. 그래서 니체는 인간의 창조적 삶, 창조적인 역사에 주목한다. 새로운 가치와 세계를 만드는 창조적 놀이를 하는 것이다. 이것은 단순한 무신론이 아니고, 도리어 인간 삶의 풍부한 창조를 강조한 것이다. 니체의 '삶을 그것이 완전하도록 살라'는 말처럼 말이다.

## 학습정리

실존주의
- 유신론적(有神論的) 실존주의 – 키에르케고르, 야스퍼스, 마르셀
- 무신론적 실존주의 – 인간 실존은 절대적 자유로서 자신을 계획: 니체, 사르트르, 까뮈, 하이데거

**키에르케고르의 질적 변증법:**

- 미적 단계: 연애에 비유됨
  윤리적 단계: 결혼으로 비유
  종교적 단계: 종교적 실존으로 비유
- 니체의 초인사상, 영겁회귀사상, 권력에의 의지
- 니체는 "신은 죽었다. 의미도 목적도 없는 이 세계에서 초인으로 살아가라!"고 역설
- 초인은 '세계의 의미'이며 삶은 적극적으로 힘을 얻으려고 하는 창조적 의지이다.

## 퀴즈

**※ 다음 문제 중 맞으면 ○, 틀리면 ×를 하시오.**

**01.** 니체는 '영원회귀' 사상을 주장하였다. ( )

정답 ○

해설 우리의 삶이 영원히 반복한다는 사상

**02.** 니체, 사르트르, 까뮈, 하이데거 등은 무신론적 실존주의이다. ( )

정답 ○

해설 인간 실존은 절대적 자유로서 자신을 계획한다고 주장함

**03.** 윤리적 태도를 키에르케고르는 비기독교적 낭만주의자들의 태도로 전형화될 수 있는 태도로 보고, '돈 쥬안(Don Juan)'의 예에서 찾아볼 수 있다. (　)

정답 ○

해설 윤리적 태도가 아니라 미적 태도

**04.** 다음 중 〈보기〉의 빈칸에 들어갈 알맞은 말을 순서대로 옳게 나열한 것은?

| 보기 |
현대의 실존주의는 키에르케고르, 야스퍼스, 마르셀 등의 ( ⓐ ) 실존주의와 인간실존은 절대적 ( ⓑ )로서 자신을 계획한다고 주장함으로써 무신론의 형태를 나타내는 니체, 사르트르, 까뮈, 하이데거 등의 ( ⓒ ) 실존주의가 있다.

① ⓐ 유신론적-ⓑ 자유-ⓒ 무신론적
② ⓐ 유신론적-ⓑ 유희-ⓒ 유신론적
③ ⓐ 무신론적-ⓑ 자유-ⓒ 무신론적
④ ⓐ 무신론적-ⓑ 자유-ⓒ 유신론적

정답 ①

**05.** 다음 빈칸에 들어갈 말로 알맞은 것은?

(　　)는 사전적 의미로 모든 관념적인 것을 부정하고 육체만이 오직 하나의 확실한 존재라고 생각하는 사조이다.

① 실존주의　　② 유미주의
③ 관념론　　④ 공산주의

정답 ①

**06.** 키에르케고르에 대한 설명으로 맞지 않은 것은?

① 19세기 철학자로서 종교적인 주장을 철학에 포함시켰다.
② 대표작으로 ≪죽음에 이르는 병≫이 있다.
③ "신은 죽었다"라는 유명한 말을 남겼다.
④ 결혼은 해도 후회, 안 해도 후회한다고 말하였다.

정답 ③

**07.** 다음 중 "신은 죽었다"고 말한 사람은?

① 알렉산더 대왕　　② 소크라테스
③ 키에르케고르　　④ 니체

정답 ④

## 2. 실존과 죽음

### 1) 실존과 죽음의 의미

죽음은 보편적인 경험이다. 우리 인간들은 누구나 언젠가는 자신의 죽음에 직면하도록 운명 지어져 있다. 과연 인간의 실존은 삶과 죽음 사이의 관계 속에서 전개되는가? 이 죽음에 관하여 공자는 일찍이 이렇게 말했다고 한다. "생도 모르거늘 어찌 죽음을 알리요." 삶이 있기에 죽음이 운위되며 죽음의 실존론적인 물음으로서 그 해명은 실존하는 현존재의 존재규정에서 질문을 시작하여 마침내는 죽음 그 자체의 존재론적인 구조를 드러내는 것이어야 한다. 하이데거에 의하면 죽음이 인간 삶의 전체를 완결하기 때문에 죽음은 실로 현존재의 "종말"로서 그 전체성의 경계를 확정하는 것이다. 세계-내-존재의 종말은 죽음이다. 죽음을 경험한다고 할 때 그 순간은 우리의 생존이 끝나는 순간이다.

죽음은 생명과 그 사람이 가지고 있는 모든 것의 상실을 의미하고 모든 것과의 단절이라는 점에서 죽음은 개인에게 굉장히 중대한 사건으로 받아들여진다. 죽음은 누구나 언젠가 맞이하는 자연적 현상으로 삶의 종착점이다.

죽음은 우리 모두에게 닥칠 것이 분명하며, 언젠가는 우리 자신 누구에게나 현실화될 것이다. 우리가 죽는 순간부터 더 이상 우리는 지금처럼 존재하지 않고, 적어도 현재의 존재형태로는 더 이상 머무르지 않는 것이다. 우리가 경험한 타인의 죽음이 죽음에 대한 우리의 태도에 깊은 영향을 끼치기도 하고, 죽음을 어떻게 보는가에 따라 삶에 대한 우리의 태도가 결정되기도 한다.

죽음은 타인이 대신할 수 없는 개별적 인간의 고유한 사건이고 지극히 개인적인 사건이며, 나의 삶을 타인이 대신 살아 줄 수 없듯이 나의 죽음 또한 나의 것일 수밖에 없다.

20세기의 철학자 쉘러는 우리 현존재의 죽음 성향에 관한 의식이 우리의 자아체험을 수반하는가를 물었고, 생철학자 쇼펜하우어는 삶과 죽음은 모두 생존에 속한다고 말하였으며, 키에르케고르와 하이데거는 자신을 죽음에 대한 두려움에 내맡길 준비를 하고 죽음에 대한 고찰을 하였다.

'삶이란 무엇인가?', '죽음이란 무엇인가?'라는 문제는 철학적 인간학의 근본문제인 '인간은 무엇인가?'라는 존재론적 물음과 밀접한 연관이 있다. 인간의 삶과 죽음을 고려하지 않는다면, 인간에 대한 물음을 완벽하게 다룰 수 없다. 인간은 자신의 시간적 한계에 대해서도 알고 있다. 인간은 눈앞의 매 순간을 살고 있을 뿐 아니라, 자신의 과거의 성과나 실패와도 씨름하는 존재이다. 동시에 인간에게는 아직도 열려 있는 미래가 펼쳐져 있다. 미래는 죽음이라는 절대적 확실성에 의해 한정되고, 자신에 대해 안다는 것은 항시 자신의 시간성에 대해 앎을 의미한다. 자신의 시간성을 안다는 것은 죽음에 대해 앎을 의미한다.

마르틴 하이데거가 ≪존재와 시간≫에서 말했듯이, 인간 존재의 시간성에 관한 하이데거의 실존분석은 키에르케고르의 입장과 밀접한 관계를 갖는다. 키에르케고르는 ≪죽음에 이르는 병≫에서 만일 인간이 무한성과 유한성, 시간성과 영원성, 자유와 필연의 종합으로서 자신을 실현한다면, 인간은 그 정의에 알맞게 자신을 얻은 것이라고 하였다. 하이데거는 세계 안의 존재 가능성은 세계 안에 존재함을 넘어선 죽음의 심연 속으로 끊임없이 앞서 달려간다고 하였다.

불확실한 우리 삶의 전개에서 죽음처럼 확실한 것은 없다. 우리 중 그 누구도 죽음을 피할 수 없다. 그렇게 확실한 것이 죽음임에도 불구하고 우리는 죽음을 체험해 본 일이 없기 때문에 죽음이 어떤 것인지 모른다. 우리는 많은 타인들의 죽음을 경험하며 살고 있다. 그러나 그것은 내가 아닌 타인의 죽음이며 간접적 체험일 뿐이다. 아무리 가까운 사람의 죽음이고 아무리 가까이서 지켜보고 있다 해도, 죽어가는 당사자의 내면에서 어떤 일이 일어나고 있는지, 혹은 죽은 후는 어떤 상태인지 알 길이 없다.

## 2) 죽음의 철학

죽음을 두고 하는 표현을 살펴보면, 아인슈타인은 '죽음은 베토벤의 음악을 더 이상 듣지 못하게 되는 것'이라고 말했다고 한다. 이러한 죽음은 선인가? 악인가? 우리는 일반적으로 죽음을 항상 악이라는 견해를 견지해 왔다. 그것의 가장 큰 이유는 죽음이 삶을 박탈해 가기 때문일 것이다. 친밀하게 지내던 사람이 죽음에 직면하면 우리는 그 사람의 삶이 끝나고 영원한 이별이 왔다는 것을 깨닫게 된다. 임종의 생리적 고통이나 정신적 고뇌를 목격하면 죽음의 원인에는 상관없이 죽음에 대한 공포로 몸서리치게 된다.

죽은 사람에 대한 애정이 깊을수록 슬픔도 깊고, 인간이란 제아무리 발버둥 쳐도 죽음은 피할 수 없다는 사실을 자각한다. 그러나 죽음이 언제 닥쳐올지 모르고 저승에 가서 돌아온 사람이 없으므로 죽음의 저편에 무엇이 있는지 알 길은 없다. 그리하여 우리는 죽음의 불안을 느끼지 않을 수 없다. 이러한 죽음은 마치 동전의 양면과 같이 삶과 긴밀하게 연결되어 있다.

그러나 죽음은 미워하던 사람에 대한 용서와 죄지은 사람에 대한 측은함을 느끼게도 하므로 반드시 악인 것만은 아니다. 세네카(Seneca)는 "죽음 자체보다는 죽음에 수반하는 것이 우리를 겁나게 한다"고 말했다. 죽음은 어두움, 공포, 박탈 그리고 더 이상 존재하지 않음, 단절, 삶이 주는 보상과 즐거움과 행복의 상실 등을 가져오므로 대체로 악으로 간주되지만, 만약 인간이 340살이나 800살까지 산다면 버나드 윌리암스가 주장한 것처럼 우리 인간은 죽지 않음에 대한 고찰을 할지도 모른다.

24세에 죽은 키이츠의 죽음은 일반적으로 비극으로 간주된다. 하지만 82세에 죽은 톨스토이의 죽음은 그렇지 않다. 둘 다 영원히 죽어버렸다는 사실은 마찬가지이지만 키이츠는 톨스토이에게 허용되었던 많은 시간을 박탈당한 셈이다. 따라서 분명히 키이츠의 상실이 크다. 그러나 이러한 사실이 톨스톨이의 상실이 가볍다는 것을 입증해 주지는 않는다.

고대의 에피쿠로스(Epikouros)는 “죽음은 육체와 영혼 모두의 종식을 의미한다”고 말했으며, 플라톤에게 죽음이란 ‘육체로부터 영혼의 해방’이다. 동양의 장자에게는 죽음은 자연스런 변화의 일부이다. 그래서 죽음을 계절의 변화와 같이 자연스러운 것으로 받아들여 오히려 죽음을 극복해야 한다는 것이다. 하이데거는 죽음은 인간의 미완결성을 해결할 수 있는 지점이라고 보았다. 그래서 하이데거는 죽음을 통해서 삶을 반성할 수 있다고 보았다. 만약 인간이 죽지 않고 영원히 산다면 인간은 자신의 삶의 가치를 별로 소중히 생각하지 않을 것이다. 하지만 모든 인간은 언젠가는 죽기 때문에 이 죽음을 주제로 깊은 고뇌를 하게 된다. 그리고 그 고뇌는 자신의 살아온 그리고 앞으로 살아갈 삶에 대한 반성으로 이어지게 되는 것이다. 또한 인간은 그 반성을 통해 주체성을 회복하게 된다. 이것이 하이데거가 본 죽음이다. 한마디로 말해 하이데거가 본 죽음의 의미는 생의 반성을 통해 ‘인간이 주체성을 회복하게 하는 없어서는 안 될 긍정적인 것’이다.

이처럼 하이데거는 죽음에의 존재로서 인간을 파악하였다. 그리고 죽음이 고유한 것이며, 결코 남과 바꿀 수 없는, 반드시 찾아오는 그리고 그것을 초월해서 살 수 없는 ‘가능성’이라고 규정하였다. 따라서 하이데거에게 죽음은 인간의 미완결성을 해결할 수 있는 지점이다.

하이데거에게 죽음은 인간의 존재가 마감되는, 아직 오지 않은 미지의 생물학적 사건이 아니라, 언제나 이미 나의 존재와 함께 있는 것, 나의 면전에 임박해 있는 것으로 인간의 미완결성을 해결할 수 있는 지점이라고 할 수 있다.

### 3) 안락사 문제

최근에 죽음에 대한 개인의 선택권에 대한 논란이 커지고 있다. 평소 의사표현, 생활태도, 기대 생존기간, 절망적 상태 등을 종합적으로 고려했을 때 인공호흡기를 제거하고 자연스러운 죽음을 맞이하고자 하는 의사를 갖고 이를 표시했을 것으로 추정되는 경우 안락사를 허용하자는 주장이 대두되었다. 사실상 죽음에 이른 개인이 헌법이 보장하는 인격과 행복 추구권과 자기운명 결정권에 따라 죽을 수 있도록 하자는 취지다. 이제 안락사에 대한 논란은 전 세계적인 문제이며, 나라마다 허용 범위가 다르다. 우리나라의 경우 불법으로 판정되었다가 최근에야 허용되었다.

이제 안락사 문제는 현실적인 문제로 다가왔다. 의사는 생명을 유지하는 일 외에 다른 일을 해서는 안 된다. 그 생명이 행복하든 불행하든, 가치를 지니든 그렇지 못하든, 그것은 의사에게 상관없는 일이다. 한번 이 선을 넘어가면 의사는 한 생명이 필요한지에 관해 결정하는 것이 정당하다고 믿을 수 있기 때문이다.

존엄사 제도를 인정하게 될 때 의사들이 환자를 대충 치료할 것이라고 예상되는 문제도 있다. 이를 예방하기 위해 말기환자에 대한 모든 진료가 가족에게 공개되고, 병원 내의 윤리위원회를 두어 치료의 성실성을 감시하도록 하는 등의 조치를 취해야 할 것이다. 또한 호스피스에 대한 의료수가를 인정하여 큰 부담 없이 인생의 마지막을 보낼 수 있도록 배려해야 할 것이다.

실제로 한 조사에 따르면, 국립암센터가 성인 남녀 1,006명을 대상으로 '품위 있는 죽음에 대한 국민 의식 조사' 결과를 발표했는데, 응답자의 87.5%가 존엄사에 찬성하는 것으로 나타났다. 또한 말기암 환자와 가족을 대상으로 한 조사에서도 환자 85%와 가족 94%가 중환자실 입원과 심폐소생술을 반대했다고 나타났다.

존엄사를 인정한다면 의학적 판단에 우선하는 환자의 자기 결정권과 삶의 질에 대한 가치를 인정하고 무의미한 치료를 줄일 수 있는 큰 계기가 될 것이다. 하지만 이에 대한 각 나라마다 입장이 다르므로, 어느 하나가 정답이라고 할 수는 없겠다.

존엄사는 엄밀하게 안락사와는 완전히 같은 개념은 아니다. 오히려 존엄사가 안락사에 포함된다고 말을 할 수도 있겠다. 대개 다시 살아날 가능성이 없는 환자에게 인공호흡기 같은 생명 연장 조치를 중단하는 행위를 존엄사라 하므로 소극적 안락사라 생각할 수도 있다. 존엄사를 시행하더라도 의사 입장에서는 영양 공급이나 고통 완화 등의 기본적인 치료는 죽음 직전까지 공급하는 것이 의사의 도덕적 가치를 지키는 방법일 것이다.

존엄사란 말 자체에는 인간의 존엄한 죽음이 포함되어 있고, 모든 인간이 존엄하게 생을 마감하고 싶어 하며 그것은 건강한 사람이나 말기 환자이나 마찬가지일 것이다. 인간의 존엄하게 죽을 권리를 인정하고, 존엄사 제도가 하루빨리 법적 제도화되는 것이 우리가 죽음에 대비하는 하나의 자세일 것이다.

안락사에는 어떤 적극적인 행위에 의해 생명을 끝내는 적극적 안락사와 생명을 유지하는 데 필요한 치료를 제공하지 않음으로써 생명을 끝내는 소극적 안락사가 있다. 적극적 안락사는 직접적 안락사, 간접적 안락사, 자의적 안락사, 비자의적 안락사, 타의적 안락사로 나뉜다. 조력자살은 하나의 특수한 형태로 나타나며, 넓은 의미에서 적극적 안락사로 분류된다. 소극적 안락사는 치료포기와 치료중단이다.

안락사의 내용은 환자에게 미치는 영향, 안락사의 의도, 환자의 의지 측면에서 3단계로 구분된다. 우선 안락사 내용 검토는 죽어가는 사람이나 중증의 고통에 시달리는 치료가 불가능한 사람들에 대한 의사의 태도에 주의를 기울인다. 안락사는 살인이나 자살과 달리 원칙적으로 죽어가는 사람에 대한 의사의 행위와 관계된다. 네덜란드와 벨기에는 안락사의 적용이 단지 죽어가는 사람에게만 제한되지 않는다. 더 이상의 참을 수 없는 고통을 겪는 불치병 환자 집단도 적어도 논의에 참여시켜야 한다.

의사가 환자에게 영향을 미칠 가능성에 있어 안락사는 우선 살해의 의미로 적극적인 것과 치료의 포기 혹은 중단의 의미에서 소극적인 것으로 구분할 수 있다. 이것과 밀접한 관련이 있는 것은 결정의 배후에 숨겨진 직접적 혹은 간접적 의도에 대한 물음이다. 의학적 목적으로 생명 단축의 모험을 한다는 의미의 간접적 안락사는 제삼의 형태로서 적극적, 소극적 안락사보다는 현재의 논의에서 흔히 논리적으로 불명확하다. 이에 대치되는 의미이며, 죽음을 의도하여 시행되는 직접적 안락사는 거의 논의되지 않고, 흔히 단순히 적극적 안락사, 때때로 소극적 형태의 안락사에 종속시키기도 한다. 직접적 의도뿐 아니라 간접적 의도도 적극적 경우와 소극적 경우에 종속시킬 수 있으며, 한편으로는 적극적이고 직접적인 요인들, 다른 한편으로는 소극적이고 간접적인 요인들만의 독점적 연관은 없다.

안락사는 더 나아가 환자의 의지에 견주어 구분되어야 한다. 자발적 안락사는 이를테면 사전의료지시 등을 통해 환자에 의해 명백히 표명된 안락사 원의에 관계된다. 비자발적 안락사의 경우에는 당사자가 자신의 원의를 표명하지 못하거나 더 이상 표명할 수 없으므로 다른 사람들이 환자 이익의 입장에서 결정해야 한다. 강제적 반자발적 안락사는 표명된 생명의지에 반한 살해, 혹은 어떤 형태로든 환자의 의지를 묻지 않고 시행하는 안락사를 의미한다. 안락사는 항시 죽어가는 사람의 복지를 목적으로 해야 하는 다른 사람, 다시 말해 의사가 불치병에 걸려 참지 못할 정도의 고통을 겪는 사람 이를테면 죽어가는 사람을 살해하거나 혹은 죽게 방치함을 의미한다. 이러한 정의는

'적극적'과 '소극적', '직접적'과 '간접적', '자발적'과 '비자발적', 그리고 '반자발적' 등의 형용사의 도움으로 정확하게 표현될 수 있다.

죽음을 적극적으로 돕는 행위는 거부되어야 하나, 모든 수단을 동원해 무조건 생명을 연장시키는 것만이 옳다고 할 수도 없다. 비자의적인 안락사의 경우에는 존엄한 인간 생명의 보호를, 자유의사에 따른 안락사의 자율적이고 자의식적인 결정에 대한 요구에 무게를 둔다.

생명유지를 위한 모든 조처에 대해 환자의 동의가 있어야 하며, 동의 없이 이루어지는 조치나 중단은 합법적인 행위가 아니다. 따라서 동의 능력이 있는 환자가 적극적으로 죽음에의 도움을 요청하거나 더 나아가 의사가 시행하는 조력 자살의 요청, 즉 자살에의 도움을 요청하는 경우에 발생할 수 있는 윤리적 문제들에 대해 검토해 보아야 한다.

네덜란드에서는 2001년 4월 세계에서 처음으로 안락사와 의사에 의한 조력자살에 관한 법을 제정해서 2002년 4월부터 시행하고 있다. 이 법은 참을 수 없는 통증을 수반하는 불치병 환자이며, 유의해야 할 일정한 범주를 충족하는 경우에 한해 그간 여러 해에 걸쳐 안락사를 묵인하고 허락해 오던 법을 좀 더 넓게 개방한 자유로운 안락사 법이다. 네덜란드의 안락사 법은 적극적 안락사에 관한 논란을 널리 불러일으켰다.

벨기에에서는 2002년 4월 자유로운 안락사 법을 제정해서 2002년 9월부터 시행했다. 벨기에 법에서는 요청에 의한 죽임에 대한 면죄의 조건으로서 참을 수 없는 고통과 치유할 수 없는 고통이 결정적인 기준으로 제시된다.

요즈음 다른 나라에서도 마지막 출구로서 적극적 안락사의 합법화에 대해 진지한 논의가 이루어지기도 한다. 스위스 의학 아카데미도 1995년부터 이제까지의 엄격한 금지 입장을 바꿔 불치병 환자나 늙고 간호를 필요로 하는 사람들의 경우 의사에 의한 조력자살의 자유화와 합법화를 지지한다. 또한 2003년에는 간호를 필요로 하는 노인의 치료와 돌봄을 위한 지침을, 2004년에는 임종에 가까운 환자의 돌봄을 위한 지침을 마련했다.

미국의 오리건주에서는 1997년에 이미 자살을 돕는 일을 허용하는 법인 '존엄사에 관한 법'을 제정했다. 오리건주에서 의사들은 불치병 환자들에게 극약을 처방해도 된다. 2006년 3월에 나온 보고에 의하면 1998년부터 2005년까지 총 390회의 극약 처방이 불치병 환자들에게 내려졌으며, 그들 중 같은 시기에 246명이 극약을 복용하고 사망했다.

그러나 임종에 가까운 사람은 모두 온전히 인간답게 의료적 조처와 간호를 받을 수 있는 권리를 갖는다. 이러한 기본권의 인정은 고통완화의 도움이라는 구조와 문화를 통해 최선으로 이루어진다. 인간으로서 환자가 지니는 신체적, 심리적, 관계적, 영적 차원을 고려하는 호스피스를 비롯한 총체적인 접근방법이 필요하다. 의사와 간호팀은 환자의 삶과 죽음의 질을 최상으로 유지하기 위한 노력이 필요하다. 여기에는 무의미해진 의료행위라고 판단되는 경우 치료중단도 포함된다. 한 사람의 생의 마감과 관련된 결정에의 상담에는 항시 여러 팀이 참여하며, 환자, 의사, 간호인력, 심리학자, 그리고 사제와 같은 다른 보조기관 외에 가족도 하나의 역할을 한다. 모든 관련자의 정서적 반응, 직관, 입장 등을 진지하게 받아들이는 것은 본질적이라 할 수 있으며, 대화를 통해 다른 사람의 입장을 고려하고 조용히 주의를 기울여야 한다.

예를 들어, 테리 월리스(Terry Wallis)라는 미국인은 식물상태의 인간으로 의학적으로 소생했다. 1964년생 월리스는 스무 살이던 해 교통사고로 머리를 다쳤고, 뇌신경이 끊겨 식물인간이 됐다. 1984년 7월 13일 금요일에 오감이 마비된 그는 2003년 6월 13일의 금요일 '엄마'라고 말해 세계를 놀라게 했다. 19년의 세월을 식물인간으로 지냈지만 어설픈 단어를 연결하며, 사고 전의 기억을 끄집어냈다. 그를 돌봐 온 의료진은 끊어졌던 뇌신경이 기적적으로 소생돼 연결되고 있다고 발표했다. 이러한 기적으로 인해 안락사 방지와 호스피스 제도의 활성화의 외침도 계속 논란이 되고 있다.

생각하는 페이지

### "아. 아버지…"

아버지는 누구인가?

아버지란 기분이 좋을 때 헛기침을 하고, 겁이 날 때 너털웃음을 웃는 사람이다.

아버지란 자기가 기대한 만큼 아들, 딸의 학교 성적이 좋지 않을 때 겉으로는, "괜찮아, 괜찮아" 하지만 속으로는 몹시 화가 나는 사람이다.

아버지의 마음은 먹칠을 한 유리로 되어 있다. 그래서 잘 깨지기도 하지만, 속은 잘 보이지 않는다. 아버지란 울 장소가 없기에 슬픈 사람이다.

아버지가 아침 식탁에서 성급하게 일어나서 나가는 장소(그곳을 직장이라고 한다)는, 즐거운 일만 기다리고 있는 곳은 아니다. 아버지는 머리가 셋 달린 용(龍)과 싸우러 나간다.

그것은 피로와, 끝없는 일과, 직장 상사에게서 받는 스트레스다.

아버지란 "내가 아버지 노릇을 제대로 하고 있나? 내가 정말 아버지다운가?" 하는 자책을 날마다 하는 사람이다.

아버지란 자식을 결혼시킬 때 한없이 울면서도 얼굴에는 웃음을 나타내는 사람이다.

아들, 딸이 밤늦게 돌아올 때에 어머니는 열 번 걱정하는 말을 하지만, 아버지는 열 번 현관을 쳐다본다.

아버지의 최고의 자랑은 자식들이 남의 칭찬을 받을 때이다. 아버지가 가장 꺼림칙하게 생각하는 속담이 있다. 그것은 "가장 좋은 교훈은 손수 모범을 보이는 것이다"라는 속담이다.

아버지는 늘 자식들에게 그럴 듯한 교훈을 하면서도, 실제 자신이 모범을 보이지 못하기 때문에.

이 점에 있어서는 미안하게 생각도 하고 남 모르는 콤플렉스도 가지고 있다.

아버지는 이중적인 태도를 곧잘 취한다. 그 이유는 "아들, 딸들이 나를 닮아 주었으면"하고 생각하면서도, "나를 닮지 않아 주었으면"하는 생각을 동시에 하기 때문이다.

아버지에 대한 인상은 나이에 따라 달라진다. 그러나 그대가 지금 몇 살이든지, 아버지에 대한 현재의 생각이 최종적이라고 생각하지 말라.

일반적으로 나이에 따라 변하는 아버지의 인상은,

4세 때 - 아빠는 무엇이나 할 수 있다.
7세 때 - 아빠는 아는 것이 정말 많다.
8세 때 - 아빠와 선생님 중 누가 더 높을까?
12세 때 - 아빠는 모르는 것이 많아
14세 때 - 우리 아버지요? 세대 차이가 나요
25세 때 - 아버지를 이해하지만, 기성세대는 갔습니다.
30세 때 - 아버지의 의견도 일리가 있지요
40세 때 - 여보! 우리가 이 일을 결정하기 前에, 아버지의 의견을 들어봅시다.
50세 때 - 아버님은 훌륭한 분이었어.
60세 때 - 아버님께서 살아 계셨다면, 꼭 助言을 들었을 텐데…

아버지란 돌아가신 뒤에도, 두고두고 그 말씀이 생각나는 사람이다.

아버지란 돌아가신 後에야 보고 싶은 사람이다.

아버지는 결코 무관심한 사람이 아니다. 아버지가 무관심한 것처럼 보이는 것은, 체면과 자존심과 미안함 같은 것이 어우러져서 그 마음을 쉽게 나타내지 못하기 때문이다.

아버지의 웃음은 어머니의 웃음의 2배쯤 농도가 진하다. 울음은 열 배쯤 될 것이다.

아들, 딸들은 아버지의 수입이 적은 것이나, 아버지의 지위가 높지 못한 것에 대해 불만이 있지만, 아버지는 그런 마음에 속으로만 운다.

아버지는 가정에서 어른인 체를 해야 하지만, 친한 친구나 맘이 통하는 사람을 만나면 소년이 된다.

아버지는 어머니 앞에서는 기도도 안 하지만, 혼자 차를 운전하면서는 큰 소리로 기도도 하고 주문을 외기도 하는 사람이다.

어머니의 가슴은 봄과 여름을 왔다갔다하지만, 아버지의 가슴은 가을과 겨울을 오고간다.

아버지! 뒷동산의 바위 같은 이름이다. 시골마을의 느티나무 같은 크나 큰 이름이다.

출처: 서초신문 2001년 10월 31일자

## 학습정리

- 고대의 에피쿠로스: '죽음은 육체와 영혼 모두의 종식을 의미한다'
- 플라톤: 죽음이란 '육체로부터 영혼의 해방'인 것
- 하이데거: 죽음은 인간의 미완결성을 해결할 수 있는 지점
- 안락사에는 어떤 적극적인 행위에 의해 생명을 끝내는 적극적 안락사와 생명을 유지하는 데 필요한 치료를 제공하지 않음으로써 생명을 끝내는 소극적 안락사가 있다. 적극적 안락사는 직접적 안락사, 간접적 안락사, 자의적 안락사, 비자의적 안락사. 타의적 안락사로 나뉜다.
- 네덜란드에서는 2001년 세계에서 처음으로 안락사와 의사에 의한 조력자살에 관한 법을 제정해서 시행하고 있다.
- 임종에 가까운 사람은 모두 온전히 인간답게 의료적 조처와 간호를 받을 수 있는 권리를 갖는다. 이러한 기본권의 인정은 고통완화의 도움이라는 구조와 문화를 통해 최선으로 이루어진다. 인간으로서 환자가 지니는 신체적, 심리적, 관계적, 영적 차원을 고려하는 호스피스를 비롯한 총체적인 접근방법이 필요하다.

## 퀴즈

**01.** 다음 중 틀린 것은?

① 고대의 에피쿠로스–'죽음은 육체와 영혼 모두의 종식을 의미한다'
② 플라톤–죽음이란 '육체로부터 영혼의 해방'인 것
③ 하이데거–죽음은 인간의 미완결성을 해결할 수 있는 지점
④ 노자–"생도 모르거늘 어찌 죽음을 알리요."라고 말함

정답 ④

해설 공자: "생도 모르거늘 어찌 죽음을 알리요."라고 말함

**02.** 2001년 4월 세계에서 처음으로 안락사와 의사에 의한 조력자살에 관한 법을 제정해서 2002년 4월부터 시행하고 있는 나라는?

① 네덜란드　　② 벨기에
③ 독일　　④ 프랑스

정답 ①

**03.** 죽음이 인간 삶의 전체를 완결하기 때문에 죽음은 실로 현존재의 "종말"로서 그 전체성의 경계를 확정하는 것으로 본 철학자는?

① 하이데거　　② 키에르케고르
③ 플라톤　　④ 셸러

정답 ①

해설 세계-내-존재의 종말은 죽음이고 죽음을 경험한다고 할 때 그 순간은 우리의 생존이 끝나는 순간이라는 것으로 본 철학자는 하이데거이다.

**04.** 다음 중 죽음의 특징이 아닌 것은?

① 죽음은 누구도 피할 수 없는 보편적인 것이다.
② 누구도 죽음을 체험해 본 적은 없어서 죽음에 대해서는 모른다.
③ 인간의 죽음은 불확실성이 지배하는 미래의 사건이다.
④ 타인의 죽음을 간접 경험한다 하여도 당사자의 내면, 사후 상태는 알 수 없다.

정답 ③

해설 죽음은 체험할 수는 없고 미래의 사건이지만, 가장 확실한 사건으로서 미래의 불확실성을 종식시킨다.

**05.** 다음 안락사의 구분(A)과 구분 기준(B)을 연결시키시오.

| A | B |
|---|---|
| 1. 적극적 안락사와 소극적 안락사 | a. 환자의 의지에 따른 구분 |
| 2. 직접적 안락사와 간접적 안락사 | b. 환자에 미치는 영향에 따른 구분 |
| 3. 자발적 안락사와 비자발적 안락사와 반자발적 안락사 | c. 안락사의 의도에 따른 구분 |

정답 1-b, 2-c, 3-c

해설 적극적 안락사와 소극적 안락사는 환자에게 영향을 미치는 방식을 구분한 것이고 직접적 안락사와 간접적 안락사는 안락사를 직접 의도한 것이냐 아니냐와 관련된 구분이며, 자발적, 비자발적, 반자발적 안락사의 구분은 안락사에 대한 환자의 의지가 있었느냐에 따른 구분이다.

SECTION 06

# 현대인의 삶의 부조리와 구원

## 1. 현대인의 삶의 부조리와 구원

### 1) 사르트르와 ≪구토≫

#### (1) 존재의 문제

장 폴 사르트르(Jean-Paul Sartre, 1905~1980)는 해군 장교의 아들로 태어났다. 그의 어머니는 아프리카에서 의사로 활동한 슈바이처의 사촌이었다. 그는 1964년 노벨 문학상 수상자로 선정됐지만 자신이 제도권에 편입될 수 없다는 이유로 노벨 문학상을 거부한 프랑스 실존 철학자이다. 사르트르는 고등 사범학교 시절에 만난 ≪제2의 성≫을 쓴 시몬 드 보부아르(Beauvoir)와 계약결혼을 하였지만, 한 집에서 살지 않고 한 동네에서 살았다. 그들의 자유로운 연애는 평생을 유지했다. 그는 재산도 거의 없이 작은 아파트에서 소박하게 살다가 74세에 세상을 떠났다. 사르트르는 ≪존재와 무≫와 ≪구토≫를 통해 존재의 문제를 다루었다. 그의 어린 시절의 성장과정은 그의 사색에 많은 영향을 끼쳤다. 사르트르가 어린 나이(1세)에 해군 장교인 부친이 별세했다. 그래서 사르트르는 외갓집에서 살게 되었다. 그는 재산도 없고 집도 없고 자기 것이라고는 하나도 없었다. 그러므로 존재는 자기 자신의 존재를 발견할 수 없는 존재였다. 이 이유 없는 존재가 사르트르에게 있어서는 부조리한 존재인 것이다. 또한 자기에게 속한 것이 아무 것도 없는 인간은 아무 것에도 구속되지 않는 자유로운 존재다. 그러나 이러한 자유는 저주 받은 자유라는 것이다.

그의 가장 중요한 저서 ≪존재와 무≫(1943)에서 사르트르는 존재에는 대자존재(의식적 존재)와 즉자존재(비의식적 존재들, 그 자신에게 있는 것)가 있다고 한다.

대자존재(對自存在, 스스로에 대해 있는 존재, being-for-itself)는 무(無)를 간직하고 있는 의식이 있는 존재이고, 즉자존재(卽自存在, 스스로의 안에 있는 존재들, beings-in-them selves)는 있는 그대로의 존재이다. 의식이 무를 갖는 이유는 의식이 존재를 의식하기 위해서는 존재와 거리를 두어야 하기 때문이다. 존재와 거리를 둔다면 무가 되어야 하지 않겠는가? 여기서 무란 '없는 것'이라기보다는 '아무것도 아닌 것'을 의미한다. '인간은 그가 아닌 것'이며 '그인 것'이 아니다. 사물은 '즉자'를 가지고 있고, 사람들은 '대자'를 가지고 있다.

사르트르에 의하면, 사물에서 본질은 실존에 앞선다. 하지만 인간에게서는 반대이다. 인간에게서는 실존이 본질에 앞선다. 인간은 본질이

없고 이 세상에 그냥 던져져 있을 뿐이다. 본질은 인간이 분투하며 살아온 이력이다. 본질은 실존에 의해 만들어지는 것이다. '책'이나 '지우개' 등의 존재는 결코 실존으로 나아갈 수 없다. 그러므로 인간은 본질이 없고 스스로 삶의 의미를 만들어 가는 창조적 존재이다. 사르트르는 '실존이 본질에 앞선다'라는 그의 실존주의의 이론적 근거를 ≪존재와 무≫에서 다루었고, 이 작품은 결국 도덕철학이 중요한 부분을 이루고 있다. 왜냐하면 사르트르에게 있어 인간의 도덕적 삶의 핵심은 자유개념이며, 그의 자유는 대자태이기 때문에 갖는 근원적 허무성에서 유래되기 때문이다. 그 자유는 즉자 같이 완전히 충만한 존재가 아니라 무를 간직하고 있어서 빈 공허를 메우려는 욕구에서 나온 자유이다.

자유란 우리가 무엇이 아닌지를 의식할 때 경험하는 무이며, 또한 우리에게 미래에 우리가 무엇이 될 것인지 선택할 수 있다는 가능성을 일깨워준다. 우리의 자유는 무이기 때문에 우리의 선택은 아무 것에도 근거하지 않으며 그러한 선택은 바로 가치나 의미의 선택인 것이다. 아무런 목적과 계획 없이 태어난 우리 앞에는 '무한한 자유'가 놓여 있지만, 이 자유는 '빈 자유'이다. 그러므로 무의미한 삶에 우리 스스로 의미를 줄 수밖에 없다. 따라서 사르트르에 의하면 우리의 삶은 사회참여, 즉 앙가주망을 통해서만이 의미 있는 삶, 즉 실존을 실현하게 되며, 우리는 혼자서 길을 가야 하는 자유인인 것이다. 이 세계에 내던져진 우리 인간은 그저 우연에 의해서 태어난 것이고, 아무런 목적도 계획도 없이 태어난 우리 앞에는 다만 무한한 자유가 놓여 있을 뿐이다. 이 자유는 어처구니없는 텅 빈 자유인 것이다. 그러므로 사르트르의 체계는 자유를 부조리, 구토로 환원한다. 각자의 실존은 각자가 선택한다. 인간은 자유롭고 그래서 사르트르는 '나는 완전히 자유이다'라고 외친다. 그리고 인간이 즉자이려고 하는 욕망은 결코 충족될 수가 없는 부조리한 것이고, 즉자 자체, 자체 존재도 단순하고 우연적이므로 '그 자체로 서 있는 존재'로서 무의미한 존재이다. 그에 의하면 우주는 의미도 목적도 없는 '부조리'한 것이 된다. 그러나 그에 의하면, 인간의 운명은 그 자신 안에 위치해 있다는 것이다. 우리는 먼저 실존하고 나서 우리의 본성을 스스로 만들어 간다.

### (2) ≪구토≫

사르트르는 무의미한 존재의 체험을 구토라고 단언한다. 존재는 사방팔방에 널려 있고 항상 귀찮은 것, 부조리한 것이며, 부조리는 삶의 실상이다. 부정의 기록인 사르트르의 ≪구토≫(1938)는 그의 첫 번째 소설이다.

이 소설의 형식은 일기체로 되어 있고, 화자(話者)가 홀로 있는 인간이다. 여기서 우리는 벌거벗은 대로의 인간 존재의 모습을 체험하게 된다. 주인공 로캉탱은 30세의 고독한 독신남이다.

> 나로서는 홀로, 완전히 홀로 살고 있다. 누구에게도 결코 말을 걸지 않고, 아무 것도 받지 않으며, 아무 것도 주지 않는다.
>
> – ≪구토≫ 中

이와 같이 시작하면서 일기는 그날그날 일어난 일들을 적어둔다.

로캉탱은 마리 앙트와네트 왕비 시절의, 18세기의 롤르봉 후작에 대한 전기(轉記)를 쓰기 위해서 부빌이란 시골 도시에 와서 3년을 보내게 된다. 이 전기를 쓰는 일은 자기 스스로 자신에게 부과한 일거리이다. 그는 완전히 홀로, 그리고 아웃사이더로 살아간다. 그러던 어느 날 바닷가에서 사물에 대한 새로운 감각적 차원의 체험을 한다. 그는 바닷가에서 조약돌을 주웠을 때 일종의 달콤한 역겨움을 느낀다. 조약돌로부터 손으로 옮겨오는 '손 안에 있는 일종의 구토'를 느낀다.

로캉탱은 모든 사물이 설명될 수 없는 채 단지 존재하고 있음을 의식하고 이것은 바로 무의미하고 구토를 일으키는 것이라는 것이다.

로캉탱은 눈에 보이는 것, 손에 닿는 것으로부터 증오와 구역질이 일어나는 경험을 하게 된다. 문의 손잡이, 파이프, 맥주컵, 종이 조각, 그리고 자신의 얼굴에 이르기까지…….

어느 날 공원 벤치에 앉아 마로니에 나무뿌리를 바라보며 명상에 잠겨 있을 때, 그는 구토의 정체를 생각해낸다. 대자존재인 인간이 즉자존재를 대면하는 진정한 모습은 구토라는 역겨운 현상에서 나타난다. 이전의 바닷가에서 조약돌을 주웠을 때의 체험 그것이었다. 그는 구토의 정체를 생각해 본다. 왜 마로니에 나무뿌리는 거기에 존재하는가? 이 마로니에 나무뿌리가 존재하는 이유를 우리는 설명할 수가 없다. 그러므로 우리는 실존을 인식하지 못하고, 부조리한 존재는 살아 있는 한, 실존으로부터 벗어나지 못한다. 사르트르는 이러한 현상의 실태가 인간을 비극적 존재로 만드는 것이라고 보고 있는 것이다. 그래서 주인공 로캉탱은 사물과 자신에 대해서 구토를 느낀다. 로캉탱은 인간을 포함한 모든 존재는 전혀 존재이유를 갖고 있지 않고, 또한 우연한 존재일 뿐이라는 결론을 내린다. 그래서 주인공 로캉탱은 사물과 자신에 대해서 구토를 느낀다. 로캉탱은 그의 주변의 세계 속에 내재하는 무의미를 강렬하게 인식하게 된다. 사르트르에게 있어서 존재이유를 설명할 수 없는 것은 우리에게 구토를 일으킨다. 사르트르는 다양한 구토 경험을 통해 세상 모든 존재의 본모습을 보이려 했던 것이라 할 수 있다.

> 종이 식탁보 위에 햇빛에 비치는 곳이 있다. 햇빛이 비치는 곳에서 한 마리의 파리가 둔하게 기어 다닌다. 파리는 앞발을 맞대어 비비면서 몸을 녹인다. 나는 파리에게 묵사발을 만들어 버리는 호의를 베풀어 주겠다. 파리는 햇빛을 받아 금빛으로 빛나는 털이 나 있는 이 거대한 집게손가락이 나타나는 것을 보지 못한다. "죽이지 마세요, 선생님." 독학자가 소리 질렀다. 파리는 터지고, 그 배에서는 작고 흰 창자가 나온다. 나는 파리를 존재에서 해방시켰다. 나는 독학자에게 무뚝뚝하게 말한다. "이 놈에게 호의를 베풀어준 겁니다."
>
> – ≪구토≫ 中

사르트르가 ≪존재와 무≫에서 말했듯이 구토의 이미지는 썩은 고기나 신선한 피에 의해 생기는 구토와 같은 것이다.

작품 ≪구토≫의 마지막에서 로캉탱은 모든 것을 포기하면서 째즈곡처럼 아름답고 단단한 소설을 쓴다면 자신이 구원받을지도 모른다는 덧없는 희망을 품기도 한다.

사실, 사르트르는 존재의 허망함으로 인한 인간의 기분 나쁜 양상만 추구한 것은 아닌가? 또한 사르트르는 삶에 대한 적극적인 반응이 결여되어 있는 것은 아닌가 하고 생각해 볼 수 있다. 그러나 사르트르는 ≪구토≫에서 인간의 절망감을 잘 표현하였고, 궁극적으로는 이 절망감을 해소하려는 인간의 몸부림과 부조리에 대한 대항을 자각하게 하였다. 그의 사상은 두 사람의 동등한 인격체의 공존은 있을 수 없다고 본다. 그래서 그는 '타인은 지옥이다', '악은 언제나 타인에게서 온다'라고 말한다. 타인의 시선은 나를 자기 식으로 바라보고 나에게 자신의 의도대로 살기를 강요하기 때문이다. 우리는 그러한 타인의 시선 앞에서 사물이 됨을 느끼고 자유의 상실과 구속을 경험하게 된다. 그것은 특히 실존적 자유를 추구하는 사람에게는 더욱더 지옥일 것이다. 타인은 생존경쟁의 치열함 속에서 적인가? 아니면 더불어 살아가야 하는 존재인가?

## 2) 카프카와 ≪성(城)≫

### (1) 생애

카프카

프란츠 카프카(Franz Kafka, 1883~1924)는 프라하에서 태어난 유태인이었고, 카프카는 그가 살았던 사회에서 나름대로의 아웃사이더의 위치를 점하고 있었다. 그는 법학 박사학위를 취득하였고, 프라하의 보험회사에 취업했으나, 그의 일생의 유일한 의미는 문학창작에 있었다. 그는 결핵 진단을 받고 다니던 보험회사에서 퇴직, 1924년 오스트리아 빈 근교의 결핵요양소 에서 사망하였다. 카프카는 사후 그의 모든 서류를 소각할 것을 유언으로 남겼으나, 그의 친구가 카프카의 유작, 일기, 편지 등을 출판하여 현대 문학사에 카프카의 이름을 남겼다. 카프카는 여섯 형제의 맏이였고, 2명의 남동생은 카프카가 6세가 되기 전인 생후 15개월과 6개월 때 죽었다. 또 3명의 여동생이 있었는데 모두 그녀들의 가족과 함께 게토로 보내졌고 게토나 아우슈비츠 등의 유태인수용소에서 죽었다. 그의 아버지 헤르만 카프카는 거대하고 이기적이고 거만한 사업가로 그려진다. 카프카의 아버지는 아들의 천재성을 이해하지 못했고 그는 아버지를 몹시 두려워하여 동일한 여성과 두 번 약혼했고, 또 모두 파혼했다. 그는 또한 개척자로서의 불안정한 삶을 살았고, 41세의 나이에 결핵으로 사망한 가장 실존주의적인 인물이다. 그는 작품 ≪성≫에서 실체를 탐구하려고 하였다.

## (2) ≪성≫과 실체

작품 ≪성≫에는 성을 방문하는 방문자 K가 등장한다. 작품은 시종일관 ≪성≫의 주인과 방문자 사이의 연결의 괴리현상이 나타난다. K는 자기를 측량기사로 채용한 그 성주를 찾으려 하나 끝내 그를 보지도 못하고 그에게 접근하지도 못한다. 그런데도 K는 성주에게 가려고 꾸준히 시도해 본다.

> K가 도착한 것은 밤도 깊어서였다. 마을은 깊은 눈으로 뒤덮여 있다. 성의 산들은 조금도 보이지 않고, 안개와 어둠이 산을 에워싸고 있어서, 커다란 성이 있는 곳을 나타내 주는 희미한 불빛조차 보이지 않았다….
>
> – ≪성≫ 中

> 성은 저쪽의 산 위에 분명히 보이고 있지만, 그 곳을 향해서 걸어가자, 길은 성으로 통하지 않고 다만 가까이 다가갈 수밖에 없었다.
>
> – ≪성≫ 中

K의 운명은 바로 이러한 성으로 가는 길 자체이다. 마치 까뮈의 시지프스처럼 실패를 할 때마다 또다시 새로 시작해야 하는 헛된 노력이 된다. 이것도 역시 하나의 부조리라 할 수 있다. 카프카는 세계를 어두운 심연으로 보고 어둠에 초점을 맞추었다.

작품 ≪성≫에서 K가 하려는 일은 세계를 측량하는 것이나 하느님의 실체를 정확히 파악하려고 하는 것이라 볼 수 있다. 성은 눈앞에 보이고 있지만 성으로 가는 길은 K에게는 닫혀져 있는 것이다. 성이 있는 쪽으로 가도가도 성은 나타나지 않는다. 하느님의 실체를 우리는 정확히 파악할 수가 없는 것이다. 소외된 고독한 인간의 모습이 나타나 있다. 카프카의 작품 속 인물들은 신의 곁에 있는 낙원을 잃어버렸다. 그래서 그는 나타나지 않는 신을 그렸다고 볼 수 있다.

## 쉬어가기

카프카의 ≪변신≫(1916)

주인공 그레고르 잠자는 어느 날 아침, 자신이 한마리의 벌레가 되어 있는 것을 발견했다. 자신의 방에 있는 모든 것이 그대로였지만 단 하나, 그만이 바뀌었다. 부모님과 여동생을 부양하는 그는 단 하룻밤 새에 아무 것도 할 수 없는, 오히려 도움 받아야 하는 생활을 할 수밖에 없는 것이다.

처음, 그가 벌레로 변하게 되었을 때 그의 아버지는 그를 가두어 놓고 방치하려고 했으나, 그의 어머니는 그레고리를 안쓰럽게 여겼고 여동생 역시 그를 잘 돌봐주었다. 그러나 하루, 이틀, 시간이 지날수록 소통이 되지 않는 그들은 지쳐만 갔다. 방에만 갇혀 있던 그레고리는 가족들의 무관심과 혐오 속에서 열악하게 생활해 간다. 그나마 돌봐주던 동생은 더이상 그의 방을 들여다 봐주지 않았고, 그를 마주쳤던 어머니는 실신하기도 했다. 심지어 아버지는 그를 공격하기에 이르렀다. 마침내 그레고리는 깜깜하고 더러운 어둠 속에서 눈물겨운 애정으로 그의 가족들을 생각하며 쓸쓸히 생을 마감한다(www.daum.net 참고).

## 3) ≪예술작품의 근원≫과 구원의 길

하이데거

마틴 하이데거(Martin Heidegger, 1889~1976)는 독특한 성장 환경 속에서 전통적인 독일 농촌의 삶의 양식에 특별한 공감을 가지게 되었다. 그는 죄와 구원에 관한 기독교의 교설로 가득한 분위기 속에서 성장했다. 그리고 그는 수백 년 동안 내려온 힘겨운 노동이 지배하는 사회적 계층에 속해 있었으며, 그 자신이 경작된 농토의 한 부분이라 느꼈다〈마이클와츠(전대호 역), 2006: 15〉.

그는 20세기의 가장 영향력 있는 사상가 중 한 사람으로서 독일의 슈바르츠발트 지방에서 태어나 프라이부르크 대학에서 신학을 공부한 존재론자이다. 그는 문학과 예술 등 여러 방면에서 영향을 끼쳤다. 그의 철학은 어떤 해결을 주기보다도 문제를 제시해 줌에 큰 뜻이 있었으며, 그는 그것이 철학의 과제라고 보았다.

하이데거는 인간을 '지금', '여기'에 사는 현존재(Dasein)라고 말한다. 우리들은 모든 것을 남들처럼 하려고 노력하는데 이를 하이데거는 '보통사람'이라고 하면서 자신의 현존재를 포기하는 것이라고 보았다. 왜냐하면 인간의 삶, 즉 현존재는 자기 자신만의 고유한 것인데, 다른 사람의 삶을 따라 한다는 것은 자신만의 고유한 삶을 포기하는 것이기 때문이다.

보통사람으로 살아가는 것은 고향을 상실한 것이고 본래적이 아니라 비본래적으로 살아가는 것이다. 이때 고향은 이 세상 어디에도 없다.

존재의 수사관이라고 불리는 하이데거는 존재의 사색에 그의 사상의 역점을 두고 인간을 통해 존재를 이해하고자 한다. 그래서 그는 '존재'와 '존재자'를 구분한다. '존재'는 '존재자'를 움직이는 것이고 '존재자'를 통해 나온다. 이를 '존재론적 차이'라고 한다. 우리가 경험적으로 마주치는 사물들이 존재자인데, 이 존재자들만이 이 세계를 이루는 모든 것이 아니기 때문에 존재자를 넘어서 있는 존재를 상정하지 않을 수 없다. 다시 말해서 존재론적 차이는 존재자가 모든 것이 아니라는 사실을 나타낸다.

하이데거에 의하면 이 시대는 고향상실의 시대이다. 우리는 고향을 잃고 방황한다. 이때 하이데거는 죽음의 인식이 진지함의 열쇠라고 주장한다. 하이데거는 죽음의 인식이 진지함의 열쇠라고 주장한다. 죽음은 모든 것을 무의미하게 하며 모든 가능성을 종식시킨다는 점을 깨달음으로써 우리는 사실에 직면하든가 또는 그로부터 회피하든가 할 수 있다는 것을 알게 된다. 죽음에 대한 자각의 맥락에서 우리는 세계 내적 행위를 보는 것이며, 앞서는 것도 없고 뒤서는 것도 없는 생을 영위하는 부조리에 직면하는 것이다. 이러한 자각이야 말로 우리가 자신의 존재에 대한 책임을 받아들이게 한다.

그는 ≪예술작품의 근원≫에서도 '존재'에 대해 본질규정을 한다. 철학은 어떤 의미에서는 범인을 수사하는 것과 비슷하다. 범인은 항상 도망쳐서 숨어버린다. 이와 마찬가지로 사물의 본질도 현상 뒤에 숨어 있다. 하이데거는 바로 현상 뒤의 존재 자체를 구하고 있는 것이다.

≪예술작품의 근원≫(1935/36)은 예술작품의 용도성을 설명한다. 예술이 무엇인가 하는 사실은, 작품으로부터 인식되어야 한다. 그는 모든 사물은 '도구적 존재'로 이해한다. 그런데 도구의 도구 존재는 용도성 가운데 자신의 본질을 갖는다. '세계-내-존재'로서의 인간에게 외부의 사물은 도구로서 나타난다. 컵은 물을 마시기 위한 도구이고, 수저는 밥을 먹기 위한 도구이며, 망치는 못을 박기 위한 도구이다.

고흐

예를 들어, '한 켤레의 촌 아낙네의 구두'와 고흐의 그림을 생각하여 보자. 촌 아낙네는 밭일을 하면서 신을 신고 있다. 즉, 이 경우에도 구두는 구두로서 자신의 본질 가운데 존재하고 있는 것이다. 구두는 아낙네가 일을 하면서 구두에 대해 생각하거나, 혹은 그것을 자꾸 보거나 하는 일 없게 할 때, 심지어는 구두를 신고 있다는 것을 느끼지조차 못하게 만들 때, 그 구두는 구두로서는 참된 것이다. 구두는 실제로 이렇게 쓰이고 있다.

예술작품은 도구의 존재를, 즉 신발 도구가 진실로 무엇인지를 알게 해 준다. 작품이 작품일 수 있는 것은 그것의 존재나 세계를 제시할 때이다. 농부가 신은 구두는 작품을 통해 그 사용자가 처한 세계와 그 신발의 존재를 보여준다면 진정한 작품이 된다는 것이다.

고흐가 그린 구두 그림의 경우 우리가 그 앞에 섬으로써 도구의 도구존재는 밝혀진다. 이 그림은 작품의 곁에 있을 때, 우리는 일상적으로 있던 곳과는 전혀 다른 곳에 있게 된다고 말한다. 즉, 예술작품이 '구두라는 도구'가 진실로 무엇인가를 알게 해 준다. 이처럼 하이데거는 사물의 존재를 그 사물의 도구성에서 찾고 있는 것이다.

구두 가죽 위에는 대지의 습기와 풍요함이 깃들어 있고, 구두창 아래는 해 저물녘 들길의 고독이 깃들어 있고, 이 구두라는 도구 가운데서 대지의 소리 없는 부름이, 겨울 들판의 황량한 곳에서 해명할 수 없는 대지의 거절이 동요하고 있다. 이렇듯 도구의 도구존재의 본질은 용도성에 있다는 것이다.

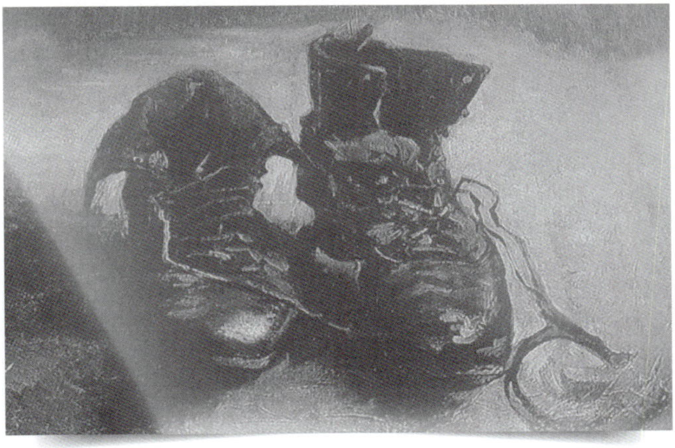

고흐의 그림

뭉크의 <절규>

하이데거에 있어서 예술의 본질은 존재자의 진리의 작품 가운데로의 자기정립이다. 그리고 진리의 생기(生起)로서의 예술작품의 근원은 예술이다. 예술작품이 구두라는 도구가 진실로 무엇인가를 알려주고 있다. 즉, 예술작품이란 존재의 진리의 자기표출의 장소이다. 예를 들어, 뭉크의 「절규」는 고독이 낳은 불안과 페시미즘을 강렬하게 표현하기도 한다. 이러한 예술은 오늘의 기술문명 위기를 구원해 줄 수 있는가? 그는 고향상실과 시대적 위기를 구원하고자 하였다.

하이데거는 예술을 통해서 구원의 힘을 얻을 수 있다고 제안한다. 구원의 힘이란 하이데거에 있어 존재를 말하는 것이다. 그리고 하이데거에게 있어 구원의 힘을 끝까지 확인할 수 있는 인간의 본연의 모습은, 결국 시인으로서 있을 수밖에 없다. 그리하여 하이데거는 예술을 통하여 구원의 힘을 불러일으킬 수 있다고 믿는다. 그의 예술을 통한 존재의 사색은 기술문명의 위기를 극복할 새로운 길을 제시했다고 보아진다. 과학과 기술의 시대는 인간성 종말의 시작이고 과학만능주의로 인한 시대의 암흑현상은 예술에 의해서 극복된다고 본 것이다.

### 4) 〈체리향기〉와 삶의 예찬

중국 배우 장○○, 한국 배우 박○○, 최○○ 남매 등 많은 연예인들이 자살했다. 장○○은 동성애자와의 사랑의 갈등으로 더 이상 이 세상을 사랑할 수가 없다는 유서를 남기고 건물 옥상에서 투신자살하였다. 정말 산다는 것의 의미는 무엇일까? 왜 사는 걸까?

<체리향기> (주)세신영상

압바스 키아로스타미 감독의 <체리향기>라는 1998년 4월에 제작된 메시지를 전달하는 영화가 있다. 이 영화는 이란이 무대이고, 우리의 삶을 예찬하는 작품이다. 바디씨라는 한 남자가 자동차로 사막의 황량한 벌판을 달려간다. 그는 차에 동승할 사람을 찾는다. 그는 자신이 수면제를 먹고 누운 자신의 위로 흙을 덮어 마무리를 해 줄 사람을 찾는다. 자신이 가진 돈을 전부 주겠다고 제안한다. 한 젊은 군인도, 온화해 보이는 신학도도 모두 거절한다. 마지막으로 한 노인이 그의 제안을 수락한다.

자연사 박물관에서 새의 박제를 만드는 노인은 자신의 삶을 얘기하며 살아가며 느끼는 작은 기쁨들을 이야기한다. 그 노인은 한때 자신도 산적해 있는 어려움들 때문에 자살을 하려고 했었다고 말한다. 노인은 나무에 목을 매서 자살하려는 순간 우연히 체리 열매를 먹게 되면서 그 맛에 기쁨을 느끼면서 자살을 포기하고 체리열매를 따서 아내에게 가져다 줬다고 한다. 노인은 계속해서 말을 잇는다.

"누구의 삶이나 문제가 있기 마련이지. 하지만 생각해 봐요, 삶의 즐거움을 ……"

"보름달을 보고 그 보름달을 다시 보고 싶지 않나요? 솟아오르는 샘물을 먹고 싶지 않나요? 차가운 물에 발을 담그고 싶지 않은가요? 저녁노을을 바라본 적 있나요? 새벽동이 트기 전에 떠오르는 태양을 본 적이 있나요?"

"남들은 살기 위해 바둥거리는데 당신은 왜 죽지 못해 안달입니까? 어려움이 있다고 그때마다 자살을 한다면 이 세상에 남아 있는 사람은 하나도 없을 거예요. 제발 생각을 바꿔요."

자살하려던 이 남자는 일출과 일몰, 그리고 보름달을 보기도 하고, 칠흙 같은 어둠 속도 경험하면서 자살을 포기한다. 자살을 포기한 바디씨는 영화를 찍고 있는 사람들과 체리나무 아래서 휴식을 취하고 있는 군인들을 본다. 그리고 그는 길을 떠난다.

이 영화에서 우리는 작으나마 소박한 희망을 느껴본다. 인간이 느끼는 행복의 정의는 무엇일까? 행복은 내 마음 속에 있는 것인지 모른다. 행복은 현재 내가 누리고 있는 모든 것일 수 있다. 이 행복을 일상에서 실천하는 것은 가능한가? 세상을 살아가면서 우리는 이러한 사실을 왜 자꾸 잊어버리는지 모르겠다. 거창하고 위대한 것만을 숭상하고 갈구하느라 우리의 주변의 행복의 존재조차도 망각해 버린 것은 아닐까하고 생각해 본다. 행복이란 이름의 신기루가 멀리 가버리기 전에 주변을 사랑하고 배려해야 할 것 같다.

## 학습정리

- 사르트르: '그 자체로 서 있는 존재' ➡ 즉, 무의미한 존재
- 사르트르: 자유를 부조리, 구토, 무의미로 환원
- 카프카: 소외된 고독한 인간을 규명
- 하이데거는 인간을 '지금', '여기'에 사는 현존재(Dasein)
- 하이데거: 죽음의 인식이 진지함의 열쇠라고 주장한다. 죽음은 모든 것을 무의미하게 하며 모든 가능성을 종식시킨다는 점을 깨달음으로써 우리는 사실에 직면하든가 또는 그로부터 회피하든가 할 수 있다는 것을 알게 된다. 죽음에 대한 자각의 맥락에서 우리는 세계 내적 행위를 보는 것이며, 앞서는 것도 없고 뒤서는 것도 없는 생을 영위하는 부조리에 직면하는 것 ➡ 이러한 자각이야말로 우리가 자신의 존재에 대한 책임을 받아들이게 한다.

## 퀴즈

**※ 다음 문제 중 맞으면 ○, 틀리면 ×를 하시오.**

**01.** '실존은 본질에 앞선다'라고 말한 철학자는 까뮈이다. (　)

정답 ×

해설 사르트르가 말했다.

**02.** 카프카의 ≪성≫은 나타나지 않는 신을 그린 작품이다. (　)

정답 ○

해설 주인공이 다가가도 성에 접근할 수 없다는 것은 바로 접근할 수 없는 신에 대한 알레고리이다.

**※ 괄호 안에 적당한 단어를 넣으시오.**

**03.** (　　　　　)는 존재의 수사관이라고 한다.

정답 하이데거

해설 그의 사상은 존재의 사색에 둔다.

**04.** 사르트르에 대한 설명으로 옳은 것은?

① 실존은 본질에 앞선다고 말하였다.
② 대표작으로 ≪죽음에 이르는 병≫이 있다.
③ "신은 죽었다"라는 유명한 말을 남겼다.
④ "결혼은 해도 후회, 안 해도 후회한다"고 말하였다.

정답 ①

## 2. 부조리와 자살

### 1) 까뮈와 부조리

철학과 문학이 가장 자연스럽게 만나는 곳은 실존주의 문학작품에서라는 것을 앞에서 밝혔다. 그런데 실존주의 문학은 부조리 문제를 주로 다루었다. '부조리함(absurd)'의 사전적 의미는 이성이나 양식(良識)과 조화가 안 된, 이성과 명백히 반대되는 것이라고 정의되고 있다. 이러한 부조리의 문제를 알베르 까뮈(Albert Camus, 1913~1960)의 작품을 통해 알아보고자 한다.

일반적으로 실존철학자로 인정되고 있는 까뮈는 글을 읽지 못하는 문맹자와 다름없었던 어머니로부터 태어났으며, 그의 집안은 매우 가난했다. 철학교수가 되겠다는 야심이 있었으나 가난했기 때문에 학업을 중단해야만 했다. 그러나 그는 계속 쇼펜하우어와 니체의 저서를 애독하였다. 까뮈는 가난을 잊기 위한 한 방편으로 대학시절까지 축구선수였고, 그는 축구를 하면서 철학적 사색을 하였다고 한다. 그는 1960년 파리 근교 국도에서 자동차 사고로 죽었다.

까뮈는 1913년 지중해의 알제리에서 태어났는데, 그의 아버지는 포도주 창고의 수위였고, 어머니는 냉담자이어서 까뮈가 노벨 문학상을 수상하였을 때도, 자동차 사고로 죽었을 때도 "나에게는 의견이 없다" 라고 하였다고 한다.

까뮈의 철학·문학은 지중해의 태양 없이는 탄생되지 않았을 것이다. 그러므로 그는 '태양의 신도'라고 불렸고, 불합리성을 수용한 작가이면서 실존철학자이다. 그런 까뮈의 ≪이방인≫(1942)은 부조리 체험으로 이해될 수 있는 작품이다. 줄거리는 다음과 같다.

뫼르소는 30대의 독신남이다. 승진하는 일에도, 파리로 전근하는 것에도 관심이 없는 평범한 회사원이다. 그는 어머니의 사망 통지서를 받고서 양로원으로 찾아간다. 어머니의 시신 옆에서 담배를 피우고, 커피를 마시며, 밤을 새우지만 눈물 한 방울 흘리지 않는다. 양로원 원장이 장의사 사람들이 관을 닫기 전에 한 번 더 어머니를 보겠느냐고 묻자, 그는 아니라고 대답한다. 또 인부가 어머니의 나이를 묻자 그는 모른다고 대답한다. 장례 후 그는 알제리로 돌아가 다음 날 수영을 하고 여자를 만나 희극영화에 데리고 가고, 그리고 정사를 한다.

어느 날 그는 친구의 사건에 말려 들어가 살인을 하게 된다. 백사장에서 태양이 너무나 강렬하게 내리쬐어 자신도 모르게 방아쇠를 당겨 아라비안인을 죽이게 된다. 그는 다시 네 발을 상대방에게 쏘았다. 그리고 법정에서 권총발사 이유를 태양 때문이라고 해서, 웃음거리가 되고 만다. 뫼르소는 자신의 정당방위를 증명하려고 하지 않는다. 살인 행위 그 자체보다도 그가 인간다운 도덕 감정을 갖지 못했고, 그의 행위는 냉혹하였으며, 그가 어머니의 죽음에 대해 무관심했었다는 것에 의해 그는 사형 선고를 받는다.

눈물을 흘리지 않았기 때문에 사형선고를 받아야 하는 세상, 얼마나 부조리한가? 또한 죽음을 앞두고서야 뫼르소는 세상을 다시 살아볼 결의를 하였다. 이 얼마나 부조리한 현실인가? 그는 인위적인 것을 거부한 자연 그대로의 삶을 영위하였으나 실질적으로 세상 사람과 단절된 삶이었다. 작품 전체가 역설로 이루어졌다. 뫼르소는 사형을 언도받고서야 무관심했던 세상 사람들에게 마음을 연다. 자신의 사형 집행일에는 자신을 아는 많은 사람들이 자신을 맞아주길 바라는 것이다. 까뮈의 소설 ≪이방인≫은 자전적인 요소를 지니고 있었다. 뫼르소는 모든 사람들은 자신이 사랑하는 사람이 죽기를 바랄 때도 있다고 말한다. 1942년 발표된 소설 ≪이방인≫은 폭발적인 성공을 거두었다. 미래에 대한 희망이 상실된 채 행복을 열망하는 인간 본연의 상태를 묘사했고, 스스로의 운명의 부조리를 극복하지 못한 ≪이방인≫은 프랑스국민의 상황이었고, 까뮈의 분노이기도 하였다. 사실 까뮈의 소설 ≪이방인≫은 그 자신의 철학 ≪시지프스 신화≫와의 연관 속에서 이해될 수 있다.

까뮈의 '부조리'는 인생의 궁극적 존재 이유의 부재(不在), 일상생활의 허무함, 인생의 무의미를 통해 드러난다. 그러한 것이 잘 묘사된 작품이 바로 ≪시지프스 신화≫이다. ≪시지프스 신화≫는 모두가 부조리로 구성되어 있다. 까뮈는 이렇게 쓰고 있다.

> 호머의 말을 믿는다면, 시지프스는 사람들 중에서 가장 현명하고 신중한 사람이었다. 그러나 또 따른 전설에 의하면, 그는 주로 산적의 직업에 종사하였다고 한다. 나는 여기에 아무런 모순이 없다고 본다.
>
> – ≪시지프스 신화≫ 中

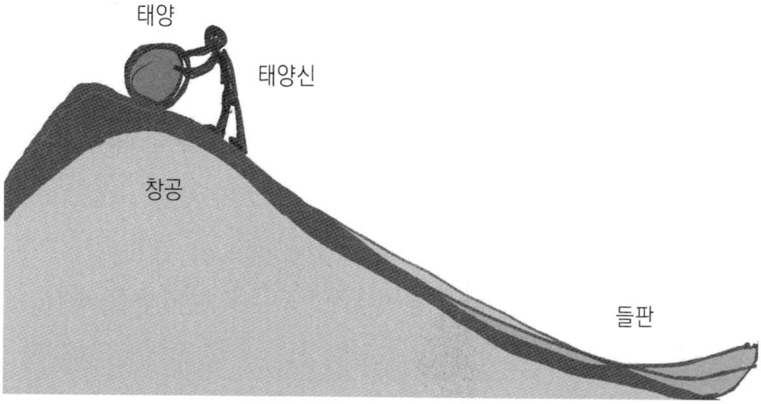


시지프스는 지하세계에서 공허한 노동을 하도록 벌을 받게 되었다. 신들은 시지프스에게 끊임없이 반복해서 거대한 돌을 산꼭대기까지 굴려 올리는 형벌을 과한 것이었다. 그러나 거대한 돌을 굴려 올리면, 그 돌은 그 자체의 무게로 말미암아 다시 굴러 떨어지는, 무익하고 희망 없는 무서운 형벌이었다. 경련하는 얼굴, 바위에 비벼대는 뺨, 진흙으로 덮인 돌덩어리를 떠받드는 어깨, 그 돌덩어리를 멈추게 하기 위해 버티는 다리, … 그리고 한 돌이 들판으로 또 다시 굴러 떨어지는 것을 보며, 그는 다시 들판으로 내려간다. 까뮈는 벌 받는 시지프스에게서 인간의 본연의 모습을 보았던 것이다. 매일 매일의 반복적 삶, 그것이 바로 시지프스의 노동이 아닐까?

시지프스에게 과해진 노동은 부조리이고, 그는 그 부조리에 반항한다. 왜냐하면 그는 그 돌을 성실하게 다시 들어올리기 때문이다. 시지프스는 태양신, 바위는 태양, 산은 창공을 비유한 것이라고 볼 수 있다. 태양은 날마다 떠오르고 가라앉는다. 그것은 시지프스가 밀어 올리고 그리고 떨어뜨리고 있기 때문이다. 이 ≪시지프스 신화≫의 주제는 하나의 운명애라고 할 수 있다.

> 참으로 중대한 철학적 문제는 단 하나뿐이다. 그것은 자살이다. 인생이 살만한 가치가 있는가 없는가 하는 것을 판단하는 것, 이것이 철학의 근본적인 질문에 대답하는 것이다.
>
> 그 의외의 것들 세계가 삼차원을 가지고 있는지, 정신이 아홉 개의 범주를 가지고 있는지, 새로운 일을 시작할 수 있는가 하는 그런 문제는 그 이후의 일이다. 그것은 장난이다. 우선 근본적인 문제에 대답하지 않으면 안 된다.
>
> 원래 약간 심한 조울증 증세가 있었지만, 요즘은 좀 심해지는 것 같다. 나 스스로 인격적으로 성숙해졌다고 느낄 정도로 여유가 생기고, 좋은 사람 만나 정신없이 떠들다가도 문득 숨이 막히고, 뜬금없이 그런 문제에 대한 심각한 해답을 구한다.
>
> 인생이 살만한 가치가 있는가? 없는가? 나는 결코 존재론의 토론을 위해 죽었다는 사람을 아무도 본 일이 없다. 과학적 진리를 중요시하던 갈릴레오는 그 진리가 자기의 목숨을 위태롭게 하자 더 비길 데 없이 쉽사리 그것을 포기해버렸다. 어떤 의미에서 그는 잘했다. 이 진리는 화형을 당할 만큼 가치가 없었던 것이다.
>
> 반면에 인생이 살만한 가치가 없다고 생각하기 때문에 많은 사람들이 죽는 것을 나는 알고 있다. 자살에는 많은 이유가 있으나 일반적으로 말해서 표면상 드러나 있는 이유가 가장 강력한 것은 아니다. 신문은 때때로 남모르는 고민이라든가 불치의 병에 대해서 이야기한다. 이러한 설명은 받아들일 만하다.
>
> 그러나 절망한 사람의 어떤 친구가 자살한 바로 그날 그에게 냉담한 어조로 말하지 않았는지 어쨌는지 알 필요가 있으리라. 그 친구야말로 죄가 있다. 왜냐하면 이렇게 냉담한 어조로 말한 것이 아직 유예상태에 있는 모든 원한과 온갖 피로를 떨어뜨리게 하기에 충분하기 때문이다.
>
> 자살한다는 것은 어떤 의미에서는 고백한다는 것이다. 그것은 인생에서 패배했다는 것, 혹은 인생을 이해하지 못하는 것을 고백하는 것이다.
>
> – ≪시지프스 신화≫ 中

까뮈에 의하면 인간은 운명과 대결하는 데서 존재의 의미를 찾아야 한다. 까뮈는 운명에 대해서는 반항하지 않는다. 부정에 대해서는 반항하지만 부조리에 대해서는 반항하지 않는다. 그리고 그는 가난, 죽음, 불행 등에 대해서는 반항하지 않는다. 매일 매일 반복되는 삶 속에서 까뮈는 시지프스의 노동처럼 성실함을 강조한 것이다. 무의미하게 반복되는 사소한 일들을 오히려 소중하게 인정하고 애정을 느껴보는 '느림'의 미학을 완성하는 것도 삶의 지혜이며, '부조리한' 삶 속에서 의미를 찾는 것이 될 것이다. 우리는 이 부조리한 삶 속에서 의미를 찾아야 하며, 이 운명을 이겨내는 유일한 길은 운명에 저항하는 것이며 다른 사람들과 함께 연대하는 일이다. 연대는 서로 손을 잡는 것을 의미하고 함께 가는 것이다.

## 2) 자살의 문제

### (1) 자살의 정의

자살이란 본인의 의사에 따라 자신의 생명을 끊는 행위라고 말할 수 있다. 세계보건기구(WHO)에 의하면 "치명적인 결과를 초래하는 자해행위"라고 하였으며, 자살행위란 "어느 정도의 자살의도를 가지고 그 동기를 인지하면서 자기 자신에게 가한 상해"라고 하였다. 프랑스의 사회학자 에밀 뒤르켐(Emile Durkheim, 1858~1917)은 저서 ≪자살론(Le suicide), 1897≫에서 자살을 자신이 일어날 결과를 예측하고 행하는 적극적 또는 소극적 행동의 직접적 또는 간접적인 결과로 발생하는 모든 죽음을 가리킨다고 하였다. 즉, 자살은 피해자 자신에 의해서 행해지는 적극적 또는 소극적 행위의 결과로서 또는 간접적으로 발생하는 모든 죽음을 의미한다. 영어나 프랑스어의 자살이라고 하는 말은, 어원적으로는 라틴어의 sui(자기 자신을)와 cedo(죽인다)의 두 낱말의 합성어이다. 즉, 자살이란 그 원인이 개인적, 사회적 어느 것이든 당사자가 자유 의지에 의하여 생명을 끊는 행위를 말한다.

뒤르켐은 ≪자살론≫에서 주장하기를 자살이라는 현상이 단순한 개인의 심리적인 현상에서 비롯되는 것이 아니라 환경적 요인과 사회적인 현상이며, 자살이라는 현상은 '사회적 전염'에 의해서 결정된다고 보았다. 예를 들면, 자살풍조가 강하게 작용하는 지역이 생길 수 있는데 이는 사회적으로 결속이 잘 되어 있지 않은 지역과 너무 사회적 결속이 과도한 집단에서 높게 나타날 수 있다는 것이다. 뒤르켐은 자살 유형을 네 가지로 분류하였다.

첫 번째는 이기적 자살(Egoistic suicide)로서 지나친 개인주의 또는 사회에 대한 불충분한 통합 또는 결속 결과 야기된 자살이다. 예를 들면, 고독, 소외, 삶의 무의미한 감동 등이 빚은 자살로써 어떤 사람이 주변 사회와 유대가 너무 적고 희박할 때 저질러지는 자살을 말한다. 두 번째는 이타적 자살(Altruistic suicide)로서 개인 사회에 너무 지나치게 통합 융합 결속된 나머지 자신보다도 자신이 속한 집단을 더 중요하게 생각한 결과로 희생적인 자살을 하게 된 경우나 어떤 종교, 주의, 주군을 위한 순교적인 죽음을 말한다. 예를 들면, 자신들의 집단결속 및 이익을 위하여 자기 자신의 생명을 기꺼이 희생하는 경우이다. 세 번째는 아노미적 자살 또는 가치 혼란적 자살(Anomic suicide)로서 사회적 결속이 느슨한 경우에도 자살률이 높아진다는 것인데, 사회와 개인 간의 규준(規準)의 행동을 할 수 없게 될 때 일어나는 자살을 의미한다. 사회가 개인의 삶에 필요한 법규와 질서를 더 이상 제공하지 못한다고 느낄 때 보일 수 있는 것으로 급작스런 사회변동 기간에 발생할 가능성이 많다. 예를 들어, 경제적 상황이 갑자기 악화된 경우에 흔히 일어나므로, 실직, 파산, 사랑하는 사람의 죽음 등의 사건으로 갑작스런 생활규범들의 붕괴를 초래한다. IMF 이후의 상황처럼 사회 여러 분야에서 나타난 윤리적 해이와 가치관이나 규범의 혼란으로, 일종의 아노미적인 상태가 사회에 만연할 경우에 자살률이 높아진다는 주장이다. 네 번째로는 숙명론적 자살로서 개인이 선택하거나 통제할 수 없는 강력한 사회적 속박이나 권위에 개인의 삶이 종속되어 있어서 스스로의 개인적인 통제력을 상실하게 되어 이루어지는 자살을 말한다. 이밖에도 바우마이스터(Baumeister, 1990)는 자살을 자기로부터의 도피, 즉 자기와 과도하게 고통스런 감정과 생각으로부터 도피하게 위한 수단으로 개념화했다. 그러나 우리들은 "살아 있다는 사실은 얼마나 벅찬 일인가?"라고 물어보지 않을 수 없다.

### (2) 자살의 현황

OECD국가 중 한국이 자살률 1위의 오명을 벗어나기 위해서는 국가와 사회가 적극 나서야 한다. 자살의 큰 원인 중 하나로 우울증이 꼽히고 있음에도 정작 치료환자는 전체 우울증 환자의 15%에 그쳐, 이제는 개인 책임만이 아닌 적극적인 사회적 개입이 필요하다.

통계청에 따르면 지난 2009년 자살로 1만 5,413명(인구 10만 명당 31.0명)이 사망했으며, 이는 1일 평균 42.2명으로 지난 2008년에 비해 19.3%p 증가한 수치다. 특히 자살기도자의 60~72%, 자살사망자의 80%가 정신질환을 가지고 있었으며 그 중 우울증 및 알코올 남용 환자가 대부분으로 치료가 필요한 의학적 상태의 환자들인 것으로 나타났다.

http://blog.medipana.com/blog/ithwang

자살의 원인 중 가장 많이 언급된 것이 경제적 곤란으로서 21.5%의 사건에 경제적 곤란이 자살의 원인이 되었다고 진술하고 있었고, 다음으로는 자살자의 우울증이 자살의 원인이라고 진술한 경우가 20.8%, 자살의 심리적 불안이 자살의 원인이라고 진술한 경우가 20.6% 등으로 나타났다. 그리고 가족문제가 자살의 원인이라고 진술했던 경우가 11.8%, 애정문제가 자살의 원인이라고 진술했던 경우가 6.8%, 기타 사회관계 문제가 자살의 원인이라고 진술했던 경우가 3.6% 등으로 나타났다.

자살에 대한 주요 이론으로서 첫째, 지위와 아노미 이론을 살펴보면, 뒤르켐 전통의 연장선에서, 파웰(Powell, 1958)은 '자아의 사회적 정당화가 인간의 근원적인 목표'라는 가정에서 출발하여 개인들의 자기 자신을 정당화하지 못할 때 자살에 이르게 된다고 주장을 펼치고 있다. 파웰에 따르면, 사회 제도는 개인에게 사회적 지위에 맞는 역할을 부여하게 된다. 그러나 개인이 사회제도에 의해서 부여된 적절한 역할을 수행하지 못할 때 자신을 정당화하지 못하는 상황을 야기하고, 정당화되지 못한 자아는 자살의 위험성에 노출될 가능성이 크다는 것이다. 사회제도에 의해 부여된 역할을 수행하지 못하는 상황이 바로 아노미 상태이며, 이는 문화적 규범에 의하여 자기 자신을 적절히 정당화하지 못하는 것을 의미한다. 결국 사람들은 자기 자신을 정당화하지 못할 때 자신을 죽인다는 것이다.

둘째, 지위변동이론은 개인의 지위의 변화가 자살을 유발한다는 것으로 뒤르켐 이후 사회학적으로 오랜 가정 중의 하나이다. 지위변동이론의 대표적인 저작은 깁스와 포터필즈의 ≪직업위신과 사회적 이동성≫에 관한 연구일 것이다. 예를 들어, 가족과 개인의 지위는 직업위신(occupational prestige)으로 파악하고 있다. 상향이동의 경우에는 개인에게 긴장을 일으켜서 사회적 관계의 결핍을 야기하게 하고, 하향이동의 경우에는 사회적 기대에 부응하지 못하는 좌절을 겪게 하여 역시 사회적 관계의 결핍을 야기하게 한다. 이러한 사회적 관계의 결핍은 개인의 생물학적인 요소와 결합하여 자살의 가능성을 증가시킨다. 이처럼 모든 지위 이동은 자살에 영향을 주지만, 특히 하향이동의 경우 자살을 유발하는 경향이 더 크다는 것이었다.

인간의 삶은 고귀한 것이며 어떠한 형태로 살아가더라도 생존 자체는 천부적인 것이다. 최근 우리 사회에서 배우 박○○, 최○○ 남매 등의 자살 사건과 같이 유명인들의 자살은 사회에 미치는 영향은 상당하며, 그에 따른 파급효과는 매우 크다고 할 수 있다. 인류가 기원한 이래 수많은 사람들이 생(生)과 사(死)를 반복하며 역사를 일구어 왔다면, 앞으로도 끝없는 변천을 거듭하며 인간의 삶은 지속될 수밖에 없을 것이다. 누구에게나 주어진 생명을 소중히 다루며 귀하게 살아서 인류사회에 기여함으로써 보다 나은 세계가 이룩될 수 있어야 하지만 현실은 전혀 다른 방향으로 가는 것 같아 안타까울 따름이다. 더욱이 생명의 존엄성을 가벼이 여기는 현상은 사회문제를 야기한다.

최근 우리 사회에서 자살자가 크게 증가하면서 자살자에 대한 사회적 관심이 더해지고 있는 것은 주지하는 사실이다. 이렇듯 한국사회의 중요한 사회문제의 하나로 대두된 자살에 대한 예방대책을 마련하기 위해서는 자살의 실태에 대해 정확히 파악하는 것이 무엇보다도 중요하다고 할 것이다. 그러나 많은 경우 자살에 대한 체계적이고 근본적인 대책은 부족하고, 청소년 자살이나 노인자살이 급증하는 데 그 대책은 미비한 실정이다.

변화에 대한 적응능력과 관계를 형성하는 능력이 어떤 청소년들에게는 부분적으로 결여되어 있기에 젊은이에게서 우울증이 증가하는 경향이 있고, 신체적인 급격한 변화에 대한 대처미비, 학교생활의 변화도 최근 이슈로 떠오른 청소년 자살 이유이다. 한국노인의 경우는 2006년부터 2007년까지 1년간 노인들의 자살생각을 조사해 본 결과 자살생각을 한 대상자는 29명(7.3%)이었고, 자살생각을 하지 않는 대상자는 371명(92.8%)으로 훨씬 많았다(형사정책연구원, 2007.12).

자살동기에 대한 경찰청 통계를 살펴보면, 자살의 동기를 가장 많이 차지하고 있는 것이 '염세, 비관' 등이다. 염세, 비관 등의 동기는 어떤 상황에 대한 개인의 좌절을 의미한다. 자살자 중 적지 않은 수가 가족 문제로 곤란한 상황이 있었다고 나타났으며, 이중 36.5%가 배우자와의 불화, 15.0%가 자녀 또는 부모와의 불화였고, 이혼 또는 가족 상실도 각각 13.9%, 13.5% 등의 비율을 나타내고 있었다.

자살자의 13.7%가 이전의 자살 시도 경험이 있으며, 26.7%가 어떤 방식이든 자살에 대한 암시를 하고 있었다. 자살 예후 중 가장 많이 나타난 것은 '죽고 싶다'고 말한 것으로 나타났는데, 자살 예후를 보였던 사람들 중 56.0%가 이 말을 한 후 스스로 목숨을 끊었다고 진술되었다.

또한 경제적 위기는 그 자체로도 개인의 삶에 위협을 가하게 되지만, 다른 문제와 함께 등장한다면 자살의 위험은 더욱 커진다고 할 수 있다. 경제적으로 곤란을 겪고 있는 상황에서 가정에 불화가 생기거나, 지병이 악화되거나, 또는 심각한 질병이 발병하게 된다면, 경제적 곤란은 그 개인에게 더 크게 다가올 수 있을 것이다. 물론 다른 문제 상황이 경제적 곤란 때문에 발생하는 경우도 적지 않다. 그러므로 전반적인 경제적 위기 상황에서는 각각의 인구 집단별로 자살 위험을 보다 세밀하게 예측하여 자살 위험군에 대한 보다 체계적인 개입이 필요하다고 할 수 있겠다.

### (3) 자살에 대한 평가

자살은 도덕적 범죄인가? 혹은 정신적 파산의 결과인가? 많은 경우 자살은 낙태, 안락사와 마찬가지로 도덕적 타락의 징후로 보고 있다.

자살 긍정론자는 인간은 누구나 자기의 생명에 관하여 절대적인 권리를 가진다고 하는 윤리적인 입장에서 이를 시인하였다. 근세의 루소(Rousseau)는 “만일 자신의 생명을 끊는 것이 허용되지 않는다면 어째서 자신의 다리를 살리는 것이 허용되는 것일까? 신의 의지는 그 어느 쪽도 허락하신 것이 아니겠는가?”라고 주장하면서 자살을 긍정하였다. 독일의 비관주의 염세 철학자 아더 쇼펜하우어(Arthur Schopenhauer, 1788~1860)는 자살을 예찬하기까지 하여 “자살은 인생 최대의 행복이다”라고 말하였지만 본인은 자살하지 않았다고 한다. 그리고 종교적 관습으로서는, 과거 인도의 서티(Suttee) 등에서 볼 수 있듯이 남편과 사별한 아내가 남편과 극락에 가서 살기를 바라면서 남편의 뒤를 따라 자살하는 경우가 있었다. 그리고 우리나라에서는 예전에 주군(主君)의 죽음에 대하여 신하가 순사(殉死)하는 관습이 있었고, 근세 이후의 문예 작품이나 연극 속에서는 자살에 동정하고 정사를 찬미하는 사상이 나타나기도 했다.

반면에 자살부정론자는 자살은 신과 국왕에 대한 의무를 포기하는 것이라고 하여 비난하였다. 특히 기독교에서는 자살은 신을 모독하는 행위라고 하여 이를 죄악시하고, 여러 가지 종교적 제재를 가하였다. 가톨릭에서는 오늘날에도 여전히 자살을 죄악시하는 사상이 강하다. 고대 철학자 아리스토텔레스는 "자살은 겁쟁이가 하는 일"이라고 하였으며, 볼테르는 "죽고 싶은 생각이 들면 일을 하라"고 하였다.

자살에 관한 객관적인 원인을 논하기는 어려우나 매스컴이나 출판, 언론이 자살동기를 부여하는 경우도 있는데, 최근에는 인터넷 자살사이트가 자살 원인 제공을 한다는 매우 충격인 보도도 있다.

우리 사회에서 국가의 적극적인 개입으로 자살률을 낮추어야 한다는 목소리가 높아지고 있다. 국가 대책은 이러한 모든 활동들이 잘 조합되는 방법에 대한 전체적인 조망을 제시하며, 조정 및 협력을 위한 기회를 제공하고, 가장 큰 변화를 일으킬 수 있는 여러 방법의 노력을 동원하는 데 그 역할이 있다.

자살이라는 극단적인 선택을 하는 것을 예방하기 위해서는 우리의 삶 가운데 실패를 위한 교육이 필요하다. 성공만을 강조하는 사회적 분위기 속에서 어느 한 개인이 실패를 경험하게 되는 것은 자신의 삶을 견디기 힘들게 하는 요인이 된다. 따라서 실패에 대한 두려움과 좌절을 견디고 극복할 수 있는 사회교육이 필요하며, 나아가 개인이 실패하더라도 최소한의 삶이 보장될 수 있는 사회안전망이 필요하다고 할 수 있다.

#### (4) 사회적 취약계층에 대한 방안 마련

자살의 위험에 상대적으로 많이 노출되어 있는 집단이 저소득층, 노인, 만성질환자 등 사회적 취약계층이다. 이러한 사회적 취약계층에 대한 자살예방 대책 역시 보건복지부의 자살예방대책 5개년 계획에 포함되어 있는 내용이기는 하지만 이에 대하여 보다 강조할 필요가 있다고 할 수 있다. 먼저 노인 인구집단의 자살의 증가는 특히 주목해서 보아야 할 부분인데, 60대 이상 노인 인구의 자살 증가는 경제적 상황과는 큰 관계없이 지속적으로 증가하고 있으며, 연령집단 중 가장 많은 자살자의 빈도를 보이고 있는 상태이다. 병고로 인한 자살자 중 많은 부분이 노인 인구 집단의 자살로 보이는데, 저소득층 노인들의 경우 지병이 있으나 치료비 마련이 어려운 경우 가족에게 부담이 되고 싶지 않아서 스스로 목숨을 끊는 사례가 다수 발견되고 있다. 자살에 대한 여러 참고인의 진술에서 자살자가 개인적으로 곤란한 상황이 있다고 진술했던 경우 중 44.4%가 정신질환으로 곤란한 상황에 있었으며, 36.7%가 지병악화 또는 발병 때문에 곤란한 상황에 있었던 것으로 나타났다.

많은 사례들에서 발견되고 있는 바와 같이, 만성질환의 발병은 발병 그 자체로서도 개인에게 커다란 고통이지만, 그들에게 치료비를 부담하는 것이 쉽지 않을 때 그들의 고통은 육체적 고통에서 그치는 것이 아니라 그 고통을 넘어서 정신적 고통을 받게 되는 것이다. 그러므로 사회적 취약계층에 대한 국가적, 사회적 개입 방안이 중점적으로 마련되어야 할 것으로 보인다. 그 밖에도 우울증 등의 정신질환을 겪고 있는 집단에 대한 보다 현실적인 개입방안도 마련되어야 할 것이다. 우울증이 자살의 커다란 원인이 되고 있다는 것은 이미 여러 연구결과에서 지적되고 있는데, 정신과 치료병력이 있던 자살자 중 55.2%가 우울증 때문에 치료를 받은 경험이 있었으며, 자살 사건에 대하여 진술한 진술자들도 자살자가 우울증의 증세를 가지고 있었다고 진술한 경우가 20.8%에 달했다.

단지 삶의 어려운 시기를 맞아 그것을 해결하지 못했거나 죽음을 통해 해결하고자 했던 사람들이었던 것이다. 혹자는 어려움을 겪고 있는 개인이 불행한 상태에서 어떻게든 삶을 유지하도록 하는 것이 더 잔인할 수 있다고 지적하면서 자살을 개인이 취할 수 있는 권리의 하나로 주장하기도 한다. 이러한 주장이 타당한 면이 없지 않으나, 실제로 자살이라는 사건은 사회적이며 개인적인 손실임에 틀림없다.

## 학 습 정 리

- 까뮈: 인간은 운명과 대결하는 데서 존재의 의미를 찾아야 한다.
- '부조리함(absurd)'의 사전적 의미는 이성이나 양식(良識)과 조화가 안 된, 이성과 명백히 반대되는 것이라고 정의

### 에밀 뒤르켐은 자살 유형을 네 가지로 분류

① 이기적 자살(Egoistic suicide)

지나친 개인주의 또는 사회에 대한 불충분한 통합 또는 결속 결과 야기된 자살

② 이타적 자살(Altruistic suicide)

너무 지나치게 통합 융합 결속된 나머지 자신보다도 자신이 속한 집단을 더 중요하게 생각한 결과로 희생적인 자살을 하게 된 경우나 어떤 종교, 주의, 임금을 위한 순교적인 죽음이다.

③ 아노미적 자살 또는 가치 혼란적 자살(Anomic suicide)

아노미적 자살은 사회적 결속이 느슨한 경우에도 자살률이 높아진다는 것

④ 숙명론적 자살

개인이 선택하거나 통제할 수 없는 강력한 사회적 속박이나 권위에 개인의 삶이 종속되어 있어서 하는 자살

## 퀴 즈

**※ 다음 문제 중 맞으면 ○, 틀리면 ×를 하시오.**

**01.** 까뮈에 의하면 인간은 운명과 대결하는 데서 존재의 의미를 찾아야 한다고 하였다. ( )

정답 ○

해설 이 세상에서 가장 확실한 것은 인간의 운명이라는 것

**02.** 다음 〈보기〉에서 설명하고 있는 개념은 무엇인가?

| 보기 |
이성이나 양식(良識)과 조화가 안 된, 이성과 명백히 반대되는 단어로서, 인생의 궁극적 존재이유의 부재, 일상생활의 허무성, 인생의 무의미를 통해 드러난다. 이것이 잘 표현된 작품으로는 ≪시지프스 신화≫가 있다.

① 구토 ② 실존
③ 부조리 ④ 부자연

정답 ③

**03.** 에밀 뒤르켐의 네 가지 자살 유형이 아닌 것은?

① 이기적 자살(Egoistic suicide)
② 이타적 자살(Altruistic suicide)
③ 아노미적 자살 또는 가치 혼란적 자살(Anomic suicide)
④ 도미노적 자살

정답 ④

해설 숙명론적 자살

**04.** 자살부정론자에 해당되지 않는 것은?

① 카톨릭 ② 쇼펜하우어
③ 아리스토텔레스 ④ 볼테르

정답 ②

해설 쇼펜하우어: 자살예찬론자

SECTION 07

# 포스트모더니즘과 다양성

## 1. 포스트모더니즘의 이해

### 1) 포스트모더니즘과 사유의 가벼움

#### (1) 포스트모더니즘의 등장

현대 사회는 포스트모더니즘(postmodernism)의 시대라고 한다. 포괄적으로 사용되고 있는 포스트모더니즘의 개념과 성격은 비교적 최근에 들어와서야 비로소 정립되었지만 그 원리는 사실상 오래 전에 싹튼 것이다. 이것은 제2차 세계대전(1939~1945)을 기점으로 처음 시작되어 1970년대와 1980년대에 이르러 문명의 위기의식과 더불어 본격적으로 대두된 현상이다. 그러므로 포스트모더니즘이라는 용어의 등장은 모더니즘에 대한 반발이 시작되던 1930년까지 거슬러 올라가지만 그것이 한 시대를 대표하는 사조로서 부각되기 시작한 것은 대략 1970년부터라고 보아 크게 틀리지 않는다. 21세기를 바로 눈앞에 두고 있는 지금, 그것은 20세기 후반을 지배하는 가장 핵심적인 신사조나 새로운 시대의 변화에 맞는 의미로 간주되기도 한다.

post-란 접두사는 '~후의(after)', '~을 넘어서서', '탈'이라는 뜻을 가진다. 그러므로 일반적으로 포스트모더니즘하면 탈근대주의, 탈현대주의, 후기근대, 후기현대라고 명명된다. 넓게는 탈구조주의 또는 해체주의라는 의미도 함축한다. 왜냐하면 포스트모더니즘은 문화현상이며 해체는 그 방법론이기 때문이다.

포스트모더니즘은 부분적으로는 새로운 형태의 사회에 대한 표현이자, 부분적으로는 예술에서 포스트구조주의에 대한 새로운 용어이다. 그래서 포스트모더니즘과 포스트구조주의를 동의어로 쓰기도 한다. 프랑스 철학자인 푸코(1926~1983), 데리다, 리오따르 같은 포스트구조주의자들이 포스트모더니스트들이다.

그렇다면 모더니즘, 포스트모더니즘, 해체주의의 관련성을 살펴보자. 20세기 전반부를 풍미하는 사조나 시대정신이 모더니즘이라고 한다면, 20세기 후반부를 풍미하는 사조나 시대정신은 바로 포스트모더니즘이라고 할 수 있다. 이때의 포스트모더니즘은 모더니즘의 반발인가? 연장인가?

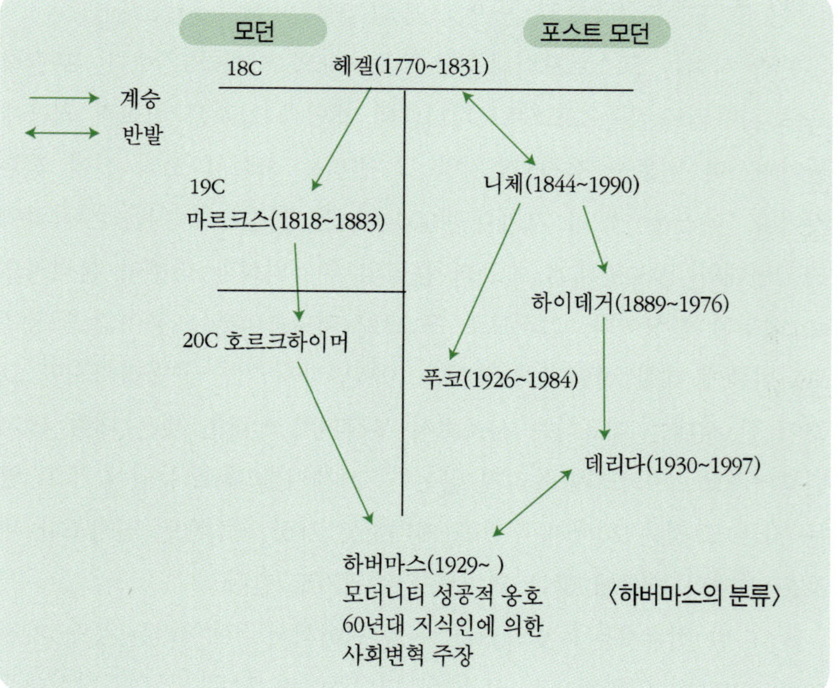

〈하버마스의 분류〉

18세기 근대의 헤겔을 계승한 마르크스, 호르크하이머 등을 모더니스트 계보라고 할 수 있다면 헤겔의 합리주의에 반발한 실존주의자 니체를 계승한 푸코, 데리다가 대표적인 포스트모더니스트라고 할 수 있다.

### (2) 모더니즘과 포스트모더니즘

근세 이후 서구사회의 문화현상의 큰 맥을 이루었던 모더니즘이 결국 소수 인텔리나 지식인의 문화를 대표하는 데에 그쳤다. 그 시대의 문화공간에 속했던 사람들은 각각 유식한 사람과 무식한 사람, 교양인과 비교양인으로 나누고, 전자의 편이 우위에 있다는 전제하에서 형성된 문화현상이 모더니즘이다. 즉 모더니즘은 인텔리문화의 산물인 것이다. 그리고 포스트모더니즘은 문화적 상황인데 이것은 해체의 이론이 수반된다. 푸코는 이성중심주의의 모더니즘을 강력히 비난하여 포스트모더니즘의 방법론인 해체를 내세운다. 해체는 선 · 악, 진리 · 거짓, 이성 · 반이성의 대립 항에서 항상 전자에만 우월성을 부여해왔던 합리주의나 이성우월주의에 대해, 과연 그것이 타당한가라는 의문을 제시한다.

그리하여 해체주의는 사고를 해묵은 개념적 한계로부터 해방한다고 하는 가능성을 열어주는 철학적 글쓰기의 하나의 스타일이며, 새로운 문학 비평 방법으로 대두되고 있다. 그것은 전통적인 철학에 대한 반항과 도전을 함축하고 있는 것이다.

많은 기본 신념들이 '어떠한 체계도 모든 진리를 드러내지는 못한다'는 니체주의에 뿌리를 두고 있는 해체주의자인 데리다는 '철학의 종말'이라는 철학적 전통에 대한 비판의 문제와 '인간의 종말'을 논의하는 휴머니즘 비판 문제를 그의 철학의 주제로 삼는다. 그리하여 그는 형이상학의 거대한 전통이 종언을 고한 것으로 간주하며 푸코와 함께 '타자성'을 옹호하는 대표적 인물이 된다. 또한 리오타르는 보편적 진리라는 '거대 서사'를 믿었던 계몽주의의 유산을 물려받은 모더니즘을 반발한다. 그리하여 리오타르는 '거대서사'가 무너졌다고 하였다. 그러므로 데리다, 푸코, 리오타르가 대표적인 포스트모더니스트라고 할 수 있다.

일반적으로 포스트모더니즘의 문제제기는 이성 자체의 자기정당화는 불가능한 독단이라는 것을 그 출발점으로 삼고 있다. 그러므로 이성이 더 이상 중심축이 될 수 없음을 드러내고 중심이 없다는 점에서 체계는 해체되는 것이다.

이성중심주의에 대한 해체란 중심과 주변의 경계설정에 대해 이성의 무근거성을 보여줌으로써 경계 자체가 해소 소멸되어 버리는 측면을 강조한다. 그동안 주변적인 것으로 무시되거나 도외시되어 왔던 모든 것들이 이제 새로운 의미를 부여받으면서 그 중요성이 새롭게 부각되기 시작했던 것이다. 이렇게 중심과 주변의 이분화가 사라지므로 해서 고급과 저급 예술의 경계가 해체된다.

정장을 차려입고 세종문화회관에 앉아 세계적 피아니스트의 연주를 듣고, 끝나면 일어서서 기립박수를 치는 것과, 마이클 잭슨의 공연에 열광하여 쇼 진행이 불가능할 정도로 소리치다가 까무러치는 것과, 공터마당에서 장구와 꽹과리에 절로 어깨춤을 들썩이며 어울려드는 신명들은 각각 동등한 가치를 지닌 것들이다. 이들을 고급·저급으로 구분할 수 있는 객관적 근거란 없다는 것이 포스트모던의 입장이다. 즉, 차이란 다양함에 불과할 뿐, 차이를 차별화시킬 수 있는 최종적 정당근거란 없다는 것이다. 이것이 포스트모더니즘의 다양성, 다원성의 선언이다.

### (3) 포스트모더니즘의 특징

일반적으로 포스트모더니즘은 임의성과 우연성 그리고 유희성의 특징을 지니고 있다. 지금까지 모더니즘이 추구해온 일반성이나 보편성에 대한 일종의 반작용이라 할 수 있다. 존재의 깊이를 거부하고 존재의 가벼움, 사유의 가벼움을 추구하는 것이다. 그 예를 작품에서 찾아보자.

내가 단추를 눌러 주기 전에는
그는 다만
하나의 라디오에 지나지 않았다.

내가 그의 단추를 눌러 주었을 때
그는 나에게로 와서
전파가 되었다.

내가 그의 단추를 눌러 준 것처럼
누가 와서 나의
굳어버린 핏줄기와 황량한 가슴속 버튼을 눌러다오
그에게로 가서 나도
그의 전파가 되고 싶다.

우리들은 모두
사랑이 되고 싶다.
끄고 싶을 때 끄고 켜고 싶을 때 켤 수 있는
라디오가 되고 싶다.

– 「라디오같이 사랑을 끄고 켤 수 있다면」

이 시는 모든 가치를 임의적이고 주관적인 것으로 묘사한 느낌이 든다. 또한 포스트모더니즘의 시[17]는 도시시, 해체시, 일상시의 형태를 띤다. 예를 들면,

> 열다섯 살,
> 하면 금세 떠오르는 삼중당 문고
> 150원 했던 삼중당 문고
> 수업시간에 선생님 몰래, 두터운 교과서 사이에 끼워
> 읽었던 삼중당 문고
> ……
>
> –「삼중당 문고」

위의 시는 기존의 시의 형식이나 틀을 무너뜨리고 일상생활을 나열해 놓았다. 이와 같이 포스트모더니즘들은 깊이를 거부함으로써 표피적이고, 미시적 접근을 통해 인간의 헛된 미망을 드러내고, 주변으로 물러났던 타자의 음성을 복원시켜 타자성을 옹호한다. 온갖 선험적인 개념이나 이념이 허구이며, 욕망의 산물임을 드러내 소유와 억압으로부터 벗어난 열린 삶, 과정으로서의 진실을 축복하기도 한다.

그러나 이러한 포스트모더니즘의 현상들은 깊이가 없어서 뚜렷한 비전도 없고 공허한 느낌을 준다고 비판받는다. 실제로 포스트모더니즘은 이성이 역사발전의 주체라는 전통적 철학을 비판하고, 진리가 하나라는 확신은 거짓이라고 여기고 있다.

이외에 포스트모더니즘은 서구세계를 지배해온 휴머니즘의 전통과의 단절과 더불어 불확정성, 비결정성, 이미지의 파편화, 아이러니, 자아의 분산, 갈림과 모순의 축복, 카니발화, 행위와 참여 등에 의해 특징지워지며 탈중심화, 각 장르를 서로 혼합하고 결합한 탈장르화도 중요 관점들이다. 이 중에서 자아의 분산의 한 예를 들어보자.

전통의 서양의 논리들은 'P이면서 동시에 not P'(〈P · ~P〉)인 경우를

17) 이 계통의 시인으로 김수영, 황지우…… 등을 든다.

하나의 가능한 논리적 관계로 수용하기를 거부하는 모순 배제의 논리로 일관한다. 예를 들어, 내가 '나'이면서 '나'가 아닐 수 없다는 것이다. 그러나 예외의 경지를 보여주는 이단자들이 있다. 〈P · ~P〉라는 것은 현실의 사태가 이미 선험적으로 미래를 향하여 갈림길에 선 존재양식을 설명하는 것이다. 말하자면 존재하는 사태에 관한 모순을 잉태하고 있다. P는 그것에 얽힌 그 밖의 어떤 것에 의존해 있다. 그것은 어떻게 존재하는가?

모더니즘의 초극자(超克者)로 평가될 수 있는 도시인 이상(李箱, 1910~1937)[18]의 작품, 〈시 제2호〉를 통해 그것을 예시(例示)해 보자.

> 나의아버지가나의곁에서조을적에나는나의
> 아버지가되고또나는나의아버지의아버지가되
> 고그런데도나의아버지는나의아버지대로나의
> 아버지인데어쩌자고나는자꾸나의아버지의아
> 버지의아버지의……아버지가되니나는왜나의
> 아버지를껑충뛰어넘어야하는지나는왜드디어
> 나와나의아버지와나의아버지의아버지와나의
> 아버지의아버지의아버지노릇을한꺼번에하면
> 서살아야하는것이냐

이상이 그와 그 자신의 아버지와의 관계 그리고 그 자신의 아버지의 아버지와의 관계 그리고 그 자신의 아버지의 아버지의 아버지와의 관계를 생각하면서 자기를 잃어가는 과정은 모든 존재하는 사태가 이미 논리적으로 마련되어 있는 우주적 프로그램 〈P · ~P〉에 의존하고 있음을 드러내는 하나의 사례다.

이상을 포스트모더니스트라고 단언할 순 없으나, 위의 시에서와 같이 자아상실의 요소들은 포스트모더니즘의 특성들과 연관성이 있다.

---

18) 이상은 집안환경이 불우했다. 그는 2세 때 백부집에 양자로 들어갔고, 아버지는 막노동꾼이었다. 그는 두 살부터 벌써 '천자책'을 놓고 '地'자를 외며 가리켰고, 하루 동안에 한글을 깨치고, 일찍이 미술과 건축에 뛰어난 재능을 보였다고 한다. 그의 글은 초현실주의의 색채를 나타내었다.

포스트모더니즘은 '열린 시대'의 '열린 사조'라고 할 수도 있다. 포스트모더니즘 텍스트는 수많은 해석의 가능성을 향해 열린 채 끝이 난다. 톨스토이의 리얼리즘 계열의 소설들, 헤밍웨이의 모더니즘 계열의 소설들에는 그것이 해피엔딩이건 비극이건 또는 질서의 회복이건 그 나름대로의 '결말'이 있다. 그러나 포스트모더니즘 계열의 소설들에는 그러한 결말이 없다. 바셀미의 단편 ≪우리 아버지 우시는 모습≫은 아무런 결말이 없이 끝나는 경우의 대표적 예를 보여준다. 부친의 죽음에 대한 진실을 추적하는 이 소설의 주인공은 수많은 정보를 듣게 되지만, 마지막에는 이 모든 것이 사실은 허위일지도 모른다는 것을 깨닫게 된다. 이 단편은 결말을 짓지 않고 불확실한 상황 속에서 끝이 난다.

이 외에도 포스트모더니즘의 계보에 속하는 작품은, 하일지의 이미지의 파편화를 잘 드러낸 ≪경마장 가는 길≫, 반체제 작가 밀란 쿤데라(1929~ )의 과감한 성적(性的)광란의 모습이 적나라하게 묘사되어 있는 ≪참을 수 없는 존재의 가벼움≫, 반복되는 근친상간의 혼돈으로 돼지 꼬리 아이를 낳게 되어 몰락하는 집안을 그림으로써 현실에 대한 풍자를 신화적 수법으로 나타낸 마르케스의 ≪백년 동안의 고독≫, 경험과 사유의 가벼움·존재의 가변성을 유희적으로 그린 장정일의 소설 ≪너에게 나를 보낸다≫ 등등이 속한다.

그밖에 삶의 본질을 대화적인 특성에서 찾는 대화주의로 대표되는 열려진 언어를 갈망한 러시아의 바흐친(Mikhail Bakhtin, 1895~1975)과 인간적 삶의 근원 등 절대적 이상이 무너진 포스트모던 사회를 묘사하고, 자본주의적 생산양식의 논리는 물론 마르크스주의 정치경제학, 프로이트주의 등 서구사회의 근대를 열었던 논리들을 모두 해체했기 때문에 포스트모더니즘의 대가(大家)로 손꼽히고 있는 프랑스 사회학자 장 보드리야르 등이 그 계보에 속하는 작가들이다.

## 2) 바흐친

포스트모더니즘 계열에 속하는 작가 중 대표적 포스트모더니스트로 평가되는 바흐친에 대해서 좀 더 설명하여 보고자 한다.

러시아의 사상가이며 문학 이론가인 바흐친은 포스트모더니즘에 이론적 근거를 마련해 준 진정한 의미에서의 대표적 포스트모더니스트로 평가될 수 있다.

그의 이론은 대화주의로 요약되는데 그 중에서도 가장 핵심적인 개념으로 널리 사용되고 있는 화자와 청자 사이의 대화적 상상력, 다성성(多聲性), 이어성(異語性), 다어성(多語性), 카니발화 등과 같은 비결정성이나 비종결성 혹은 불확정성의 개념은 포스트모더니즘이 받아들이고 있는 가장 기본적인 개념들에 해당된다.

이렇게 볼 때 그가 인간의 모든 행위 중에서도 언어행위를 가장 핵심적인 것으로 파악하였듯이, 언어유희는 사실상 포스트모더니즘을 규정짓는 가장 중요한 특징 중의 하나이다. 그에 의하면 모든 언어는 구체적인 시간과 사회적 공간 안에서 화자와 청자 사이에서 일어나는 구체적인 상호작용의 산물이다. 그런데 의사소통의 기호인 언어가 이제 더 이상 의미를 전달하는 기능을 담당할 수 없다면 여기에 불가피하게 '유희 공간'이 생겨나게 된다. 그리고 작가들은 이 유희 공간을 통해 언어의 유희를 탐닉하는 것이다.

또한 바흐친이 말하는 다성적 문학이란 다양한 목소리와 의식에 의해 특징지어지는 문학을 뜻한다. 즉, 다양한 목소리나 의식들이 작가에 의해 종속되지 않은 채 작중 인물들은 작가와 대등한 위치를 차지하고 있는 능동적인 주체에 해당된다. 그리하여 '저자의 퇴장'을 뛰어넘어 '저자의 죽음'을 초래한다. 이제 더 이상 저자는 의미의 근원이며 해석의 권위자가 아닌 것이다.

이외에도 그가 주장하는 이어성이나 다어성은 언어의 다층적이고 다원적 특성을 강조하는 현상을 말한다. 예를 들면, 어떤 하나의 말은 시간의 추이에 따라 의미하는 바가 서로 다르다. 즉, 언어는 하루하루마다 제각기 그 특유의 슬로건, 그 특유의 어휘, 그 특유의 강조점을 지니고 있다.

그리고 카니발 축제를 연구한 민속 연구가이기도 한 바흐친의 이론 가운데 카니발화는 중요하고, 카니발은 바흐친이 말하는 '유쾌한 상대성'이 지배하는 세계다. 천국과 지옥, 성스러움과 불경스러움과 같이 대립적인 것들이 서로 혼합되고 함께 어우러진다.

민중 축제인 카니발이 문학 장르에 끼친 영향으로 가장 초기의 카니발화된 문화 양식은 의견의 점진적 교환에 의해 진리를 발견하는 소크라테스식 대화이다. 바흐친에 의해 세르반테스의 ≪돈키호테≫와 도스토예프스키의 작품이 카니발화된 문학으로 간주된다.

특히 바흐친은 도스토예프스키의 작품을 타자를 함축하는 다음성(多音性) 소설로 본다. 즉, 주체가 내부의 나와 나 아닌 것인 타자를 함축하고 개인이 타인을 포함하는 독자의 대화적 상상력을 존중하는 열린 소설이라는 것이다.

두 사람이 대화를 나눈다. 그들의 대화는 역할 수행이라는 가짜 음성과 내심의 진짜 음성으로 이분되어 있다. 어느 순간 이 가짜 음성 뒤에서 진짜 음성이 불쑥 얼굴을 내밀고 그것이 상대방의 진짜 음성을 여지없이 끌어낸다. 예를 들어, 도스토예프스키의 ≪죄와 벌≫에서 노파를 살해한 라스콜리니코프는 형사 포피리와 마주 앉는다. 전당포 노파의 살인범으로 잘못 지정된 미코르카의 자백을 듣고도 내심 라스콜리니코프에 대한 의혹을 버릴 수 없던 형사 포피리는 한동안 미코르카를 죄인으로 믿는 듯이 이야기를 한다. 그러던 어느 순간 독백처럼 "어찌 그가 그 짓을 하였겠는가, 절대 그가 아니다!"라고 외친다. "그럼 누가 죽였다는 겁니까?" 딴청을 부려오던 라스콜리니코프의 거짓 음성 뒤에서 진짜 음성이 튀어나오는 순간이다. 이제 포피리는 라스콜리니코프에게서 자백을 받은 거나 진배가 없다. 두 사람 사이에서 네 개의 음성들이 맴돌다가 어느 순간 가짜의 숲을 헤치고 진짜 음성들이 상호 접촉을 꾀하는 순간인 것이다.

### 3) 문화 전반

앞에서와 같이 포스트모더니즘의 움직임은 사회·문화의 전반적인 상황에서 일어났다. 사회적으로는 인습적인 성의 차이와 경계가 붕괴되어 성해방을 이끌어 냈으며, 헤게모니의 변화로서 여성, 흑인, 장애인 등의 비기득권의 권위신장, 현대 감각의 건축, 귀를 찢는 고음의 신세대의 특징을 나타내는 헤비메탈 록음악, 다양성의 미술, 풍자성·즉흥성을 강조하는 무용 등이 나타났다.

이러한 포스트모더니즘은 고정관념을 탈피시키고 탈권위적이지만, 외국 이론이라서 우리 사회에서는 아직 거론할 시기가 아니라는 주장도 있다. 또한 포스트모더니즘은 서구에서 고도의 소비 문화를 창출했으며 이것이 현재 우리에게 과소비 현상을 불러 일으켰다는 부정적 시각도 있다. 더불어 그것은 중산층의 가치적 위기, 쾌락주의, 일종의 상업적 전략, 과시욕 등을 야기하고 있다고 지적된다.

이 이론은 시대정신으로서 우리 사회의 윤활유 역할을 할 것인가? 아니면 천박한 일시적 기류로 사라질 것인가? 단지 상실감 강한 신세대들의 사유의 가벼움의 세태인 표상으로 기억될 것인가? 이는 우리가 모더니즘 시대의 착오나 문제를 거울삼아 오히려 모더니즘의 연장선상에서 그것이 한계를 극복하고 벗어난다는 의미에서 포스트모더니즘을 이 사회·문화 전반에 걸쳐 이해하면 해결의 실마리가 되지 않나 생각된다.

### 4) 동양사유적 이해

이제 존재의 가벼움을 추구하는 포스트모더니즘의 동양사유적 이해를 추구하여 보자.

포스트모더니즘은 주관성, 상대성의 성격을 갖고 있으며, 시대사적 관점에서 이 문화 현상은 극단적 상대주의라고 평가할 수 있다. 그러므로 이 포스트모더니즘은 동양의 도가사상의 상대주의와 일맥상통한다. 야누스의 얼굴을 가진 포스트모더니즘은 선악, 미추, 시비(是非), 생사(生死)의 절대적 기준은 없다고 본다. 그래서 모든 자연적인 것들은 똑같이 아름다운 것이라는 노자의 사상과도 일맥상통한다. 노자·장자의 도(道)개념은 사물들 사이의 양극적인 상대성을 포함하고 있다. 특히 장자가 든 미추(美醜)의 언급에서 살펴보면 다음과 같다.

춘추시대 말기에 서시라는 미인이 있었는데 눈썹을 찌푸릴 때 그녀의 아름다움이 말할 수 없는 매력을 발산하여 여인들이 다투어 흉내를 냈으나 다른 여인의 경우에서는 아름답지 않고 오히려 추했다는 것이다. '아름답다'와 '추하다'의 가치기준의 차이는 존재하는 것인가? 장자는 절대적 기준이 없다고 본다. 절대적 가치의 파괴, 그것은 현대사회의 존재의 가변성에 대한 유희, 참을 수 없는 존재의 가벼움, 표피적 사유와 넓은 의미에서 맥을 같이하고 있는 것이다.

## 학습정리

- 포스트모더니즘하면 탈근대주의, 탈현대주의, 후기근대, 후기현대라고 명명된다. 넓게는 탈구조주의 또는 해체주의라는 의미도 함축한다. 왜냐하면 포스트모더니즘은 문화현상이며 해체는 그 방법론이기 때문이다.
- 포스트모더니즘 – 참을 수 없는 존재의 가벼움

  ▸ 모더니즘 – 존재의 무거움:

  포스트모던 예술은 그저 존재하는 것이고 경험되는 것이다. 모던 예술은 표층너머에 숨은 어떤 의미를 지칭하고 이해하는 것이다.
- 이상(李箱, 1910~1937)의 〈시 제2호〉 – 초현실주의 작품 ➡ 포스트모더니즘 경향을 띤다.
- 포스트모더니즘의 현상: 사회적으로는 인습적인 성의 차이 경계가 붕괴되어 성해방을 이끌어 냄, 헤게모니의 변화로서 여성, 흑인, 장애인 등의 비기득권의 권위신장, 현대 감각의 건축, 귀를 찢는 고음의 신세대의 특징을 나타내는 헤비메탈 록음악, 다양성의 미술, 풍자성·즉흥성

을 강조하는 무용

## 퀴즈

※ 다음 문제 중 맞으면 ○, 틀리면 ×를 하시오.

**01.** 포스트모더니즘은 고정관념을 탈피시키고 탈권위적이다. (　)

정답 ○

해설 민주지향적이다.

**02.** 이상(李箱, 1910~1937)의 〈시 제2호〉는 초현실주의 작품으로 포스트모더니즘 경향을 띤다. (　)

정답 ○

해설 포스트모더니즘의 한 양상이 초현실주의 경향을 띠기도 한다.

**03.** 포스트모더니즘에 대한 설명으로 틀린 것은?

① 현대사회를 규정짓는 특징 중 하나이다.
② 문명의 위기의식과 관련 깊다.
③ post란 접두사는 '~에 앞서서'라는 의미이다.
④ 탈근대주의라고 번역하기도 한다.

정답 ③

해설 post란 접두사는 '넘어서서'라는 의미

**04.** 포스트모더니즘 문학의 특징으로 볼 수 없는 것은?

① 존재의 가벼움을 추구한다.
② 사유의 가벼움을 추구한다.
③ 모든 가치를 임의적이고 주관적인 것으로 묘사한다.
④ 존재의 깊이를 추구한다.

정답 ④

해설 가벼움 추구

**05.** 포스트모더니즘에 대한 설명으로 가장 적절한 것은?

① 모더니즘에 대한 계승이다.
② 임의성, 우연성, 유희성을 특징으로 한다.
③ 불확정성, 비결정성 등을 배척한다.
④ 존재의 깊이를 추구한다.

정답 ②

## 2. 다양성시대의 문제

### 1) 푸코와 동성애

#### (1) 사상

성 · 광기 · 권력의 철학자인 미셸 푸코(Michel Foucault, 1926~1984)는 의사인 아버지와 의사 집안의 어머니 사이에서 태어나 유복하게 살았다. 그는 많은 시간을 도서관에서 보냈을 정도로 학구적이었다. 그는 합리적 인간과 절대적 진리의 개념을 거부하고, 2500년에 걸친 서양 형이상학, 역사의 연속성, 주체의 동일성을 끝장 낸 프랑스의 핵심 철학자였다. 그는 '철학적 화려함'을 추구하였으며, 한때 철학의 추상성을 참을 수가 없어서 철학자의 길에서 심리 병리학으로 전공을 바꾸었다. 사실 그는 고등사범 시절에 자살을 기도했고, 의사인 아버지는 아들을 정신과 의사에게 데리고 갔고, 푸코는 그때 의사에게 동성에 대한 성적 관심을 털어놓았다. 그 후 그는 심리학에 흥미를 느끼게 되었다. 1956년 초 프랑스의 정신병원에서 심리치료사로 일하기도 한 그는 1960년 클레르몽—페랑 대학의 철학과 주임이 되고, 1969년에는 지적 동반자 질 들뢰즈(Gilles Deleuze, 1925~1995)를 파리 8대학 교수로 영입하고, 1970년에는 콜레주 드 프랑스의 사상체계사 교수 자리에 취임하였다. 그는 1984년 파리의 한 병원에서 에이즈로 숨졌다.

'힘이 곧 정의'라는 격언과 '아는 것이 힘이다'라는 격언은 푸코의 체계를 떠받치는 두 개의 중심 기둥인데, 그가 대중적 인기를 얻었던 근원은 감옥, 제조공장, 학교, 군대, 병원 등에서의 비합리적인 억울한 경험들의 구체적 사회 모순들이었다.

근대문화의 실천들은 역사적 원근법 속에 그 밑바탕을 두어야 한다는 푸코는 그의 박사학위 논문인 ≪광기의 역사≫(1961)에서 모든 것을 권력 관계 아래서 설명하였고, 우선 광기가 이성과 완전히 다르다거나 전혀 반대라는 고정관념을 버릴 것을 주장하였다. 이성적인 것이 곧 최선이고 바람직하다는 보장은 어디에도 없다는 것이다. 화가인 고흐나 니체의 광기는 오히려 이성을 뛰어넘는 혜안을 준다는 것이다. ≪진료소의 탄생≫(1963)에서는 불합리한 대학부속병원의 예를 들었고, ≪감시와 처벌≫(1975)에서는 근대이전 루이 15세의 시종 다미앵이 왕의 의무를 일깨우기 위해 칼끝으로 왕의 어깨를 살짝 건드린 죄로 차열형(車裂刑)에 처해져 납, 기름, 송진, 유황, 밀랍이 뿌려지고 사방으로 몸이 찢겨진 예를 들어 권력체계를 분석하였다. 또한 훈육적 행위의 예로 감옥이나 학교에서의 행동에 대한 철저한 통제와 반복 훈련을 들었다. ≪성(性)의 역사≫(1976)에서는 성의 문제를 다루었다. 푸코는 병자, 광인들, 범죄자들, 외국인 노동자들, 성적 '일탈자들'에 대한 억압에 관심이 집중된 타자성을 옹호하는 대표적인 인물로서 '변두리 인생들'의 문제에 적극적으로 관여한 것이다.

### (2) ≪성의 역사≫와 억압의 가설

푸코는 ≪성의 역사≫에서 성(性)에 대한 억압의 가설을 자세히 살피고 그것이 출현한 배경 또는 출현시킨 권력의 책략을 드러냄으로써, 그것의 허구성을 논박한다. 성이라는 소재로 지식과 상식이 만들어지고 어떻게 권력이 작용하는지를 밝혔다. ≪성의 역사≫는 프로이트-

마르크스적인 입장에 대한 공격으로 시작한다. 푸코는 본능의 억압이 문명의 기초를 이룬다는 프로이트류의 사유를 반대함으로써 자신의 입장을 피력해 나갔다. 그리고 그는 성에 대한 전통적 관점을 확인한다. 빅토리아 시대는 남이 보는 앞에서는 지나치게 얌전을 뺐다. 이것은 여성 반대 운동의 일환이었고, 성이 왜곡되어 점점 더 병적으로 되었다. 그 이래로 프로이트는 성에 대해 공개적으로 말하도록 했다. 푸코는 성에 대한 담론이 무한히 증가하는 것은 서구 문명의 주요 과정 중의 하나로서 성의 과학이라고 했다.

≪성의 역사≫는 근대의 서구문화에서 어떻게 성욕의 경험이 출현했는지 파악하려는 목적을 갖고 있었다. 푸코는 고고학적-계보학적 접근방법을 취하면서 ≪성의 역사≫자료들을 검토한다. 그에 의하면 동성연애는 이제 하나의 특이한 종자로 분류된다고 보았다. 그는 이교도 문화와 기독교 문화의 차이점을 구별하는 전통적 지혜에 의문을 제기한다. 고대의 섹스는 긍정적 의미를 갖고 있었는데, 기독교는 그것을 죄악에다 결부시켰다. 또 기독교는 일부일처제를 강조한 반면, 고대인들은 좀 더 자유로운 섹스관을 갖고 있었고, 남자들 사이의 동성애도 허용했다. 드디어 그리스의 동성애적 관계는 필리아(philia, 남성의 우정)를 탄생시켰다. 그러나 그리스 사람들은 나이든 남자를 좋아하는 동성애는 경멸하고, 젊은 남자에게 국한시켰다. 이때 소년과 남자는 사회적으로 동등한 위치이다. 아테네에서 어떤 법률은 자유 신분의 아이들을 보호하지만, 청년이 모든 사람이 보는 앞에서 한 남자의 성적 파트너가 되는 것을 방해하거나 금하는 것은 아무 것도 없었다는 것이다. ≪성의 역사≫ 제2권은 플라톤의 논평으로 끝을 맺는다.

> 남성 간의 사랑, 더 정확히 말해서 청소년들에 대한 동성애는 그 이후에는 아주 가혹하게 오랫동안 비난받게 되었지만 그리스인들은 이러한 일에 합법성을 부여했다. 그래서 우리는 그들이 남색에 비교적 관대했다는 증거를 이런 합법성에서 찾아볼 수 있다.
>
> – ≪성의 역사≫ 中

푸코는 플라톤의 이러한 말을 잘 활용하여 그의 주제를 윤리학으로 새롭게 도약시켰고, 동성애 허용 운동에도 앞장서서 가담하였다. 이러한 푸코의 동성애에 대한 입장은 우리가 현 사회에서 어떻게 받아들여야 하는가를 고려할 필요가 있으며, 그는 알려지지 않은, 제외된, 잊혀진, 그리고 장애인, 동성애자 등의 주변적인 담론들의 역사를 쓰려고 했던 점이 다시 한 번 확인된다.

2011년 7월 25일 미국 뉴욕주가 주로서는 6번째로 동성애 결혼을 합법으로 인정하였다. 푸코는 훗날 이러한 시대가 오리라고 추측했었던 것으로 본다.

독일의 장대높이뛰기 선수였던 이본느(여성)는
성주체성 장애로 남성으로 성전환 수술을 받았다(2008년).

## 2) 장애인의 권리

### (1) 다양성 시대의 장애인의 권리

포스트모더니즘의 시대는 다양성의 시대이다. 그래서 이러한 시대는 인습과 고정관념을 탈피하고 탈권위적이라 할 수 있으며 주변부 문화의 가치를 복원시켜 주고 있다. 현 사회는 우리 사회에 만연해 있는 5대(여성, 장애인, 지역, 학력, 외국인노동자) 차별 시정을 중요한 국정과제로 채택하고 각 영역별 차별 시정을 위한 다각적인 노력을 강조하였다. 이러한 국가적 노력에 발맞춰 장애인 단체에서도 1990년대 말부터 시작된 장애인 자립생활 패러다임 논의 및 운동이 최근 장애인차별금지법 제정 운동으로 이어져 장애인 당사자의 참여, 권리확보 및 차별시정의 요구가 장애단체의 최대 이슈로 등장하고 있다.

과거 장애인의 인권에 대한 법학적 논의, 즉 장애인의 인권보장의 법리적 근거와 그 보장의 법적 구조에 대한 체계적 연구가 비교적 활발하지 못했고 사회 전반의 편견, 나아가 "장애의 사회성"에 대한 인식 부족이 만연되어 있었다. 오늘날 "장애는 개인과 그 환경간의 관계"로 파악됨으로써 장애의 정의에 기능상의 장애뿐만 아니라 사회적 불리(handicap)도 포함되고 있다.[19] 이는 장애인의 개념정의를 새롭게 시도하고 있음을 의미한다. 장애인의 문제는 가정과 사회와 국가가 공동의 노력으로 해결해야 한다. 그러므로 장애인의 전인적 발달과 복지를 실현하고 심신 장애로 인하여 사회적 불이익을 당하지 않도록 장애인 복지 서비스를 종합적이고 체계적으로 추진하여야 한다. 사회적 편견과 차별을 극복할 수 있는 가장 효과적인 방법은 법과 제도가 현실적으로 장애인들의 사회통합과 정상화를 보장할 수 있게 시행되도록 사회구조적 변화가 근본적으로 이루어지는 것이다.

### (2) 장애인의 인권보장

일반적으로 장애인이란 "선천적이든 후천적이든 신체적 · 정신적 능력의 불완전으로 인하여 일상의 개인적 또는 사회적 생활에서 필요한 것을 스스로 완전히 또는 부분적으로 확보할 수 없는 사람"으로 개념 정의되고 있다. 여기서의 장애는 기능상 장애뿐만 아니라 사회적 불리도 포함되는데, 이는 장애인의 개념정의를 시도함에 있어서 종래의 의학적 · 개인주의적인 접근방법을 지양하고 장애인의 사회적 차원에 관심이 집중되고 있음을 의미한다. 이에 대하여 우리나라 「장애인복지법」은 장애인을 "지체장애, 시각장애, 청각장애, 언어장애 또는 정신지체 등 정신적 결함으로 인하여 장기간에 걸쳐 일상생활 또는 사회생활에 상당한 제약을 받는 자"(제2조)로 정의하고 있다. 여기서 장애로 판정될 수 있는 기준은 장기간, 일상생활, 상당한 제약 등의 구성요건에 해당되어야 하기 때문에, 국제적인 정의에 비하여 어느 정도 개념의 협소함을 느낄 수 있지만 이는 정책과 해석에 의하여 보완될 수 있을 것이다.

이러한 장애인의 법적 지위를 볼 때, 개인생활책임의 원칙을 주축으로 하는 근대 시민법에서는 형식적으로만 평등한 권리주체로서의 법적 지위를 향유하였지만 실질적으로는 시민사회와 단절된 소외집단으로서 사실상 인간무능력자로 취급되어 왔다. 그런데 현대의 사회법

19) 세계보건기구(WHO)는 장애의 계층적 개념을 제창하고, 「국제장애분류」를 개인의 특질인 신체손상(impairment), 이것에 의해 발생되는 기능장애(diaability), 사회적 불리(social handicap)로 구별한 바 있다.

에서도 장애인은 이념적으로는 인간다운 생활권의 주체로서 보호를 받고 있지만, 현실적으로는 장애인에 대한 사회적 편견과 사회참여의 갖가지 제약요인으로 인하여 장애인의 인권보장은 실현되지 못하고 있다.

우리나라에서는 이동권 · 접근권뿐만 아니라 장애인의 인권 일반에 대한 법학적 논의, 즉 장애인의 인권보장의 법적 근거와 그 보장의 법적 구조에 대한 체계적 연구가 비교적 활발하지 못했다. 이에 「장애인복지법」의 체계적인 정립과 완전한 참여와 통합을 목적으로 하는 장애인의 인권보장을 실현하기 위해서는 장애인 인권보장의 이념과 법적 구조를 체계화할 필요가 있다. 또한 우리는 장애인법에 대한 올바른 시각을 정립하고, 법을 통한 적극적인 권리실현을 모색할 필요가 요청된다.

이렇게 볼 때, 장애의 생활상 사고나 위험을 장애인 개인이나 가족의 책임으로만 돌릴 수는 없고, 장애인 인권보장은 사회연대책임의 기초 위에서 장애의 제거 및 회복에 대한 국가나 사회의 책임이 강조되지 않을 수 없다. 이와 같이 개인주의적 장애관에서 사회적 장애관으로 장애의 인식이 전환될 때에 장애인의 인권의 구체적 · 현실적인 권리성이 확보되는 것이라 할 수 있다. 그러므로 장애의 사회성 관점에서 파악한다면, 현대산업사회의 모든 사람들은 고령화, 다양성의 시대에 '예비적 장애인' 또는 '잠재적 장애인'이라고 일컬을 수 있으므로 장애인의 완전한 참여와 평등을 사회공동책임으로 확보해야 할 것이다.

### (3) 장애인법의 기본이념

장애인의 인권에 관한 일련의 사회입법은 헌법상 이념적 기초를 근원적으로 인간으로서의 존엄과 가치 및 행복추구권, 평등권 그리고 인간다운 생활권에 두고 있으며, 나아가 생존권을 구체적으로 보장하기 위한 사회보장수급권에 그 직접적 기초를 두고 있다는 것이 일반적 견해이다. 장애인의 사회보장수급권 문제는 사회보장법의 체계 중에서 주로 사회복지서비스법 분야를 중심으로 문제시되어 왔으나, 장애인의 소득보장, 의료보장 및 고용보장 입법들과도 보완관계를 이루고 있다. 따라서 장애인의 총체적 인권보장을 실질화하기 위해서는 단순히 미시적인 사회보장법 차원에서 한정되지 않는 포괄적인 사회법원리에 입각한 통일적인 인식이 필요하다. 그것은 '장애의 사회성'을 총체적으로 인식하여 '장애인의 완전한 참여와 평등'을 확보하는 법의 모색으로부터 시작되어야 한다. 이를 위해서는 장애인의 인간상에 대한 구체적 파악과 장애인의 인권보장을 실현하려는 국가상의 정립이 필요하다고 하겠다.

그러므로 장애인의 인간으로서의 존엄과 가치 및 행복추구권의 보장은 모든 기본권의 이념적 전제가 되고 있지만, 그 이념은 장애인 권리의 근본적 기초로서 더욱 특별한 의미가 있다. 인간의 존엄과 가치는, 주관적으로는 모든 인간이 인간으로서의 존엄과 가치를 소유한다는 것을, 객관적으로는 모든 인간이 소유하는 인간으로서의 존엄과 가치를 공권력은 물론 개인도 존중하여야 한다는 것을 그 내용으로 한다. 또 행복추구권이란 안락하고 만족스러운 삶을 추구할 수 있는 권리라고 할 수 있다.

모든 장애인은 사회공동체와 단절된 고립집단이 아니며 또한 전체사회의 권력 통제를 받는 객체적 격리집단이 아니라, 오로지 '잠재적 장애인'과 더불어 다 같이 행복할 삶을 누릴 인간주체성의 향유자일 따름이다. 따라서 기형아, 정신이상자, 중복장애인 등 어떤 상태에 있는 장애인이라 할지라도 이들에 대한 안락사 등 생명의 절멸행위는 무슨 이유에 의해서라도 정당화될 수 없다.

우리나라 「헌법」은 "모든 국민은 인간으로서의 존엄과 가치를 가지며, 행복을 추구할 권리를 가진다. 국가는 개인이 가지는 불가침의 기본적 인권을 확인하고 이를 보장할 의무를 진다."(제10조)고 하여 이를 확인하고 있으며, 국제인권규약 전문에서도 "인류사회의 모든 구성원의 고유한 존엄"을 이상으로 하고 있다. 이와 같은 정신에서 「장애인 복지법」도 장애인의 인간의 존엄과 가치의 보장(제3조) 및 이들에 대한 사회연대책임(제5조)을 규정하고 있다. 그리고 장애인의 완전한 참여와 평등을 확보하기 위한 실질적 기초는 평등권의 보장에 있다. 모든 영역에 있어서 소극적으로는 장애인에 대한 각종 부당한 차별을 방지하고, 적극적으로는 장애인에 대한 사회적 · 물리적 제약요인을 제거함으로써 '현재적 장애인'과 '잠재적 장애인' 사이에 실질적 평등이 구현되는 것이다.

인간다운 생활은 인간다운 생존을 의미하며 그것은 인간의 존엄성에 상응하는 건강하고 문화적인 생활을 의미한다. 이러한 입장에서 장애인의 인간다운 생활을 영위하려면 일정한 소득보장 및 의료보장과 복지서비스조치가 구체적으로 확보되어야 하고, 이의 실현을 위한 장애인의 참여의 권리도 함께 보장되어야 한다. 따라서 장애인에 있어서 가장 중요한 것으로 이동과 접근을 들 수 있으며, 비장애인을 기준으로 만들어진 시설이나 공간에 접근할 수 없을 때 그들은 장애인이 되는 것이다. 이동에서의 최단거리원칙 이외에도 사용에서의 이용자 불편최소화 및 편의최대화원칙 등을 동시에 천명함으로써 여러 형태의 불편에 대처하는 것이 바람직할 것이다.

### (4) 인식전환의 문제

인간의 존엄과 가치, 행복추구권, 평등권 및 인간다운 생활권 등 기본적 인권이 헌법과 국제법 등에 의하여 장애인에게도 모두 보장되어 있다고 하더라도, 우리 사회에서는 아직도 장애인에 대한 사회적 편견과 장애의 사회성 인식부족으로 이러한 기본이념이 형식화되고 있는 경우가 많다. 장애인과 비장애인은 단지 현재적 장애인과 잠재적 장애인으로서 모두가 근본적으로 다 같이 완전하고 평등한 기본권의 주체임에 틀림없다. 오히려 장애인은 산업사회에 내재하는 생활위험이 우연히 도래한 사회공동생활의 특별한 희생자로서 장애인에 대한 실질적 보호조치가 행해지고 사회공동책임으로 이를 확보하는 것이 생활위험의 공평한 부담이라는 견지에서 타당하다고 할 것이다.

따라서 범국민적 의식개선이 이루어져 비장애인에게 장애인을 더 이상 시혜의 대상, 멸시의 대상으로 보지 않고, 함께 사는 사회의 구성원이라는 삶의 주체자로 인식할 수 있어야 한다.

이 사회에서 장애인에 대한 인식이 어느 정도 변화하였다고 하지만 아직도 이 사회에는 많은 편견과 차별이 존재하고 있음을 인정해야 한다. 사회적 역할과 책임은 먼저 이러한 차별과 편견의 존재를 인정하는 것에서 시작된다고 본다.

인류의 역사와 장애는 항상 우리와 함께 존재해 왔다. 그 존재의 의미와 가치는 편견에 얽매여서 매우 갈등적이었으나 점차 인간 모두가 장애라는 사실을 인정할 수밖에 없는 진실을 외면할 수는 없게 되었다.

### 3) 장애인의 성과 사랑

〈조제, 호랑이 그리고 물고기들〉은 이 누도 잇신 감독의 일본 영화로서 장애인의 성과 사랑, 그리고 자립을 그렸다고 볼 수 있다.

이 영화는 하반신 장애를 가진 쿠미코(조제)가 어렸을 때부터 걷지 못해서 할머니의 보살핌을 받으면서 낡고 허름한 집에서 살아간다. 조제가 유일하게 바깥 공기를 마시는 시간은 아침 산책을 나갈 때이다. 함께 산책을 나간 할머니는 장애를 가진 '조제'를 사랑하지만, 손녀가 남들에게 보이는 것이 창피하고 두려워서 새벽 산책을 나가는 것이다. 조제는 낮에는 산책 한번 못하고 밖에 나올 때는 담요, 보자기 등으로 다 덮고서 유모차에 실려 다닌다. 여기서 장애인에 대한 편견이 암암리에 드러나 있음을 알 수 있으며, 또한 사회 환경 속에서의 인간 심리 상태를 장애인 가족을 통해서 살펴볼 수 있다.

일반적으로 사회에서 장애인을 보는 시각은 곱지 않으며, 고령사회로 이미 진입한 일본도 장애인을 위한 복지 또한 잘 갖추어져 있지 않음을 알 수 있다.

할머니는 조제에게 “아무 짝에도 쓸모 없는 인간”, “누가 볼까 창피한 존재”라고 말했다. 하지만 쿠미코(조제)는 일반 소녀들과 똑같이 꽃과 고양이를 사랑하고 좋아하는 평범하지만 평범하지 않은 소녀였다. 조제는 거의 앉아 생활하다 보니 할머니가 주워 온 많은 책들을 읽고 상식도 무척 많았고, 자신을 보호하기 위한 수단으로 식칼을 소지하기도 하였지만 어느 날 산책길에서 ‘츠네오’라는 남자를 만나면서 조제는 점점 변하기 시작한다.

할머니가 돌아가신 후, 쓰레기봉투를 치워주는 대가로 이웃 아저씨가 자행한 성추행 사실은 우리가 현재 장애 여성이 겪는 문제를 엿볼 수 있었으며, 할머니의 죽음 소식을 우연히 접한 츠네오는 조제를 찾아가고 둘은 동거를 시작한다. 조제가 좋아하는 사람이 생기면 세상에서 제일 무서운 것을 보고 싶었다고 말한다. 그래서 츠네오와 함께 동물원으로 호랑이를 보러 간다. 그동안 조제는 세상 사람들에게 마음의 문을 닫았지만 이제 마음의 문을 연 것이었다. 조제가 마음속으로부터 세상 밖으로 발을 내디딘 것이었다.

1년 후 츠네오는 부모님께 인사를 드리러 가려 했지만 현실은 그렇지 않았다. 그러므로 부모님께 인사가는 것을 미루고 함께 여행을 떠난다. 수족관에 물고기를 보러 간 두 사람은 수족관의 휴관으로 바다로 향했다. 조제는 처음 본 바다가 그저 신기하기만 했다.

돌아오는 길에 둘은 바닷가 근처 ‘물고기의 성’이라는 온천 여관에서 하루를 보내면서 조제는 빈 조개껍질과 자신을 비교하면서 서서히 츠네오와의 이별을 준비한다.

몇 달 후 츠네오는 조제를 떠나고, 그는 전 애인과 다시 만나고, 조제는 일상생활로 돌아와 자기 생활을 강하게 혼자서 자립해 살아간다. 장애인 전동차를 타고서 시장을 봐 씩씩하게 집으로 돌아온다. 그리고 과거와는 달리 깨끗하고 정돈된 가재도구……. 그리고 음식 장만

하는 조제…….

장애인도 스스로 역량강화를 해서 본연히 일어나 의연하게 자립하는 삶을 살아가야 한다고 본다.

"눈 감아 봐. 뭐가 보여?" "깜깜하기만 해." "거기가 옛날에 내가 있던 곳이야. 깊고 깊은 바다. 난 그 곳에서 헤엄쳐 나왔어. 그 곳은 빛도 없고 소리도 없고 정적만 있었지." "외로웠겠다." "외롭진 않아. 처음부터 그랬으니까. 그저 시간만 흐를 뿐이지. 난 두 번 다시 거기로 돌아가진 못할 거야. 언젠가 네가 사라지고 나면 난 길 잃은 조개껍질처럼 데굴데굴 굴러다니겠지.……"

조제의 독백이 여운을 남긴다.

### 학 습 정 리

- 푸코: 동성애는 하나의 특이한 종자로 분류되고 돌연변이에 해당
- '힘이 곧 정의'라는 격언과 '아는 것이 힘이다'라는 격언은 푸코의 체계를 떠받치는 두 개의 중심 기둥
- 푸코는 ≪성의 역사≫에서 성(性)에 대한 억압의 가설을 자세히 살피고

그것이 출현한 배경 또는 출현시킨 권력의 책략을 드러냄으로써, 그것의 허구성을 논박한다.

- 장애인 인권보장은 사회연대책임의 기초 위에서 장애의 제거 및 회복에 대한 국가나 사회의 책임이 강조되지 않을 수 없다. 이와 같이 개인주의적 장애관에서 사회적 장애관으로 장애의 인식이 전환될 때에 장애인의 인권의 구체적·현실적인 권리성이 확보되는 것이라 할 수 있다.
- 개인주의적 장애관에서 사회적 장애관으로 장애의 인식이 전환될 때에 장애인의 인권의 구체적·현실적인 권리성이 확보되는 것이라 할 수 있다. 장애의 사회성 관점에서 파악한다면, 현대산업사회의 모든 사람들은 고령화, 다양성의 시대에 '예비적 장애인' 또는 '잠재적 장애인'이라고 일컬을 수 있으므로 장애인의 완전한 참여와 평등을 사회공동책임으로 확보해야 할 것이다.

## 퀴즈

**※ 다음 문제 중 맞으면 ○, 틀리면 ×를 하시오.**

**01.** 푸코는 이성중심주의의 모더니즘을 강력히 비난하여 포스트모더니즘의 방법론인 해체를 내세운다. (   )

**정답** ○

**해설** 포스트모더니즘은 문화적 상황이고 해체의 이론이 수반된다.

**※ 괄호 안에 적당한 단어를 넣으시오.**

**02.** 푸코의 작품 중 (          )는 근대의 서구문화에서 어떻게 성욕의 경험이 출현했는지 파악하려는 목적을 갖고 있었다.

**정답** 성의 역사

**해설** 서구 근대와 그리스 시대의 성적 욕망에 대한 상세한 탐구를 수행했다.

**03.** 개인주의적 장애관에서 (　　) 장애관으로 장애의 인식이 전환될 때에 장애인의 인권의 구체적 · 현실적인 권리성이 확보되는 것이라 할 수 있다.

정답 사회적

**※ 다음 빈칸에 들어갈 말로 알맞은 것은?**

**04.** 영화 〈조제, 호랑이 그리고 물고기들〉은 이 누도 잇신 감독의 일본 영화로서 장애인의 (　　), 그리고 자립을 그렸다고 볼 수 있다.

① 출세지향　　② 성과 사랑

정답 ②

**05.** 다음 중 미셸 푸코의 저술로 옳게 짝지어진 것은?

① ≪성의 역사≫ ≪정신의 역사≫
② ≪성의 역사≫ ≪광기의 역사≫
③ ≪정신의 역사≫ ≪광기의 역사≫
④ ≪전쟁의 역사≫ ≪성의 역사≫

정답 ②

SECTION 08

# 가치의 다양성과 노장사상

## 1. 노자와 부드러움

### 1) 노자의 자연철학

중국 사상의 양대 조류는 B.C. 6세기에 공자와 노자가 각기 주장한 유교와 도교이다. 그리고 중국철학에서 도는 중요한 의미범주 가운데 하나이며 도가에서는 도가를 규정짓고 특징짓는 핵심개념이다. 노자와 장자는 도가 모든 것의 본원이라고 보아 도를 처음으로 본체의 범주에 올려놓은 도가(道家)이다. 도가는 기성체제와 기성가치를 비판하고 거부하였다.

노장철학은 반정통의 재야적 철학으로 존속하면서 일반 민중의 정신생활을 뒷받침하는 데 공헌하게 되었고 달관의 신비주의 특색을 가졌다. 중국사의 춘추전국시대야말로 중국사에 있어서 가장 핵심적인 역사적 시대이고, 그러한 춘추전국시대에 수많은 발전 중에 단연 으뜸이었던 것은 철학적인 부문의 발전이다. 인류 역사에서 정치적으로 가장 혼란스러우면서도 사상적으로는 가장 자유로웠던 춘추전국시대에는 수많은 사상가들이 나왔다. 때문에 수천 년이 지난 지금에도 그 시대 사상가들의 사상이 아직까지 큰 역할로서 영향을 미치고 있는 것이다.

초나라 때 노자가 지은 ≪노자 도덕경≫은 5,000자가 조금 넘는 분량이며 모두 81개의 장으로 이루어져 있다. 이 책은 노자(老子)라는 사람이 지었다고 해서 과거에는 그냥 ≪老子≫라고 불렀다.

노자는 공자와 같은 기원전 6세기 사람으로 신화적 인물이다. 그에 관해서는 기원전 2세기 사마천의 ≪사기≫ 속에 짤막한 전기가 남아 있을 뿐이다. 그의 사상은 자연철학이라 할 수 있으며, 격조 높은 문학의 방법을 통한 탈세속적 달관의 철학은 신비주의의 특색도 드러내고 있다.

노자는 우주 만물의 근원은 도(道)라고 하였다. 이 도는 이름조차 붙일 수 없는 도이다(道可道 非常道, 名可名 非常名). 노자에 의하면 말로 표현할 수 있는 도는 영원히 변치 않는 도가 아니며 언어의 한계에 대한 반성을 촉구하게 한다. 언어란 것은 사물을 규정하는 개념에 불과할 뿐 결코 사물 그대로를 나타낼 수는 없다. 그러므로 더욱이 무형(無形)인 도를 언어로 말할 수는 없다고 했다. 도라고 할 수 있는 도는 참된 도가 아니며 노자가 말하는 도는 천도(天道)의 근원을 의미한다. 이러한 도는 눈으로 볼 수도 없고 귀로도 들을 수 없으며 손으로도 만져볼 수 없다는 것이다.

사람은 땅을 본받고 땅은 하늘을 본받고 하늘은 도를 본받고 도는 자연을 본받는다. 예를 들어, 태풍은 아침나절을 다 불지 못하고 소나기는 종일 내리지 못하듯이 대자연 속에 있는 것은 아무것도 오래갈 수 없으며 한결같을 수 없는 것이다.

이러한 노자의 도야말로 초감각적이고 절대적인 것이어서 무엇이라 말로 표현할 수 없는 것이다. 인간도 도로 말미암아 생겨났다가 도로 돌아가야 하는 존재이다.

노자는 '자연은 도가 본받는 것'이라고 말했다. 도가 본받는 자연이란 바로 본성 그대로 움직이는 스스로 그러한 자연의 본래적 의미를 강조한 것이다. 만물이 자기의 본성에 따라 정상적으로 발전하는 것은 그것이 장차 어떻게 되든 모든 자연스러운 결과다. 노자에게 있어서 덕을 실현한 사람이란, 자연의 도가 그대로 나타난 인간을 말한다. 그렇기 때문에 좀 더 도에 가까워지고 덕에 근접하기 위해서, 지혜를 겸하고, 총명을 겸비하는 것은 오히려 방해가 될 뿐이다. 이러한 지혜와 총명은 자연을 자신의 잣대로 보아 잘못 해석하게 하는 원인이며, 저절로 그러한 자연에 자신의 기준을 부여하고, 있는 것을 없애고, 없는 것을 만들어내는 착오를 범하기도 한다.

### (1) ≪노자≫와 무위

노자의 사상은 무위자연(無爲自然) 사상이라고 할 수 있다. 무위란 자연스런 행위이고 무위의 효용은 인위적 조작이 없는 것이라고 역설한다. 이러한 무위의 교의는 노자이론의 중심주제이고, 노자는 유학에서 중요하다고 생각하는 이상적 가치들을 부정한다. 문명원칙을 거부한 ≪노자≫는 시(詩)이며 지혜의 포효이다. 그리고 문명이 추구하는 가치야말로 인간을 인간답게 하지 못하는 거대한 패러독스에 빠져 있다고 보았다.

공자는 인도주의적이고 사회관계에 관심을 가졌었지만 노자는 근본

적으로 자연주의적이고 반사회적인 사상을 가르쳤다. 예를 들어, 그는 유의 효용성을 부정하고 무의 유용성을 역설하고, 동(動)보다 정(靜)을, 만(滿)보다 허(虛)를, 진(進)보다 퇴(退)를, 성인보다 영아를, 강보다 약을 귀중하게 여긴다.

노자의 무위사상은 도의 존재를 인정하고 도의 기능과 일체화하는 것이다. 노자의 도는 무의 성질 말고도 자연의 성질도 지니고 있다. 여기서 말하는 자연이란, '저절로 그러하다', '스스로 그러하다', '본래 그러하다'라는 의미를 한다. 이러한 의미는 도가 다른 것에 의존하지 않으며, 다른 어떠한 것에도 영향을 받지 않는 독립적인 존재라는 것을 함축한다.

노자는 나라를 다스리고 백성을 다스리는 데 있어서도, 자연이라는 도의 성질을 반영하였다. 이 말은 자연이라는 말의 의미가 '저절로 그러하다'라는 의미이듯이, 나라를 통치하고, 백성을 다스리는 데 있어서 그냥 저절로 그러하게 놔두는, 인위적인 것을 배척하는, 즉 무위라는 개념을 강력히 피력하였다. 그냥 순리대로 흘러가게끔 두면 되고, 자신의 지식을 뽐내려 참견하지도 말고, 자신의 권위를 내보이려 제한하지도 말아야 한다는 것이다. 모든 것은 다 알아서 돌아가게 되어 있고, 만일 거기에 인위적인 것이 끼어들게 된다면, 그땐 혼란이 일어나는 것이다.

노자는 '도는 항상 무위하지만 그에 의하여 이루어지지 않는 것은 아무것도 없다(道常無爲而無不爲)'는 명제를 제기하였다. 노자에 의하면 천지만물 가운데 어떤 것도 도 없이는 존재하거나 움직일 수 없다. '도는 항상 무위하지만 그에 의하여 이루어지지 않는 것은 아무것도 없다'는 명제는 노장철학의 우주론의 기초가 된다. 무위라는 말은 크게 무(無)와 위(爲)로 나누어 볼 수 있으며 그 중에서 도가의 무는 더 중요한 개념이다. 무라는 것을 단순히 없다고 보기에는 그 함축하고 있는 뜻이 실로 다양하고 복잡하다.

노자는 '사람은 땅을 본받고 땅은 하늘을 본받고 하늘은 도를 본받으며 도는 자연을 본받는다(人法地, 地法天, 地法道, 道法自然)'고 하였다. 이로써 보면 도는 하늘과 땅과 사람이 모두 본받아야 할 표준이다. 본받는다는 것은 그것을 본보기로 삼아 생각하고 말하며 행동해야 한다는 것을 뜻한다. 그런데 인간뿐만 아니라 천지조차도 본보기로 삼아야 할 궁극적 표준인 도가 항상 무위하다면 인간의 행위규범도 무위를 목표로 삼아야 할 것이다.

이렇듯 노자의 생활의 이상은 무위의 교의에 기초를 두고 있으며, 자연주의적이고 반사회적이라고 할 수 있다. 또한 노자철학은 비권위주의적인 해방사상이다(도올 김용옥). 노자는 우리에게 풍부한 교훈을 던져주고 있다. 그래서 ≪노자 도덕경≫은 우리가 삶을 살아가는 처세술로서의 인생교본이라 할 수 있다. 일례로 '물러나는 것이 나아가는 것이다' 등의 뜻을 함축한 ≪노자 도덕경≫은 심신의학의 명상법을 위한 교재로 쓰이기도 한다. 명상은 현대의 과학 문명시대에서 만병의 원인인 스트레스를 다스리기 때문이라 한다. 노자가 말하는 약함은 정말 약한 것이 아니었다. 노자는 약해 보여 쓸모없이 보이는 것들의 큰 쓰임을 간파하고 있었다.

자연이란 인간이 인위적인 힘을 가하지 않아도 저절로 이루어지므로 이것은 바로 천진난만한 갓난아이와 같은 것이다. 그러므로 노자의 이상적 인간은 '영아'와 같은 인간이다.

고대 시대 노자와 그의 제자들은 세상의 어지러움은 사회와 문명의 본질 속에 근본적으로 잘못된 것이 있다고 보았다. 사람들은 본래 낙원에 살고 있었다. 그러나 인위적인 문명을 건설하려는 과오를 범함으로써 그들은 그 낙원을 잃고 말았다. 따라서 사람들에게 남은 오직 한 가지 해결책은 문명을 떠나서 원시로 떠나는 것에 있다. 다시 말해 문명을 버리고 자연으로 돌아가는 것이고, 이러한 자연주의적 사고방식이 도교인 것이다.

### (2) 공자와 노자의 비교

공자

중국의 위대한 철학자 중에서 가장 널리 알려진 이는 당연 공자라고 할 수 있다. 유교의 시조(始祖)인 공자(孔子, B.C. 551~479)는 노나라 곡부(曲阜)에서 떨어진 시골에서 용감한 무관인 숙량흘의 둘째 아들로서 서자로 태어났다. 그러나 공자의 아버지는 공자가 3세일 때 이 세상을 떠났다. 공자의 아버지인 숙량흘이 어머니 안징재를 만났을 당시 숙량흘은 70대였고 안징재는 13세의 소녀였다는 전설도 있으나 확실하지 않다고 한다. 공자의 이름은 구(丘)이고 자는 중니(仲尼)였고, 공자(孔子)의 '자(子)'는 경칭으로 '선생'이라는 뜻이다.

공자는 6세 때 이미 제기(祭器)를 배열하고 예를 갖추어 가며 의식놀이를 하였다. 공자는 15세에 학문에 전념하여 지식과 방정한 품행으로 명성을 떨쳤다. 그는 "나는 열다섯 살에 학문에 뜻을 두었고, 서른 살에 뜻을 세웠고, 마흔 살에 현혹되지 않았고, 쉰 살에 천명을 알았고, 예순 살에 진리를 이해하였으며, 일흔 살에 이르러 마음이 닿는 대로 좇아도 법도를 넘어서지 않았다."고 말하였다(十五有而志于學 三十而立

四十而不惑 五十而知天命, 六十而耳順, 七十而從心所欲, 不踰矩). 이처럼 공자 역시 70세가 되면 '종심소욕불유구(從心所欲不踰矩)', 즉 완전히 자유의 경지에 이른다고 했다.

공자와 노자의 사상을 비교함에 있어서 가장 큰 맥락은 아무래도 공자의 인위성과 노자의 무위성이다. 다시 말하면, 공자는 큰 도가 무너짐에 가정이 불화하며 나라가 어지럽게 되자 그것을 지켜야 하므로 인위적으로 지킬 것을 강조하였으나, 노자는 인위적인 것은, 강요하면 할수록 가야 할 길을 더 알 수 없으므로, 만물을 있는 그대로 자연스럽게 놔두면 자연스럽게 큰 도는 찾아진다고 하였다. 하지만 공자는 덕을 실현하고 도를 찾는 방법을 규정함에 좀 더 능동적, 적극적인 측면을 가지게 되었다. 공자가 생각하는 인간의 최고 도, 덕(德)은 '인(仁)'이었고, 덕이란 인간에게서 기대되는 개개의 훌륭한 자질이었다. 공자의 군자교육(君子敎育)에서 중심이 되는 것은 '인의예지(仁義禮智)'였다. 이에 반해 노자는 무위를 강조함으로써 수동적이고 소극적인 경향을 띠게 되었다.

노자와 공자의 차이는 노자가 도를 향하는 직접적인 방법을 제시한데 반하여 공자는 인간의 질서라는 우회의 방법을 택한 것뿐이다. 도에 있어서는, 공자는 '하늘의 뜻은 인(仁)이다', '성인은 인의 실현자다'라고 함으로써 마치 도가 지극히 선한 것으로서 악에 대해서는 응징을 해 주는 그런 개념으로 보았다. 공자에게 있어, 이러한 인은 '인간성의 최상은 중화(中和)에 있다'는 의미로 해석된다.

하지만 노자는 도의 성질을 '무'와 '자연'으로 빗대어 설명함으로써, 모든 만물과는 독립적으로 존재하면서 아무것에도 영향을 주지 않고, 아무것으로부터도 영향을 받지 않는 것으로 보았다는 점에서 차이를 드러내고 있다.

일반적으로 유가는 이성적, 남성적, 적극적, 지배적인 위치를 차지하는 반면, 도가는 직각적, 여성적, 신비적이고 부드러운 성질을 갖는 것으로 강조되기도 한다.

그러나 노자와 공자는 둘 다 '너무 지나치지 말라'는 중용의 교의를 주장한 점은 일맥상통한다.

## 2) 부드러움과 모성

### (1) 노자와 부드러운 것

다음의 글은 ≪노자 도덕경≫ 중에서 발췌한 것이다.

> 부드러운 것이 강한 것이다. 사람이 태어날 때는 부드럽고 약하지만 죽으면 굳고 강해진다. 초목도 살아 있을 때는 부드럽고 약하지만 죽으면 말라서 부서지기 쉽다.
>
> 고로 강한 것은 죽음으로 가는 것이고, 부드럽고 약한 것은 삶으로 가는 것이다. 그런 까닭에 군대가 지나치게 강하면 이기지 못하고, 나무도 강하면 부러지니 강대한 것은 아래에 있고 부드럽고 연한 것은 위에 있는 것이다.
>
> – ≪노자 도덕경≫ 76장

노자의 인식은 부드러운 것이라든가 약한 것이 굳고 강한 것보다 좋다는 것이다. 왜냐하면 부드럽고 약한 쪽에는 오히려 생생한 활력이 깃들여져 있기 때문이다. 그래서 버드나무 가지는 부드럽기 짝이 없지만 눈이 그 위에 쌓여도 부러지지 않는다. 유약한 것일수록 강한 생명력이 있는 것이다.

> 세상의 사물이 모두 강대한 것보다 유약한 것이 우위에 서는 것이다.
>
> – ≪노자 도덕경≫ 77장
>
> 약한 것이 강한 것에게 이기고, 부드러운 것이 단단한 것에게 이긴다는 사실은 누구나 다 들어서 알고 있다. 그런데도, 그것을 처세상 실천하려고는 하지 않는다.
>
> – ≪노자 도덕경≫ 78장

노자는 부드럽고 약한 것은 단단하고 강한 것을 이긴다고 했다. 단단하면 깨지기 쉽다. 한 없이 부드럽지만 강한 것으로는 물을 들 수 있다. 물은 한결같이 위에서부터 아래로 향하며, 장애물에 스스로 굽히고 적응함으로써, 또한 부드럽고 약하기에 쉽게 모여 큰 물줄기를 만들고, 줄기차게 흘러 드디어 큰 바다를 이루게 된다.

이처럼 세상에서 물만큼 부드럽고 약한 것이 없지만 단단하고 강한 것을 공격하는 데 물을 능가하는 것이 없다. 물은 뾰족한 바위가 있어도 굽어 돌아 흐를 뿐이다. 또 깨끗한 계곡물이라 할지라도 더러운 흙탕물과 불편 없이 잘 섞인다. 또, 사람들이 싫어하는 지저분한 곳을 지저분하다고 여기지 않고 잘 스며든다. 그러므로, 이것을 도에 가깝다는 것이다. 그러므로 최고의 선은 물과 같다(상선약수, 上善若水).

노자에게 물의 선함은 만물을 이롭게 해 주고 있지만 다투지 아니하며, 많은 사람들이 싫어하는 낮은 위치에서 처신한다. 상선(上善)이란 이상적인 생활방법을 가리킨다. 가장 이상적인 생활태도로 살아가려면 물의 상태를 보고 배우라는 것이다. 왜냐하면 물은 만물에 혜택을 주면서도, 자신은 상대방에게 거역하는 일이 없으며, 많은 사람들이 싫어하는 낮은 곳으로 흘러가는 성질을 가졌기 때문이다. 인생에서 우리는 유연하고 겸허하게 살되, 자신의 주체성을 잃지 말고 살라는 것이다.

노자에 의하면 천하에 가장 부드러운 것이 가장 큰 것을 정복한다는 것이다. 형태가 없는 것은 아무리 틈이 없는 곳에도 유유히 들어갈 수가 있기 때문이다. 형태가 없는 것이란 무에 지나지 않으므로 아무리 강한 것도 결국에는 자연스럽게 정복된다는 뜻이다. 즉, 노자가 주장한 무의 작용이란 곧 무위(無爲)인 것이다.

그러므로 노자는 '훌륭한 무사는 강한 체하지 않고, 싸움에 능한 사람은 유혹에 빠지지 않으며, 이기기를 잘하는 사람은 함부로 싸울듯한 태도를 취하지 않으며, 사람을 잘 부리는 사람은 상대방에게 항상 겸손한 태도를 취한다'고 했으며, 이러한 것이 가장 중요한 경지라고 말하였다. 이러한 것은 앞으로 전진해도 전진한 것으로 보이지 않고, 솜씨를 발휘해도 발휘한 것으로 보이지 않으며, 적을 공격해도 공격한 것으로 보이지 않고, 무기를 들어도 무기를 든 것으로 보이지 않는 것이다. 우리의 물음은 노자적 가치관이 현대사회 속에서 부딪히는 모순이나 어려움을 어떻게 극복해나가야 하며, 우리가 어떻게 구체적인 삶을 꾸리느냐 하는 문제에 대한 해결책을 과연 주는가 하는 것이다. 생존경쟁 속에서 자신이 뒤쳐진다고 절망할 때, 노자철학은 위안과 평화를 가져다준다. 노자철학이 우리의 일상적인 삶에 많은 영향을 끼쳐왔으며 앞으로도 우리의 정신세계를 형성하는 데 크게 기여하리라 생각된다.

### (2) 노자와 모성의 빛

최근 대만에서는 노자를 모성과 여성철학으로 해석하는 조류가 있다고 한다. 공자는 궁극적으로 주나라 초기의 가부장적 봉건제도를 옹호하고 그때로 돌아가야 평온해진다고 함으로써 남성적인 사상이 되었지만, 노자는 도를 어머니의 자궁에 비유하고, 도로부터 나오는 모든 만물의 모습을 어머니가 아이를 출산하는 것으로 봄에 있어서, 여성적인 사상이 되었다.

또한 ≪노자≫의 도를 시적인 의미의 언어로 어머니라고 찬미하기도 한다. 어머니는 존재의 시작이고 생명의 저장 창고이며 원류이다. 따라서 그녀는 생명의 근원이며 생명을 유지하는 자라고 볼 수 있다. ≪노자≫는 음을 숭상하고 여성을 존중하며 어머니를 체득하는 것 같은 주석으로 모계사회에 대한 구체적인 반영이라 할 수 있는 여성철학이라고 해석되기도 한다.

노자의 ≪노자 도덕경≫ 6장에서, 그는 “계곡의 신(곡신, 谷神)은 죽지 않으니 이것을 일컬어 검은 암컷(현빈, 玄牝)이라 한다. 검은 암컷의 문을 하늘과 땅의 뿌리라 한다. 이어지고 또 이어져 영원히 존재하니 아무리 써도 마르지 않는다”라고 말했다. 여기서 ‘계곡의 신(검은 암컷)’으로 도의 근원성, 영원성과 무한성을 증명한다. ≪노자 도덕경≫은 현빈, 계곡 등 여성적 시니피앙이 갖는 페미니즘적 의미와 모계사회의 대지

모 전통을 이야기하고 있다.

'계곡의 신'과 검은 암컷은 모두 생식 숭배, 여성 숭배와 관련이 있는 생명의 이미지로 노자철학의 기층 구조 안에 깊이 숨어 있어, 이는 여성철학의 요소를 포함하고 있다고 할 수 있다. 노자는 음의 함축성과 포용력, 여성의 색조를 더욱 풍부하게 갖고 있는 것이다.

## 학 습 정 리

- 초나라 때 노자가 지은 ≪노자 도덕경≫은 5,000자가 조금 넘는 분량이며 모두 81개의 장으로 이루어져 있다.
- 노자의 생활의 이상은 무위의 교의에 기초
- 노자는 부드럽고 약한 것은 단단하고 강한 것을 이긴다고 했다.
- 노자의 사상은 무위자연(無爲自然) 사상
- 노자는 우주 만물의 근원은 도(道)라고 하였다. 도는 이름조차 붙일 수 없는 도
- 노자철학은 비권위주의적인 해방사상
- 공자의 군자교육(君子敎育)에서 중심이 되는 것은 '인의예지(仁義禮智)'

## 퀴 즈

**※ 다음 문제 중 맞으면 ○, 틀리면 ×를 하시오.**

**01.** 노자는 우주 만물의 근원은 도(道)라고 하였다. (　)

정답 ○

해설 도가(道家)이다.

**02.** 노자의 무위란 인위적이고 억지스런 행동을 하지 않는 것을 의미한다. (　)

정답 ○

**03.** 다음 중 노자에 대한 설명으로 가장 적절치 않은 것은?

① 노자가 지은 ≪도덕경≫은 5천 자가 조금 넘는다.
② 노자는 공자와 같은 시대 사람으로 신화적 인물이다.
③ 노자는 만물의 근원을 도(道)라고 하였다.
④ 노자는 유교적 질서를 존중하였다.

정답 ④

해설 노자는 유교적 질서 비판

**04.** 다음 중 "세상의 모든 사물들 중에서 강대한 것보다 유약한 것이 우위에 선다."는 주장과 관련이 없는 것은?

① 이 주장은 무위자연의 사상을 표현하고 있다.
② 공자를 비롯한 유가 사상가들의 주장이다.
③ 이 주장에 따르면 어린이가 어른보다 우위에 선다.
④ 이 말은 부드러운 것이 유용성을 갖는다는 뜻이다.

정답 ②

## 2. 장자와 가치

### 1) 생애와 교리

장자(莊子, B.C. 369~286)는 그 자신의 저서 ≪장자≫를 통해 후세에 그의 교리를 남겨주고 있으며, 그의 생애에 대하여 온갖 전설이 이야기되고 있다. 장자의 사상은 노자의 사상과 근본적으로 궤를 같이 하며, 그의 철학은 자연상태를 이상화시키고 무정부주의적 개인주의를 지지하는 것이다. 그는 또한 관습과 제도에 반기를 들고 궁극적으로 문명이 만들어내는 모든 편익을 거부한다.

사기 열전에서는 장자에 대해서 설명하기를 '장자의 이름은 주(周)였으며 관리 출신이었다. 그의 학설은 노자의 학설에 근본을 두었으며 학문의 내용은 큰 바다처럼 넓고 넓어 끝이 없었으며 방자스러웠다'라고 했으며 당시의 권력자들은 장자를 결코 우대하지 않았다 한다.

장자는 우리가 추구하는 가치를 가리키면서 그것이 정말 가치가 있는가를 검토해 보라고 일깨워 준다. 장자는 그의 저서 ≪장자≫를 통해 후세에 그의 교리를 남겨주고 있다. '장주의 나비 꿈', '조삼모사'의 예를 보면 다음과 같다.

〈장주몽위호접(莊周夢爲胡蝶)〉(제물론편)이란 구절은 ≪장자≫의 속에서도 널리 알려진 설화의 한 가지이다. 언젠가 장주는 나비가 된 꿈을 꾸었다. 훨훨 날아다니는 나비가 유쾌하게 즐기면서도 자기가 장주라는 것을 깨닫지 못했다. 그러나 문득 깨어나 보니 틀림없는 장주가 아닌가? 도대체 장주가 나비가 된 꿈을 꾼 것인가, 아니면 나비가 장주가 된 꿈을 꾼 것인가?

상식에 의하면 장주의 나비는 분명 별개이다. 그러나 실재의 세계에서는 꿈 또한 현실이며, 현실 또한 꿈이다. 장주도 또한 나비이며 나비 또한 장주여서, 그곳에는 아무런 구별도 있을 수 없다. 그러므로 장자는 우리에게 주어진 현실을 있는 그대로 받아들이고 유유히 즐거운 마음으로 살아가는 것으로 족하다고 말하고 있는 것이다.

〈조삼모사(朝三暮四)〉(제물론편)이란 구절을 보자.

> 옛날 원숭이를 기르는 사육사가 어느 날 원숭이에게 도토리를 주면서 이렇게 말하였다.
> "자, 이제부터는 아침에 세 개, 그리고 저녁에는 네 개를 주겠다." 원숭이들은 이에 일제히 반대하였다.
> 그래서 사육사는, "그러면, 아침에 네 개, 그리고 저녁에는 세 개를 주마" 라고 말하자 원숭이들은 좋다며 킥킥대며 웃었다.

이와 같이 아무 차이도 없건만 목전의 차이에 사로 잡혀서 노(怒)하기도 하고 기뻐하기도 하는 모습을 조롱한 것이다. 일상 속에서 일희일우(一喜一憂)하고 있는 우리들은 원숭이 사육사에게 속은 원숭이와 다를 바가 없다는 것을 장자는 말하고 있는 것이다.

장자에게 절대적으로 옳은 것은 존재하지 않는다. 다양한 삶 속에 다양한 옳은 것들이 있고 미추, 선악의 기준도 상대적이라 할 수 있다. 예를 들어, 중국 당나라 때 양귀비는 오늘날 기준에서는 풍만하다고 할 수 있다.

양귀비

노장사상은 원칙적인 것보다는 본심을 우선하며 듣기 좋은 말을 싫어하는 경향이 있다. 현대에 장자가 주는 교훈은 '군자의 교제는 담담하기가 물과 같고 소인의 교제는 달기가 감주 같다. 군자는 담담하므로 오래 사귈 수 있지만 소인은 달콤하므로 쉽게 헤어진다'와 같은 처세술을 던져준다. 장자는 우리들에게 우연히 오다가다 만나는 식의 사귐은 쉽게 헤어진다는 교훈을 준다.

장자에 의하면 "도에는 시작과 끝이 없다." 장자는 세상의 변화에서 영원을 찾는 노력을 한다. 그래서 장자가 얻은 해결책으로서 영원은 도이다. 그에 의하면 도가 없는 곳은 하나도 없다. 도는 어디에 있는가? 도는 바로 우리들 가까이에 있다.

동곽자가 장자에게 물었다.
"도는 어디에 있는가?"
"없는 곳이 없다."
"구체적으로 이름을 지적하여 말해 보시오."
"쇠파리에 있다."
"도가 어찌 그렇게 지저분한 데 있는가?"
"가라지나 피 같은 잡초에 있다."
"어째서 더 하찮은 것에 있는가?"
"옹기 조각에 있다."
"왜 점점 더 심해지는가?"
"똥 오줌에 있다."
"……"

도는 이렇듯 우리들 가까이에 있다. 우리의 삶 속에, 우리와 더불어 사는 하찮은 미물들 속에 있다[20]. 도의 입장에서 보면 만물은 하나인 것이다. 음과 양, 주관과 객관, 선과 악, 생과 사 등 모든 것이 물속의 물과 같이 혼연 일체가 된다. 그에 의하면 만물이 하나이고 삶과 죽음도 같다. 즉, 만물은 편재적인 도에 흡수된다. 이러한 도는 볼 수 없

20) 김교빈 외, 『동양철학에세이』, 동녘, 1993.

고, 들을 수 없고, 만져지지도 않는 것이다. 도는 들리지 아니하고, 들린다면 그것은 도가 아니다. 도의 본질은 무 또는 무존재인 것이다.

## 2) 양면성의 가치

현대인은 아침에 바나나를 네 개 주고 저녁에 세 개를 주자 좋아하는 원숭이의 비유처럼, 눈앞의 이익과 사태에 급급하여 총체적이고, 근본적인 시각을 갖지 못한다. '도'를 추구하는 이는 극히 드물고, 그래서 가장 중요한 최상의 것, 근본적인 것을 묻는 태도가 현대인들에게는 없다.

결론적으로 말해 현대에서 '무위자연'을 실천하기 위해서 우선적으로 이뤄져야 할 것은 '도'의 이치에 대한 믿음과 자신에 대한 성찰이다. 그다음 각자 개개인의 본성에 따라 자유롭게 사는 것이 가장 이상적인 삶이라 하겠다.

현대는 상대적 가치가 대두되고 있다. 그러므로 이 시점에서 우리는 더욱 주체성의 확립이 필요한 것이 아닐까하고 생각해 본다. 그래서 우선 양면성의 가치를 살펴보자.

인간의 양면가치는 인간사 그 자체이다. 사물을 보는 인간의 눈은 양면적이어서 사물, 역사 등도 양면성을 띠게 된다. 근원적으로 인간이란 과연 선에서 악으로 타락한 존재인가, 아니면 본성상 악하기에 선을 추구하는 것인가. 선악과란 정말로 신의 유혹이었던가, 아니면 애당초 인간이 만든 스스로의 영상인가.

사회의 한 면인 법조계의 예를 들어보자. 베네딕트라는 독일판사는 40여 년에 걸쳐 무려 4만여 명에게 사형을 선고했다고 한다. '죽여 버려라'는 말을 하는 것이 일과였던 것이다. 그는 매 주일 교회를 빠지는 일이 없고 성경을 50회 이상 통독했음을 자랑으로 삼던 냉혈 판사였다. 그가 어느 날 갑자기 숨을 거둔 것은 자신의 애견(愛犬)의 죽음으로 받은 충격 때문이라 한다. 얼마나 아이러니컬한 일인가. 역사에서도 이러한 것은 나타난다.

플라톤이 이데아를 전개하던 아테네의 광장, 아리스토텔레스가 형이상학을 논하던 리케이온의 산책로, 에피쿠로스가 아타락시아(안정된 마음의 상태)를 설파하던 아테네의 정원 등, 이 모든 것 밑에는 숱한 노예들의 잔뼈가 묻혀 있으리라는 것을 우리는 배려해야 한다. 사실 육신의 수고를 대신해 준 이들 노예가 없었던들 그토록 훌륭한 정신의 작업은 불가능했을 것이다.

이러한 일은 현재의 우리의 생활 속에서도 나타난다. 남편의 사회적 출세 뒤에는 아내의 희생적 내조, 학문적 성공을 이룬 사람의 뒤에는 가족의 숨은 노고 등이 그렇다.

그리고 우리의 일상사에도 "대기만성"이라는 위로와 함께 "될성부른 나무는 떡잎부터 알아본다"는 저주를 함께 들으며 산다. "돌다리도 두들겨 보고 건너라"던 사람이 "쇠뿔도 단김에 빼랬다"며 다그치고, "열 번 찍어 안 넘어가는 나무 없다"던 격려가 "오르지 못할 나무 쳐다보지도 마라"는 만류로 돌변한다. 그러므로 과연 "아는 것이 힘"인지 "모르는 게 약"인지 알 재간이 없다. 또 여성이 "아니요"라고 말하면, 그것은 "아마도"(perhaps)를 의미하고, 여성이 "아마도"를 말하면, 그것은 "예"를 의미한다는 해학도 있다.

그 외에 세계관을 넓혀 주는 다음과 같은 상반되는 주장들도 있다. "신은 우주를 가지고 주사위 놀이를 하지 않는다"는 아인슈타인의 결정론적 입장과 "신은 우주를 가지고 주사위 놀이를 할 뿐이다"라는 우연을 강조하는 양자역학자들의 비결정론적 입장이 있다.

우리의 인간사 자체가 양면적 요소를 갖추고 있다. 이러한 양면적 가치를 예리하게 통찰하는 고전 ≪장자≫와 더불어 상대적 가치의 문제를 생각하여 보자.

장자

### 3) 무용의 유용

인간이 삶을 영위하는 가운데서 갖게 되는 자신만의 가치관이 갖는 형태는 무수히 많다. 이러한 가치관은 인간의 삶을 인간답게 함에 있어서 미적 판단, 지적 판단, 기능적 판단 등의 기능을 갖게 된다. 우리는 판단을 함에 있어서 하나의 시점에서 판단을 고정시키는 속성이 있다. 그런데 바로 이런 속성으로 인하여 우리는 우(愚)를 범하는 것은 아닐까? 예를 들어 생각하여 보자.

한 마리의 사슴이 시냇물에 비춰진 자신의 모습을 보고서는 자신이 가지고 있는 뿔의 우아한 자태에 경탄과 찬사를 아끼지 않으면서 자신의 존재가치를 스스로 격상시키는 한편, 자신의 볼품없이 가느다란 다리에 대해 불만을 갖고 자신의 가치를 격하시킨다고 생각하게 된다. 그러나 잠시 후 굶주린 맹수에 쫓기게 되고, 나무숲으로 도피하다가 나무 가지에 자신의 뿔이 엉켜서 잡히게 되자 스스로의 무자각을 한탄하게 된다. 여기서 사슴은 미적 판단의 관점하에서 기능적 면에서의 가치를 도외시하고 있다고 할 수 있다. 최소한 사슴에게는 미적 판단의 기준에 있어서 가느다란 네 개의 다리는 무용(無用)의 자리에 위치하고 있는 것이다.

이러한 사슴의 경우를 생각하면서 우리 자신도 자신의 가치를 평가해 볼 때, 유용(有用)과 무용을 사소한 가치로 치부해 버려야 할 때가 있다고 생각된다. 그래야만 우리는 자신에 대한 편향된 가치가 아닌 참된 가치를 찾아볼 수 있기 때문이다. 판단에 있어서 유용과 무용은 상대적일 뿐만 아니라, 무용이 없으면 유용도 없게 된다.

자유의 철학을 논한 도가(道家)인 장자는 "무용의 용(無用의 用)"에 관한 예화로 유명하다. 그는 이 예화에서 모든 사물의 가치가 인간의 세속적 가치에 의해서만 판단되는 것을 풍자하고 있다. 즉, 세속적 가치의 좁은 식견을 꾸짖고 있다.

춘추전국시대에 송나라의 형씨가 사는 곳에는 가래나무, 잣나무, 뽕나무가 잘 자랐다. 이 나무들이 한줌의 굵기로 자라면 원숭이 말뚝으로 쓰고, 좀 더 굵은 것은 부자들의 관을 만드는 데 사용하였다. 그래서 그 나무들은 하늘이 내린 천수를 누리지 못하고 나무꾼이나 목수에 의해서 잘리게 된다. 반면에 가죽나무는 곧게 자라지도 아니하며 단단하기가 여느 나무보다 못하기에 목수나 나무꾼이 관심을 두지 않으므로, 천수를 누리며 커다란 고목이 될 수 있었다.

여기서 고대와 현대란 시간의 차이를 넘어 공통적으로 인간에게 직접적으로 필요하지 않은 물건에 대해서 인간은 관심을 갖지 않게 되고 쓸모가 없다고 말한다. 그러나 가죽나무는 쓸모가 없기에 자연의 섭리대로 자랄 수 있고 그 생을 마칠 때까지 나무로서의 형태를 유지할 수 있는 것이다. 과연 가죽나무는 무용의 존재인가? 자체로서 가질 수 있는 쓰임(用)은 전혀 없는 것일까? 인간들은 그 큰 나무의 쓸모없음을 걱정하지만 만약 그 나무를 넓은 장소에 심었더라면 그 나무는 그늘진 장소를 마련해 주어 편안한 쉼터를 또한 제공하지 않았겠는가? 이것이 바로 '무용의 용'이 아닐까?

장자의 '무용의 용'에서 인용되는 인물로 '지리소'라는 사람이 나온다. 그는 당대의 추남으로 목이 배꼽까지 늘어지고, 양어깨는 머리 위로 올라오며, 몸의 털이 모두 하늘로 곤두서선 허리는 두 다리 사이에 파묻힌 형상이라 표현되고 있다. 그런 모습의 '지리소'이지만 옷 수선, 빨래 등으로 연명하면서 점을 치기도 하여 십여 명의 식솔을 족히 양육했다고 한다. 전쟁이 나자, 모든 남자가 전쟁터로 징용되고 일부는 피난을 감에도 그만은 유유히 거리를 활보할 수 있었으며, 나라에서 빈민을 구제할 적엔 상급빈민으로 장부에 기재된지라 적잖은 쌀을 제공받을 수 있었다 한다. 그가 과연 쓸모없는 사람이었을까? 신체적 부족함 때문에 사람들의 관심을 끌지도 못했고, 쓸모없는 사람으로 단정지어졌겠지만, 그래도 그는 십여 명의 식솔을 족히 양육했다는 것은 쓸모있는 사람이었다는 점을 부정할 수 없을 것이다.

장자가 명가(名家)[21]로 분류되는 친구 혜자와 한참 이야기를 하고 있는데, 혜자가 장자에게 "자네의 말은 다 쓸데없는 말이야"라면서 반박하였다. 이에 장자는 그에게 "자네가 쓸데없음을 알기에 내 얘기는 '쓸데 있는' 것이네. 예를 들어, 이 큰 대지 위에 자네가 서 있는 자리, 즉 설 수 있는 것은 겨우 발바닥 밑 부분뿐이지. 그렇다고 나머지는 필요 없는 것이라 하여 발바닥 이외의 땅을 다 파버리면 자네가 선 땅덩어리는 존재가치가 있다고 여기는가?"라고 말하였다고 한다. 자신이 서 있는 자리의 땅을 제외하고 모두 파내면, 자신은 오도 가도 못함은 물론이거니와 땅이 밑으로 무너지는 것은 당연한 일일 것이다. 결국 쓸모 있음(用)은 쓸모없음(無用)의 기초 위에 세워지는 것이다.

21) 제자백가의 하나이다. 명가의 한 사람인 공손룡의 '백마(白馬)는 말(馬)이 아니다'는 말은 유명하다. 이 명가는 논리학의 발달에 많은 영향을 끼쳤다.

무용과 유용은 현대의 생활 속에서 사물과 현상을 자신들이 어떻게 받아들이는가 혹은 실현시킬 수 있는가에 따라서 달라질 것이다. 이러한 논변에 의하면 학문의 유용과 무용도 상대적이다. 가끔 사람들은 살기 바쁜 세상에 사상을 논하는 것은 어불성설(語不成說)이 아니냐고 한다. 그러나 학문의 유용성은 하나의 단면만으로 보고는 평가할 수 없는 것이다. 그러므로 교육도 지식의 전수만이 아니라 함께 생활함 그 자체이다. 바람직한 교육은 생활 속의 교육이어야 하는 것이다.

무용의 용(用), 유용의 무용(無用)은 인간관계에도 적용시킬 수 있을 것이다. 자신과의 관계에 있어서 무용이라고 생각되고 판정된 사람이, 혹은 배려하지 못했던 사람이 어느 시점에서 유용의 관점에 있는 경우를 경험해 보았을 것이다. 하나의 예로 우리는 만남이란 관계를 유지하고 있을 때는 서로가 상대에 대한 필요성이나 절대성을 인식 못 하다가도, 만남의 관계가 단절된 시점에서부터 상대의 필요성과 절대적 가치에 대한 인식이 다르게 되는 것은 아닐까? 부모, 형제, 애인, 친구 등 가까이 있던 사람의 부재(不在), 그것은 우리에게 유용의 가치에 대한 새로운 자각을 갖게 하기도 한다. 장자에 의하면 사물 현상들의 차별을 절대적인 차별로 보아서는 안 된다. 우리는 장자의 예화에서 세속의 가치관을 초월하여 한 차원 높은 가치관을 소유할 수 있을지도 모른다. 이러한 희망은 우리에게 유유자적한 삶을 제시하여 마음의 평안을 다소 얻을 수 있게 해 준다는 것을 부정할 수 없다. 우리는 타인의 존재가치를 한 방향의 관점에서만 바라보고 있는 것은 아닌지, 또한 자기중심적 사고방식만을 고집하여 아집에 빠져들고 있는 것은 아닌지를 자문해 보아야 할 것이다. 타인의 가치를 존재하는 그대로 받아들일 수 있도록 노력해야 함은 물론이거니와, 자신에 대한 평가의 기준이 되는 가치관을 정립할 수 있어야 할 것이다.

우리가 삶을 살아가고 삶의 일부분으로 동화되는 과정에서, 스스로의 심오한 가치영역의 확대를 이루어 나갈 수 있을 것인가? 이를 위해서 우리는 어떻게 지향할 것인가? 무용과 유용의 가치관을 초월하여, 자신과 타인, 모두를 관용의 마음으로 포용할 수 있도록 노력해야 할 것이다.

### 학습정리

- 장자: 관습과 제도에 반기를 들고 궁극적으로 문명이 만들어내는 모든 편익을 거부
- 장자의 철학은 자연상태를 이상화시키고 무정부주의적 개인주의를 지지
- 장자는 우리에게 주어진 현실을 있는 그대로 받아들이고 유유히 즐거운 마음으로 살아가는 것으로 족하다고 말하고 있다.
- 자유의 철학을 논한 도가(道家)인 장자의 "무용의 용(無用의 用)": 모든 사물의 가치가 인간의 세속적 가치에 의해서만 판단되는 것을 풍자 ➡ 세속적 가치의 좁은 식견을 꾸짖고 있다.

## 퀴 즈

**※ 다음 문제 중 맞으면 ○, 틀리면 ×를 하시오.**

**01.** 장자는 자유의 철학을 논한 도가(道家)이다. (    )

정답 ○

해설 장자는 가치의 양면성을 깨닫고 한 가지 관점에 사로잡히지 않는 정신적 자유 강조

**02.** 장자는 '아름답다'와 '추하다'의 가치기준 차이의 절대적 기준이 없다고 본다. (    )

정답 ○

해설 모든 자연적인 것들은 똑같이 아름답다고 보았다.

**03.** 장자의 무용의 유용은 상대주의적인 입장을 취하고 있다. (    )

정답 ○

**04.** 다음 〈보기〉의 대화와 가장 관계가 없는 것은?

| 보기 |
갑: 자네의 말은 다 쓸모없는 말이야
을: 자네가 쓸데없음을 알기에 내 얘기는 '쓸데있는' 것이네. 예를 들어, 이 큰 대지 위에 자네가 서 있는 자리. 즉 설 수 있는 것은 겨우 발바닥 밑 부분뿐이지. 그렇다고 나머지는 필요 없는 것이라 하여 발바닥 이외의 땅을 다 파버리면 자네가 선 땅덩어리는 존재가치가 있다고 여기는가?

① 장자　　② 명가
③ 공자　　④ 혜시

정답 ③

해설 유학이 대체로 중국사상사를 장식해온 데 반하여, 노장철학은 음지에서 그 이면사를 이룩해 오는 데 기여하였다고 할 수 있다.

SECTION 09

# 궁극적 실재와 바람직한 인간관계

## 1. 궁극적 실재와 본질 문제

### 1) 궁극적 실재

세상 만물이 그곳으로부터 생겨나고 또 그곳으로 돌아가며, 또 그것에 의해 움직이는 가장 궁극적인 실재는 무엇인가? 이 물음에 대한 해답은 각 시대마다 변하였으니, 중국에서는 처음에는 천(天)을, 그 다음에는 도(道)를, 그 뒤에는 음양과 오행(물, 불, 나무, 쇠, 흙)과 더불어 태극을 궁극적 실재로 보았다.

태극을 이치(理)나 기운(氣) 중 어느 것으로 생각하는가에 따라 각기 다른 학파가 생겨났다. 주나라 때 천(天)은 인격신을 가리켰고 맹자는 천을 인간이 하는 모든 일의 최고의 주재자라고 보았다.

세계의 궁극적인 실체로서의 기에 대한 관심도 일반적이었다. 기는 우주를 구성하는 가장 기본적인 물질이고, 인체를 구성하는 기본적인 물질이다. 노자와 장자와 같은 도가 사상가들은 자기 자신과 세계의 동화를 지향하였기 때문에, 기의 존재 방식에 대해 궁구하고 그것을 인식할 방법에 대해 심려를 기울였다. 공자가 편찬한 주역에도 기에 대한 이론이 있다. 이를 이어받아 주자학을 창시한 주자 또한 기에 대한 이론을 펼쳤다. 중국의 영향을 받아 우리나라의 전통 사회에서도 이 기란 단어는 학문 세계와 일상생활에 많은 영향을 끼쳤다(김경희, 2004: 20).

기는 음(陰)과 양(陽)의 기로 나뉜다. 일반적으로 인간은 이분법적인 논리로 상황에 대처한다. 즉 좋고 싫음, 밝고 어두움, 전진과 후진, 여자와 남자 등으로 세계를 양분하여 파악한다. 그러한 이분법적 논리의 중심적인 개념이 음과 양이다. 계보학적 원천을 살펴보면, 음양 개념은 인간의 마음과 형태에서 비롯되었다고 할 수 있다. 우리의 마음은 기본적으로 좋고 싫음에 의해 형태지어지기 때문이다. 그렇다면 결국 우주의 근원과 세상 만물은 모두 인간의 마음에서 출발하여 형성되고 변화한다는 결론에 도달할 수 있을 것이다(김경희, 2004: 20-21).

도가인 노자와 장자는 궁극적 실재는 '도'라고 보았으며, 도를 처음으로 본체의 범주에 올려놓았다. 노자와 장자는 도(道)가 우주만물의 원리이고, 만물의 변화법칙이 곧 도라고 하였다. 노장사상에서는 우주의 발생을 크게 두 가지로 설명한다. 즉 '무'와 '도'를 노장에 있어서 우주의 궁극적인 근원으로 간주하기 때문에, 이 두 가지에 대한 우주 발생설이 있게 된다. "유는 무에서 생겼다."(有生於無), "도는 일을 낳고, 일은 이를 낳고, 이는 삼을 낳고, 삼은 만물을 낳았다."(道生一, 一生二, 二生三, 三生萬物)

**전통 제품에 나타난 동물과 문양의 기운**

① 비각에 새겨진 도깨비 ② 토끼를 등에 업은 거북 ③ 수기(水氣)를 가진 해태 ④ 어(敔): 호랑이 등줄기에 27줄이 새겨진 악기의 일종 ⑤ 판각: 삼재(수재, 화재, 인재를 이기는 부적을 만드는 문양 ⑥ 벽봉기: 봉황과 오색구름의 운기를 상징 ⑦ 황룡기: 황룡, 오색구름의 운기를 상징 ⑧ 좌독기: 행진할 때 사용하며 태극의 기운을 상징 ⑨ 단호흉배: 호랑이로써 권력(權力)의 기운을 상징 ⑩ 쌍호흉배의 호랑이 ⑪ 호랑이목침 ⑫ 악기받침대의 호랑이 ⑬ 신신당의 호랑이 ⑭ 혼례복에 사용된 흉배의 호랑이 ⑮ 베갯모에 새긴 호랑이 ⑯ 베갯모에 새긴 호랑이 ⑰ 까치호랑이 도자기

출처: 김경희, 「제품디자인과 기의 연계성에 관한 연구」, 경희대학교 대학원 산업디자인학과 박사 학위논문, 2004: 81

중국의 주돈이는 '주역'의 태극과 음양, 오행을 한데 융합시켜 '태극도설'을 주장하였으므로 그는 궁극적 실재로서 태극을 들었다. 그리고 무극이 바로 가장 궁극적인 실재로서 태극이다. 태극으로부터 음양과 오행이 전개되고 이로부터 만물이 생성된다. 이것이 음과 양으로 나누어지고, 양이 변화하고 음이 이에 합치되어 물, 불, 쇠, 나무, 흙을 낳는다. 이 다섯 기운이 순조롭게 펴져서 네 계절이 운행된다. 오행은 하나의 음양이며, 음양은 또 하나의 태극(太極)이다.

무극이태극

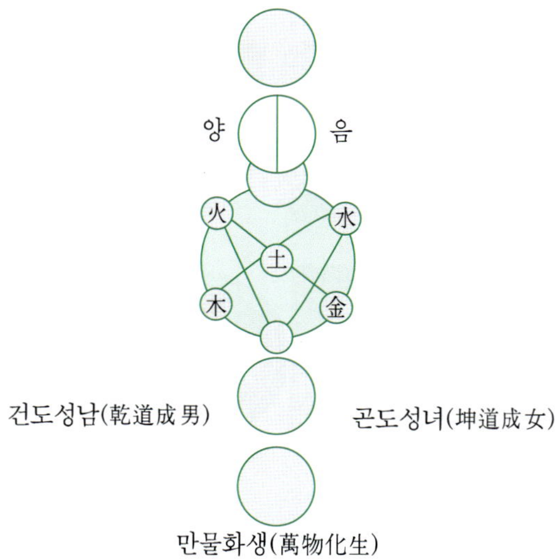


태극설을 모태로 하여 성리학에서 '이기설의 형태'로 논구한 우주 발생설이 전개되어 이기설로 집약되었다. 이기설은 이(理)에 치중하는 '주리적 이론', 아니면 기(氣)에 치중하는 '주기적 이론'으로 분류된다. 모든 이기설적 우주 발생설은 주리적 색채를 띠던가, 주기적 색채를 띤다.

퇴계가 주리적 우주 발생설의 대표자이며, 서화담(서경덕)과 율곡의 학설이 대표적인 주기적 우주 발생설이다. 주리설은 우주는 근원적으로 '이'에 의해서 생겨나게 되었다는 것이다. 그 근원적인 이가 다름 아닌 '태극'이고 혹은 '천명', '천'이라고 주장한다. 퇴계에 의하면, 이치와 기운의 관계는 마치 장수와 병졸과 같아서 이치는 기운의 통솔자이며, 기운은 그 병졸이라 하였다. 이러한 이치는 태극으로서 음양의 가운을 발생하게 하였다. 즉, 이치는 스스로 작용하는 능력을 가지고 있으므로, 음양의 기운을 낳았다고 주장하였다. 그리고 중국의 주자는 이 세상에는 이치가 없는 기운이 없으며, 기운이 없는 이치도 없으나, 이치가 기운을 주재하고 있다고 보았다. 그러나 주기설은 우주가 있게 된 것은 어디까지나 근원적으로 기(氣) 때문이라는 것이다. 이때에는 태극 아닌, 원래 있던 '기의 본체'를 의미하는 '태허(太虛)'를 말하는데, 이 태허가 우주 발생의 시원(始原)으로서의 기라는 것이다. 주기론에서 이는 기와 떨어져 존재할 수 있는 객관적 실재라기보다는 오히려 기와 불가분리의 관계에 있는 기의 법칙성으로서의 성격이 강하게 드러난다.

퇴계 이황(1501~1570)과 율곡 이이(1536~1584)는 당대 조선을 대표하는 성리학자였던 동시에, 동아시아를 주도하는 주자학자였다. 당시 명나라에서는 양명학이 새롭게 떠오르고 있었고, 일본에서는 아직 주자학이 성장하지 않았기 때문에, 퇴계와 율곡은 당대 동아시아의 사상사에서 매우 중요하다. 비록 둘 사이에 35년의 연령차가 있다고 하지만, 비슷한 시대와 공간에서 살면서, 똑같은 성리학을 연구하며, 서로가 사상을 논하였고, 두 사람은 시를 주고 받고, 후에 편지도 주고 받았으며, 율곡은 퇴계를 스승처럼 존경하게 되었다.

퇴계는 1501년(연산군 7년) 경상북도 안동에서 태어났다. 아버지는 진사 이식(李植)이고, 어머니는 재취로 들어와 5형제를 낳았는데 퇴계는 그 막내이다. 퇴계의 부친은 서당을 지어 교육을 해 보려던 뜻을 펴지 못한 채, 퇴계가 태어난 지 7개월 만에 40세의 나이로 돌아가시고, 퇴계는 홀어머니 아래서 자라게 되었다. 부친이 돌아가시던 당시 맏형 한 사람만 결혼하였을 뿐 다른 형제는 모두 어려서, 가족의 생계를 어머니가 홀로 농사와 누에치기로 이어가는 어려운 형편이었으나 어머니는 전처의 자녀를 차별하지 않고 길렀다. 퇴계가 "나에게 영향을 가장 많이 준 분은 어머니"라 할 만큼 어머니는 "과부의 자식은 몇 백배 더 조신해야 한다"는 엄한 가법을 세워 자녀를 교육하였다.

퇴계는 6세 때 이웃에 사는 노인에게 '천자문'을 배우는 것으로 학문을 시작했으며, 34세에 급제하여 벼슬을 시작하였다.

율곡은 1536년(중종)에 강릉에서 태어났다. 아버지 이원수 공과 어머니 신사임당은 7남매를 두었는데 율곡은 4남 3녀 중 셋째 아들이다. 율곡은 어릴 때부터 총명하여 신동으로 일컬어졌으며, 16세 되던 해에 신사임당이 1551년(명종 6년) 48세의 나이로 갑자기 돌아가시는 불운을 겪게 되었다.

퇴계는 인간이 갖고 있는 인의예지의 본성이 스스로 발현될 수 있다는 입장이었다. 그러면서도 인간은 스스로 인의예지의 본성을 발현할 수 있는 개체가 아니라고 생각했던 것이다. 퇴계는 이와 기의 개념이 모든 존재들의 관계를 통합적으로 설명할 수 있는 매개라고 말한다. 천지와 그 사이에서 생성, 소멸하는 모든 존재는 모두 이와 기라는 범주 안에서 통합될 수 있다는 생각이다. 그는 天이 곧 理라는 전제로부터 그의 우주관을 전개해 나간다.

반면 율곡은 주자의 태극론을 충실히 계승하여, 그의 세계관을 펼쳐나갔다. 율곡에 따르면 태극은 무극으로 극이 없지만, 실은 큰 극이 있다고 한다. 극이 없다는 것은 만물에 적용되는 범주를 넘어선다는 것이며, 큰 극이 있다는 것은 태극이 만물의 뿌리이자 온갖 변화의 이치임을 말해 준다. 또한 율곡은 태극이 음양의 변화 속에 있으며, 태극에서 음양이 나온다는 설명을 덧붙인다. 율곡은 16세기 한국유학의 전성기 한복판에서 理와 氣를 종합하는 역할을 수행하고 이치와 기운이 혼용되었다는 데 기반을 두고 이통기국설(理通氣局說)을 주장하였다. 율곡은 이치와 기운을 규정하여, 이치는 모습과 운동능력은 없으나, 기운은 형체와 운동능력이 있다고 생각하였다. 그에 의하면 이치와 음양의 기운은 처음도 끝도 없으며, 이 둘은 혼용하여 서로 떨어질 수 없으나, 하나인 것도 아니다. 이치와 음양의 기운은 율곡에게는 하나이면서 둘이요, 둘이면서 하나라는 것이다. 이것을 이기혼융설(理氣渾融說)이라 하는데, 이치는 기운의 근거가 되고, 기운은 이치가 의존하여 붙어 있는 곳이 된다.

궁극적인 실재 ┌ 이치(理)의 철학-주자가 완성, 퇴계 이황
　　　　　　　└ 기운(氣)의 철학-서경덕, 율곡 이이

이처럼 퇴계 이황은 '이치'의 철학을 체계적으로 세워 한국 성리학을 집대성하였고, 화담 서경덕, 율곡 이이 등은 기운의 철학을 내세웠다. 서경덕은 스스로 깨달은 기(氣)철학인데 그는 "삶도 죽음도 기(氣)이거늘"이라고 말하였고, 변화하는 이 세계의 궁극적인 근원을 기운이라고 보았다. 그러므로 서경덕은 기운에서 모든 만물이 생겨난다는 것이다. 우주의 근원과 현상세계를 모두 하나의 기(氣)로 파악했던 서경덕은 그의 서재에다 여러 가지 개념을 써서 걸고 매일 한 가지씩 깊이 생각하고 원리를 궁리하였고, 조선 성리학을 새로운 경지에 우뚝 서게 하였다. 또한 율곡 이이는 23세 때 장원급제한 명논문이 바로 천도책이었다.

천도책은 하늘의 조화를 밝힌 철학이다. 이이는 모든 자연 현상을 기운이란 측면에서 보고, 그 기운의 작용을 법도를 잃지 않고 옳게 바로 잡아 주는 이치가 무엇인지를 찾고자 했다.

세상의 변화는 결국 그 모든 변화들을 가능하게 하는 어떤 근본적인 힘이 있다는 것을 알 수 있습니다. 이 근본적인 힘이 작용하여 움직이게 되면 적극적인 힘인 양이 되고, 작용하지 않고 고요하게 머물러 있으면 소극적인 힘인 음이 됩니다. 결국, 세상은 이렇게 작용하고 움직이거나, 작용하지 않고 머물러 있는 것을 계속함으로써 모든 변화가 일어나게 되는 것입니다. 여기서, 움직이거나 머물러 있는 것을 반복하는 것이 곧 기운입니다. 그러나 움직이거나 머물러 있는 것이 제멋대로 그렇게 되는 것이 아니니, 거기에는 반드시 어떤 이치가 있는 법

입니다. 또, 이러한 기운 중에서 가장 중요한 것이 다섯 가지가 있으니, 이른바 수(水), 금(金), 화(火), 목(木), 토(土)입니다. 이것이 바로 오행입니다. 세상에 있는 모든 것들은 바로 오행이 잘 조화를 만들어지거나, 아니면 제대로 조화를 이루지 못하고 괴상해지거나 하는 것입니다. 또 음과 양이 서로 부딪치면서 생겨나기도 하고, 음과 양이 발산하는 데에서 어떤 현상이 나타나기도 합니다. 그래서 하늘에 해, 달, 별이 생겨나고, 비, 눈, 서리, 이슬이 내려오는 것입니다. 바람과 구름이 일고, 우뢰와 번개가 나타나는 것은 '기운'이 아닌 것이 없습니다.

– ≪천도책≫

## 2) ≪어린 왕자≫와 본질의 문제

프랑스 리용에서 태어난 생텍쥐페리(Saint Exupery, 1900~1944)는 귀족의 후예였지만 트럭 판매원도 하고 민간 항공기를 조정하는가 하면 자원해서 전투비행사로 출전하기도 하였다. 그는 어린 시절 학교생활을 좋아하지 않아서 책상 앞에 앉아 공부하는 것을 매우 싫어했었다.

생텍쥐페리는 8편의 에세이로 된 ≪인간의 대지≫를 썼다. 생텍쥐페리는 우편기 비행사로서 처음으로 프랑스에서 스페인, 아프리카, 남미의 항로개척에 참여했다. 그 당시는 비행기는 기술적으로 상당히 빈약했고, 비행기를 타고 피레네 산맥을 넘어 스페인으로 간다든가, 아프리카로 간다는 것은 일종의 생명을 건 모험이었다.

작품의 내용은 추운 안데스에 불시착해서 생환(生還)한 생텍쥐페리보다 선배인 비행사 기요메의 용기라든지, 리비아의 사막에 떨어져서 목말라 했던 자기 자신의 체험, 그리고 스페인 내전 등의 이야기로 구성되어 있다. 저자는 작품에서 도덕과 동물적 본능의 한계로서 숭고하고 바람직한 인간상을 제시한다. 인간이 개나 돼지와 근본적으로 다른 점이 무엇인가? 그것은 바로 인간의 자아 극복과 인간의 위대성을 발휘하는 데에 있다.

항공사들이 운반해야 하는 우편물들은 재난과 죽음을 무릅쓰면서 전달할 만한 가치가 없을 수도 있지만, 저자는 희생을 바탕으로 한 사랑과, 같은 별을 타고 있는 같은 배의 선원으로서의 연대 책임감으로

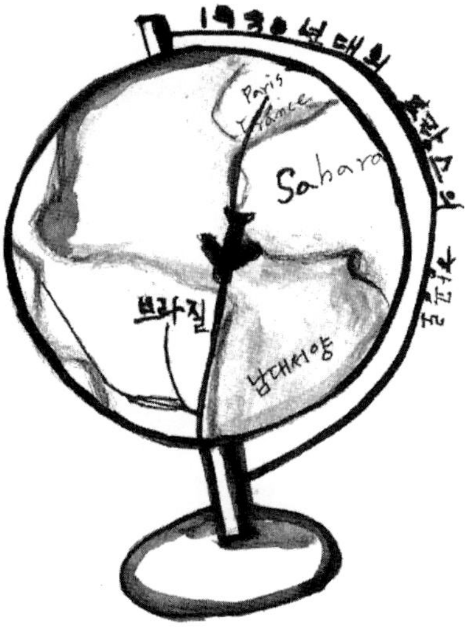


임무를 완수해나가는 것에 가치를 부여하고 있는 것 같다. "왜 우리는 서로 미워하는가?"라고 자문하면서 우리는 반드시 타자를 사랑해야 한다는 것을 강조한다.

이와 같이 볼 때 생텍쥐페리가 제시한 인간은 행복보다는 인간의 위대성을 선호하는 것이 아닌가하고 의문을 제기해 볼 수 있다. 이는 바로 일종의 영웅주의로 보기도 한다. 영웅주의는 인간은 위대하고 영웅적이고 희생적인 일을 수행할 때가 아니면 스스로가 영속적인 행복을 얻을 수가 없다고 보고 있기 때문이다.

우리 주변에는 여러 가지 삶의 양태들이 있다. 그리고 모든 인간은 어떤 욕망을 채우려 부단히 노력하기도 한다. 이러한 상황에서 우리는 인생을 어떻게 살아야 하는가를 스스로 결정해야 할 시점에 놓여 있는 것이다. 생텍쥐페리는 극단적인 낙관주의라 할 수 있다. 그는 "남들이 해낸 건 나도 언제나 해낼 수 있다"(≪인간의 대지≫ 中)고 하였다.

이러한 생텍쥐페리의 가장 널리 알려진 작품 중의 하나는 ≪어린 왕자≫(1943)이다. 생텍쥐페리는 제2차 세계대전 발발 후부터 ≪어린 왕자≫의 집필을 시작하였다. 그리고 생텍쥐페리는 1944년 7월 31일 44세의 나이로 코르시카 기지를 출발하였으나 정찰 중 행방불명되었는데 독일 전투기에 의해서 격추된 것으로 추측되고 있다.

생텍쥐페리의 ≪어린 왕자≫의 서두에는 생텍쥐페리 자신의 이야기가 쓰여 있다. 그가 6세 때 밀림에 관한 책을 읽었는데 밀림에는 보아라는 큰 뱀이 살고 있었다고 한다. 이 뱀은 코끼리를 잡아먹을 만큼 큰 뱀인데 코끼리를 잡아 삼키고 소화시키는 데 반 년이 걸린다고 한다. 생텍쥐페리는 코끼리를 잡아먹은 보아의 모습을 그림으로 그려서 어른들에게 보여 주면서 무섭지 않느냐고 물었다. 어른들은 모자와 같은 외적 형상만을 볼 줄 알았지 아무도 그 내부를 꿰뚫어 볼 줄을 몰랐다. 어른들은 끊임없이 모자 그림이 무엇이 무서우냐고 말하였다. 그래서 생텍쥐페리는 어른들이 알아볼 수 있도록 보아 뱀의 속을 그렸다. 그때서야 비로소 코끼리를 잡아먹은 보아의 그림을 어른들은 시인하였다.

이 이야기는 언제나 설명을 해 주어야 하고, 오로지 현상적인 것만을 볼 수 있는 어른들의 상상력의 결핍, 꿈의 상실 등을 나무라고 있

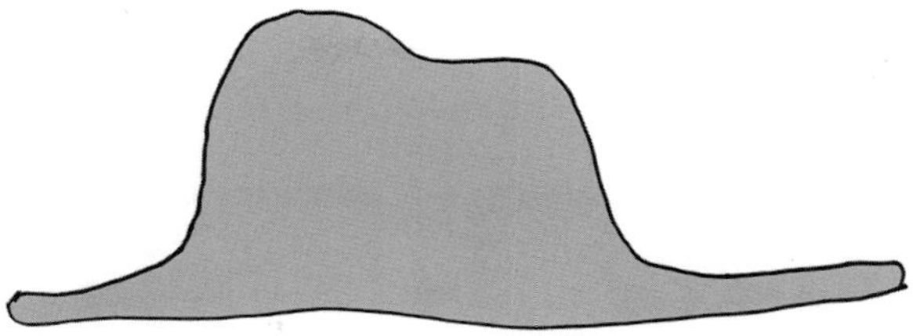

는 것이다. 마음으로 느끼고 마음으로 보는 내면의 참모습을 보는 눈을 점차로 상실해 가고 있는 삭막한 어른들을 비판하고 있는 것이다.

본질적인 것은 눈에 보이지 않는 것이다. 본질적인 것을 다루는 것은 철학의 가장 큰 역할이 아니겠는가? 철학한다는 것은 '꿰뚫어 본다'는 것을 뜻하기도 하기 때문이다.

그 후 생텍쥐페리는 자기의 그림을 알아주지 못하는 데 대해 실망하여 화가가 될 것을 단념하고 비행기 조종사가 된다. 어느 날 사하라 사막을 횡단하다가 비행기 고장으로 불시착한다. 이때 한 어린 소년이 다가와 양 한 마리를 그려 달라고 하였다. 그러나 비행사는 양을 그린 적이 한 번도 없었기 때문에 양 대신 코끼리를 잡아먹은 보아의 닫힌 그림을 그려 주었다. 소년은 이 그림을 보고 너무 무섭다고 하면서 양의 그림을 그려달라고 한다. 비행사는 양의 그림을 그려주었으나 소년은 원하는 양이 아니라고 다른 양을 그려달라고 하였다. 그는 또 다른 양을 그려 주었으나 어린 소년은 그 양의 그림에 만족하지 못한다. 그래서 그는 마침내 상자를 하나 그려주고, 그 안에 그 소년이 원하는 양이 있다고 하였다. 그제서야 어린 왕자인 소년은 대단히 기뻐하면서 만족하였다.

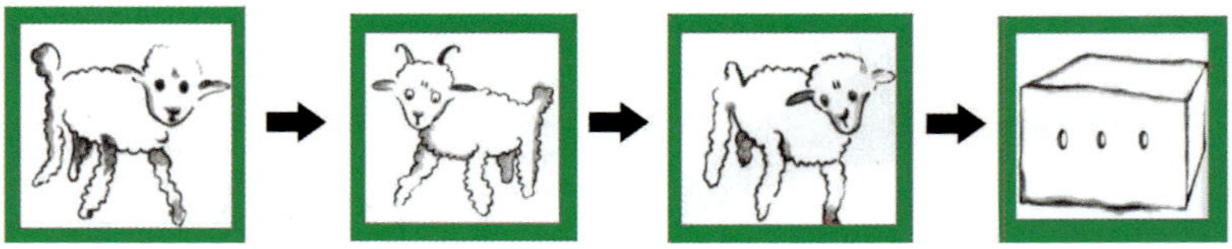

어떤 구체적인 사물도 인간의 마음을 무한히 만족시킬 수는 없는 것이다. 오직 사유의 세계에서만 인간은 만족할 수 있는 것이다. 작품 ≪어린 왕자≫는 철학적인 핵심 주제를 우리에게 던져 준 것 같다. 왜냐하면 철학한다는 것은 사유함을 계속 추진해 나가는 것이기 때문이다. 다시 말해 철학은 가장 고차원적인 인간의 사유라고 말할 수 있기 때문이다. 생텍쥐페리는 이 작품을 통해 보이는 것과 보이지 않는 것, 의미와 무의미의 테마를 다루었으며 결국 그의 사유는 선을 상징하는 '사랑'이라는 궁극적 주제로 발전되어 갔다.

어린 왕자의 별에는 세 개의 화산과 한 송이의 장미꽃이 있었다. 아름다우나 교만한 꽃이 부려대는 투정 때문에 어린 왕자는 쓸쓸하고 불행하게 느껴져 어느 날 자기별을 떠나서 다른 별들을 방문하게 된다. 어린 왕자가 여행한 각 별에는 여러 인물들이 나오는데, 첫 번째 별에 사는 왕은 실속 있는 일은 하나도 안 하고 끝없이 남에게 군림하려고만 드는 어리석은 사람이며, 두 번째 별에는 자기를 칭찬하는 말 이외에는 들을 줄도 모르는 허영장이가 살고 있다. 그는 자만과 허영 속에 살며 다른 사람의 말에는 귀를 기울이지 않는 사람이다. 세 번째 별에는 술을 마신다는 것이 부끄러워 그걸 잊기 위해 술을 마시는 술꾼이 살고 있다. 그것은 허무주의에 빠진 어른을 뜻하는 것이다. 네 번째 별에는 우주의 5억 개의 별이 모두 자기 것이라고 되풀이하여 세고 있는 상인이 살고 있어, 그것은 끊임없이 재물을 모아두려고 하는 사람이다. 다섯 번째 별에는 1분마다 한 번씩 그래서 하루에

1,140번이나 불을 켜고 끄는 점등인 한 사람이 살고 있다. 그는 남을 위해 유익한 일은 하고 있으나 끊임없이 돌고 도는 기계 문명에 인간성을 상실한 현대인이다. 여섯 번째 별에는 자기별도 여지껏 탐사해 보지 못한 지리학자가 살고 있다. 실제로 행동은 하나도 안 하고 이론 속에서만 사는 사람이다. 일곱 번째 별은 바로 우리가 사는 지구다. 어린 왕자가 여우와 작별 인사를 할 때, 선물로 비밀을 하나 가르쳐 준다면서 한 말은 다음과 같다.

> "아주 간단한 거야. 잘 보려면 마음으로 보아야 해. 가장 중요한 것은 눈에는 보이지 않거든", "네 장미가 네게 그다지도 소중한 것은 그 장미를 위하여 잃어버린 시간 때문이야", "사람들은 이런 진리를 잊고 있어. 그러나 너는 그것을 잊어서는 안 돼. 언제나 네가 길들인 것에 대해서는 책임을 져야 해. 넌 네 장미에 대해 책임이 있는 거야."
>
> - ≪어린 왕자≫ 中

≪어린 왕자≫에서 상징하는 선은 무엇인가? 그것은 인간의 고독을 극복할 수 있게 해 주고, 무의미한 삶과 이 세계에 의미를 부여해 주는, 흔한 말이긴 하지만 '사랑'이라 부를 수 있을 인간 사이의 참다운 관계이다. 우리는 타인들과 더불어 살아가면서 참다운 인간관계를 형성하는 데에 개인적 차원의 많은 노력이 요청된다고 본다. 생텍쥐페리의 어린왕자는 인생의 희망을 상징하고 사막은 바로 우리의 인생자체를 의미한다고 볼 수 있다.

> 하지만 네가 나를 길들인다면 내 생활은 환히 밝아질 거야. 다른 모든 발자국 소리와 구별되는 발자국 소리를 나는 알게 되겠지. 다른 발자국 소리들은 나를 땅 밑으로 기어들어가게 만들테지만 너의 발자국 소리는 땅 밑 굴에서 나를 밖으로 불러낼 거야! 그리고 저길 봐! 저기 밀밭이 보이지? 난 빵은 먹지 않아. 밀은 내겐 아무 소용도 없는 거야. 밀밭은 나에게 아무것도 생각나게 하지 않아. 그건 서글픈 일이지! 그런데 너는 금빛 머리칼을 가졌어. 그러니 네가 나를 길들인다면 정말 근사할 거야! 밀은 금빛이니까 나에게 너를 생각나게 할 거거든. 그럼 난 밀밭 사이를 지나가는 바람소리를 사랑하게 될 거야……
>
> - ≪어린 왕자≫ 中

우리는 어떻게 사유를 해나갈 것인가? 우리는 세파 속에서 잃어버린 순수함을 되찾을 수 있는 길은 있는 것인가? 우리는 진정 마음의 눈으로 볼 수 있는 풍요로운 시간들을 가질 수 있을까? 그것은 영원한 과제임에는 틀림없는 사실이다. ≪어린 왕자≫가 많은 사람들에게 감명을 주는 것은 어린 왕자라는 순수한 어린이의 눈을 통하여 바쁘게 사느라고 잊혀지고 소홀히 하였던 중요한 삶의 진실한 보물들이 하나하나 일깨워짐으로 하여 우리들의 동심을 회복할 수 있게 하기 때문이라고 본다.

## 학 습 정 리

- 가장 궁극적인 실재: 중국에서는 처음에는 천(天)을, 그 다음에는 도(道)를, 그 뒤에는 음양과 오행(물, 불, 나무, 쇠, 흙)과 더불어 태극을 궁극적 실재로 봄
- 궁극적인 실재
  - 이치(理)의 철학-주자가 완성, 퇴계 이황
  - 기운(氣)의 철학-서경덕, 율곡 이이
- 율곡의 이기혼융설(理氣渾融說): 이치는 기운의 근거가 되고, 기운은 이치가 의존하여 붙어 있는 곳
- 율곡의 이통기국설(理通氣局說): 이치와 기운을 규정하여, 이치는 모습과 운동능력은 없으나, 기운은 형체와 운동능력이 있다고 생각

### 작품 ≪어린 왕자≫는 철학적인 핵심 주제

- 인간은 오직 사유의 세계에서만 만족할 수 있는 것. 일상(日常)에의 안주(安住), 기계적 삶을 생텍쥐페리는 용납하지 않음

### 작품 ≪어린 왕자≫

- 외로움과 관계만듦, 보이는 것과 보이지 않는 것, 의미와 무의미의 테마
  ➡ 그의 사유는 선을 상징하는 '사랑'이라는 궁극적 주제로 발전

## 퀴 즈

**※ 다음 문제 중 맞으면 ○, 틀리면 ×를 하시오.**

**01.** 퇴계 이황은 가장 궁극적인 실재를 기운이라 했다. ( )

**정답** ×

**해설** 이치라 했다.

**02.** 율곡 이이는 가장 궁극적인 실재를 이치라 했다. ( )

**정답** ×

**해설** 기운이라 했다.

**03.** 생텍쥐페리는 ≪어린 왕자≫를 통해 외로움과 관계 만듦, 보이는 것과 보이지 않는 것, 의미와 무의미의 테마를 다루었다. ( )

**정답** ○

**해설** 결국 그의 사유는 선을 상징하는 '사랑'이라는 궁극적 주제로 발전되어 갔다.

**04.** 다음의 설명들 중 옳은 것은?

① 퇴계 이황은 모든 자연 현상의 근원에는 기운(氣)이 있다고 말했다.
② ≪어린 왕자≫ 작품은 사랑을 이야기하면서 타인을 길들이는 법을 이끌어낸다.
③ 화담 서경덕은 기(氣)철학자가 아니다.
④ 율곡 이이는 이치를 모든 자연현상의 근원으로 보았다.

**정답** ②

**해설** 이황: 이치철학, 서경덕: 기철학자

**05.** 다음 중 율곡 이이가 23세 때 장원급제 때 쓴 글을 엮은 것으로, 하늘의 조화를 밝힌 철학적 내용이 담긴 책은?

① 노자　② 장자
③ 맹자　④ 천도책

**정답** ④

## 2. 인간의 본성과 인간관계

### 1) 인간의 본성

동서고금을 막론하고 인간을 연구하는 모든 사람들은 인간의 심성 문제에 대하여 상당한 흥미를 갖는다. 인간은 선한가? 그렇지 않으면 악한가? 또는 선하기도 하고 악하기도 한가? 또는 선하지도 악하지도 않은가? 다시 말해 인간은 양인가? 늑대인가? 만일 본성이 선하다면 어떻게 하여 그 선을 배양할 것이며, 악하다면 어떻게 하여 그 악을 제거할 것인가? 예로부터 지금까지 동서양에는 인간의 본성에 관한 이론들이 매우 많다. 그 대표적인 두 학설로 성선설과 성악설이 있다. 성선설과 성악설은 동일한 인간 행위의 결과에 대해 서로 다른 해석을 한다. 인간의 본성 이론은 성선(性善), 성악(性惡), 선악 이원(二元), 선악 무차별론(善惡無差別論) 등으로 나뉜다.

성선론(善性論)은 인간성은 선천적 본질적으로 선하다고 하는 이론으로서 맹자와 루소가 포함된다. 맹자가 성선론을 창시했지만 그러한 이치는 이미 ≪대학≫, ≪중용≫과도 상통하고 있다. 성선론은 실제로 유가 사상의 하나의 중심적인 주춧돌이다. 인간의 본성이 선한가 악한가 하는 문제는 중국 철학에서 매우 중요하고도 오래된 논쟁이며, 맹자의 성선설은 이와 관련한 당시의 논쟁 과정에서 체계화된 것이다.

또한 서양에서는 성선설이 그리 널리 알려지지 않고 다만 소수의 사상가만이 주장하였다. 이러한 학설은 스토아학파에까지 거슬러 올라 갈 수 있다. 스토아학파는, 인간은 단지 자연의 이성 법칙에 따라서 행하기만 하면 이것이 바로 至善한 행위라고 생각하였다. 루소는 서양의 성선설을 주장한 대표적인 사람 중의 한 사람이다. 그는 ≪사회계약론≫(Contact Social)과 ≪에밀≫(Emile)의 두 저서를 남겼는데 전자는 정치문제를 논하였고, 후자는 교육사상을 논하였다. 루소는 두 저서에서 모두 극히 자연 상태를 강조하였고 자연생활을 주장하였다.

인류의 자연본성은 본래 선한 것인데 역사문명과 사회제도의 영향을 받아 악하게 되었다고 생각하였다. 그는 "대개 자연으로부터 온 것은 반드시 참되고, 참될 뿐만 아니라 또한 선하다." 또 "자연이 만든 사물은 모두가 다 선하지만 일단 사람의 손을 거치면 악으로 변한다"고 주장하였다.

루소가 "원시 자연으로 돌아가야 한다"고 주장하는 것은 외식(外飾)이 없는 본연의 선성으로 돌아가야 한다는 뜻이다. 이런 관점에서 루소는 성선론자로 분류된다. 맹자는 "우물에 빠지려고 하는 어린아이를 힐끗 보기만 해도 다들 측은한 마음이 생겨 그 아이를 구조하려고 하는데, 이것은 동네 사람들과 벗들에게 칭찬받으려고 하기 때문이 아니고, 나중에 그 부모와의 교제에서 이익을 얻으려고 하기 때문도 아니다. 가만히 보고만 있을 수 없는 마음, 즉 인(仁)의 단초인 측은한 마음, 다시 말하면 선성의 순수한 동기에서 한 일이다"라고 말하였다. 그러나 인간성의 선을 외친 루소와 맹자도, 그런 선성을 가꾸지 않으면 선성을 드러낼 수 없다고 말한 것에 한층 더 주목할 일이다. 가꾸지 않으면 선성을 드러낼 수 없다고 말한 것은 본래의 선한 인간성도 주체적인 의도가 없이 저절로 작용하는 것이 아님을 지적한 말이다.

성악론은 인간의 본성은 악하다고 보는 이론으로서 홉스와 순자 등이 속한다. 성악설은 순자(荀子)가 주장한 학설로서 인간의 본성은 악이기 때문에 교육과 예(禮)에 의해 선으로 가야 한다고 하였다. 그는 성이 악이라는 근거를 이기적 욕망에 두었는데 선의 기원을 설명할 수 없었으므로 인성의 선한 면을 인정할 수 없었다.

영국의 홉스(J. Hobbes, 1588~1679)와 독일의 쇼펜하우어(Shopenhauer, 1788~1860)는 모두 인간의 본성이 악하다고 주장하였다. 마키아벨리는 당시 이탈리아 사회의 부패를 직접 보았으므로 인간의 본성은 악하다고 단정하였고, 홉스는 인간의 본성이 악함을 추론해 내었으며, 쇼펜하우어는 죄악이 인간 본성 가운데 뿌리 깊게 박혀 있기 때문에 제거할 방법이 없다고 생각하였다.

성선론, 성악론 이외에 선·악성 이원론 내지는 선성·악성 혼합론이 있다. 한편에 절대 보편 타당성을 지닌 도덕의식이 있고, 다른 편에는 근본악성이 있다고 주장한 칸트가 선·악이원론의 대표자이며, 인간의 본성은 선·악이 섞여 있는 것이요 그 선을 닦으면 선인이 되고 그 악을 닦으면 악인이 된다고 한 한(漢)의 양웅도 선·악 혼합론자이다.

무차별론자에는 고자(告子)와 로크가 해당한다. 로크는 갓난아기의 마음을 '백지'라고 표현했다. 경험을 통해서 백지에 여러 가지를 쓴다는 것이다. 선악무차별론(善惡無差別論)은 본래의 인간의 본성은 선도 아니고 악도 아니다. 다시 말하면 선악에 대하여 중성적, 무차별적인 것이다. 이런 인간의 본성은 구비구비 흐르는 물과 같다. 물은 동쪽으로 흐를 수도 있고 서쪽으로 흐를 수도 있다. 그 흘러가는 방향은 터놓기에 달렸다. 이와 마찬가지로 사람은 선으로 기울 수도 있고 악으로 기울어질 수도 있다. 그 기울어지는 방향은 인간의 본성에서 결정되는 것이 아니라, 인위(人爲)에서 결정된다. 인간성 자체는 선도 아니요 불선도 아니다.

고자는 인간의 생리적인 욕망이 곧 본성이라도 주장한다. 식욕이나 색욕은 대표적인 본성으로서, 이 같은 생리적 본성에 대해 선하다든지 악하다든지 할 수는 없다고 말한다. 이러한 인간에 대해 인(仁)과 의(義)의 도덕적 덕목을 심어서 이성을 바꾸는 것은 어디까지나 후천적인 교육을 통해서라고 말한다.

우리는 착하게 살겠다고 마음을 먹으면 얼마든지 선한 마음을 가질 수 있으나 욕심을 버리지 못하면 그 욕심을 채우기 위해 언제까지나 악한 마음만이 존재할 것이다. 본성이 선한가 악한가가 중요한 것이 아니라 후천적 노력이 인간을 결정하는 중요한 요소인 것 같다.

## 2) 자기이해와 바람직한 인간관계

### (1) 자기 성격이해

#### a. 자기이해

현대를 살아가는 우리들은 자신에 대해서 각자들 어떻게 생각하고 있을까? 스스로 꽤 괜찮은 사람이라고 생각을 할까? 아니면 너무나 부족한 사람이라고 생각을 할까? 이렇듯 자신에 대한 생각을 심리학에서는 자기개념(self-concept)이라고 부른다. 이러한 자기개념에 따라 긍정적인 생각을 가진 사람은 인간관계에서 자신감을 갖고 행동하던가, 아니면 부정적인 생각을 가진 사람은 소극적으로 행동을 하게 된다. 우리 인간은 여러 가지 구성요소로 이루어진 다면적인 존재이다. 자기개념은 외모, 재산, 소유물 등의 물질적 측면, 성격과 능력 등의 정신적 측면, 인간관계 속에서의 사회적 측면으로 나타난다.

그렇다면 지속적인 개인적 특성의 성격을 알아보도록 하자. 성격이란 선천적, 후천적으로 결정되는 비교적 안정된 심리적 특성이므로 다음의 문항을 통해 자신의 상황을 이해해 보고자 한다. 자신에게 잘 해당하는 숫자에 ○표를 한다. 이 검사는 자신의 성격이 내향적인지 외향적인지를 측정하는 간편형 검사이다.

| | 그렇지 않다. | 약간 그렇다. | 상당히 그렇다. | 매우 그렇다. |
|---|---|---|---|---|
| ① 나는 처음 만나는 사람과도 쉽게 친해진다. | 0 | 1 | 2 | 3 |
| ② 다른 사람과 함께 있을 때, 나는 말을 많이 하는 편이다. | 0 | 1 | 2 | 3 |
| ③ 나는 여러 사람과 함께 떠들며 노는 것을 좋아한다. | 0 | 1 | 2 | 3 |
| ④ 모임에서 다른 사람들을 잘 이끌어 가는 편이다. | 0 | 1 | 2 | 3 |
| ⑤ 나는 친구가 많다. | 0 | 1 | 2 | 3 |
| ⑥ 나는 혼자 있을 때 가장 편안함을 느낀다. | 0 | 1 | 2 | 3 |
| ⑦ 여러 사람들과 어울리는 모임에 가면 대개 불편하다. | 0 | 1 | 2 | 3 |
| ⑧ 나는 사색적이고 조용한 것을 좋아한다. | 0 | 1 | 2 | 3 |
| ⑨ 나는 혼자 일하는 것을 좋아한다. | 0 | 1 | 2 | 3 |
| ⑩ 여러 사람 앞에서 이야기해야 되는 상황을 피하는 편이다. | 0 | 1 | 2 | 3 |

〈권석만 교수〉

점수내는 방법은, 우선 1~5번 문항에 ○표 한 숫자를 합한다. 그리고 6~10번 문항에 ○표 한 숫자를 합한다. 총점은 [(1~5번 점수 합계) + 15 – (6~10번 점수 합계)]의 공식을 통해서 계산된다. 총점에 대한 해석은 다음과 같다.

① 0~9점: 당신은 내향적인 편이다. 차분하고 사색적이며 집중력 있다. 인간관계에 어려움이 있을 수 있음으로 적극적 노력이 필요하다.

② 10~21점: 당신은 내향성과 외향성을 균형 있게 잘 갖추고 있다. 학업과 인간관계를 잘 영위할 수 있는 좋은 자질을 두루 갖추고 있다.

③ 22~30점: 당신은 외향적인 편이다. 사교적이어서 폭넓은 인간관계를 맺는 경향이 있다. 새로운 상황에 잘 적응하는 좋은 자질이나 학업에 소홀함이 있을 수도 있다.[22)]

### b. 융과 심리학적 유형

분석심리학(Analytical Psychology)을 창시한 융(C. G. Jung)은 1921년에 심리학적 유형(Psychological Types)에 관한 학설을 제창하였다. 프로이트의 정신병리학은 융에게 많은 영향을 주었고, 융은 '콤플렉스(complex)'라는 개념을 제창하였다. 융은 1875년 스위스 체스빌에서 목사의 아들로 태어났다. 아버지와 여덟 명의 삼촌, 그리고 외할아버지가 모두 목사인 종교적 집안에서 태어났기 때문에 어린 융은 교회와 묘지를 놀이터 삼아 지냈다.

융의 심리학적 유형은 인간을 의식의 주된 태도와 특수한 정신 기능에 따라 여러 가지 유형으로 나눌 수 있다. 이 이론에서 융(Jung, (1921/1971)은 일반적 태도의 유형으로 내향형(introverted type)과 외향형(extroverted type)을, 특수 정신 기능상의 유형으로 직관형(intuition type), 감각형(sensation type), 사고형(thinking type), 감정형(feeling type) 등을 분류하였다.

직관과 감각, 사고와 감정은 하나의 대극을 이루며 어느 하나가 우월할 때 다른 하나는 열등한 기능으로 있게 된다. 또한 사람들은 네 가지의 정신 기능 중에서 가장 우월한 기능을 가지게 마련이고, 이를 주기능으로 삼고 살아가므로 주기능의 대극은 열등기능으로 남아 있을 가능성이 있다. 하지만 열등기능이란 아직 무의식화되어 있는 기능이며, 무의식은 의식화되면서 전체정신인 자기를 실현하게 되므로 융은 열등기능의 인식과 그 분화발달을 자기실현의 가장 중요한 과제로 보았다.

MBTI는 1921~1975년에 걸쳐 Myers-Briggs Type Indicator의 머리

22) 권석만, 『대학생활』, 학지사, pp. 153~155 참고.

글자만 딴 것으로 융의 성격유형 이론을 근거로 브릭스(Katharine Cook Briggs)와 마이어(Isabel Briggs Myers) 모녀에 의해 개발되었다. MBTI는 모두 95문항으로 구성되어 4가지 척도의 관점에서 인간을 이해하려고 한다. 그리고 그 결과는, E(외향)−I(내향), S(감각)−N(직관), T(사고)−F(감정), J(판단)−P(인식) 중 각 개인이 선호하는 네 가지 선호지표를 알파벳으로 표시하여(예: INFJ) 결과프로파일에 제시된다.

무엇보다 중요한 것으로써 자신을 이해하고 자신의 삶의 양식을 이해하기 위해서 다음에 설명해 놓은 것으로 4가지 선호경향을 결정함으로써 자신의 행동에 대해 많은 자각과 이해를 얻을 수 있다.

#### ① 외향성(Extraversion)과 내향성(Introversion)

한 개인이 에너지를 얻는 데에는 두 가지의 방식이 있다. 외향성은 그 사람의 외부세계에 존재하는 사람이나 행동, 그리고 사물 등과 같은 외부로부터 에너지를 끌어오는 것과 관련되는 선호경향이다. 내향성은 개인의 내부세계에 존재하는 생각이나 정서, 그리고 인상 등과 같은 것으로부터 에너지를 끌어오는 것과 관련되는 선호경향이다.

외향성은 대인관계를 유지하며 사교적이며 정열적이고 활동적이며, 내향성은 깊이 있는 대인관계를 유지하며 조용하고 신중하며 이해한 다음에 경험한다.

#### ② 감각형(Sensing)과 직관형(Intuition)

사물을 보는 관점의 두 가지 선호경향은 감각과 직관이다. 감각은 오감을 통해 직접적으로 인식되는 정보에 주의를 기울이는 것을 선호하고 실제로 존재하는 것에 관심을 두는 것과 관련된다. 직관은 "육감"을 통하여 얻은 정보에 관심을 기울이는 것과 실제로 존재하는 것보다는 있음직한 것 혹은 있을 법한 것을 알아차리는 것과 관련되는 선호경향을 말한다.

③ 사고형(Thinking)와 감정형(Feeling)

의사결정 판단의 선호경향들은 사고와 감정이다. 사고는 논리적이고 객관적인 방식으로 결정하기 위해 정보를 조직화하고 구조화하는 것과 관련되는 선호경향이다. 감정은 개인적이고 가치지향적인 방식으로 결정하기 위해 정보를 조직하고 구조화하는 것과 관련되는 선호경향이다.

④ 판단형(Judgement)과 인식형(Perception)

판단과 인식은 개인이 자신의 삶을 어떻게 살기를 원하는가와 관련되는 두 가지 선호경향들이다. 판단형은 미리 예정되어 있고 조직화된 생활을 하는 것과 관련되는 선호경향이다. 인식형은 목적과 방향은 변화가능하고 보다 자율적이고 융통성 있는 방식으로 생활하기를 선호하는 것이다.

## c. 16가지의 성격유형들

우리는 일반적으로 자신이 더 좋아하는 선호경향에 의지하고 살아가며, 그러한 선호경향들은 거의 자동적으로 사용하고 있다. 우리는 각자 선호하는 경향은 무엇인가? 자신의 선호경향에 대하여 선택하고, 16가지 유형들 중 다음 4가지 선호경향들을 한 가지씩 조합하여 자신의 성격유형을 결정한다.

| | | |
|---|---|---|
| 외향형(E) | 혹은 | 내향형(I) |
| 감 각(S) | 혹은 | 직 관(N) |
| 사 고(T) | 혹은 | 감 정(F) |
| 판 단(J) | 혹은 | 인 식(P) |

예를 들어, 외향형, 직관, 감정, 그리고 인식을 선택하였다면 유형은 ENFP이다. 만약 내향형, 감각, 사고, 판단을 선택하였다면 유형은

ISTJ이다. MBTI는 16가지 유형이 있고, 16가지 유형 각각의 유형은 그 삶의 양식에서 독특하며 서로 다른 면들을 지니고 있다.

선호경향에 대하여 선택하고 16가지 유형들 중 다음 4가지 선호경향들을 한 가지씩 조합하여 자신의 성격유형이 결정한다. 융의 심리 유형론에 따르면, 교육이나 환경의 영향을 받기 이전에 이미 인간에게 잠재되어 있는 선천적 심리 경향을 말하며, 각 개인은 자신의 기질과 성향에 따라 아래의 4가지 척도에 따라 둘 중 하나의 범주에 속하게 된다.

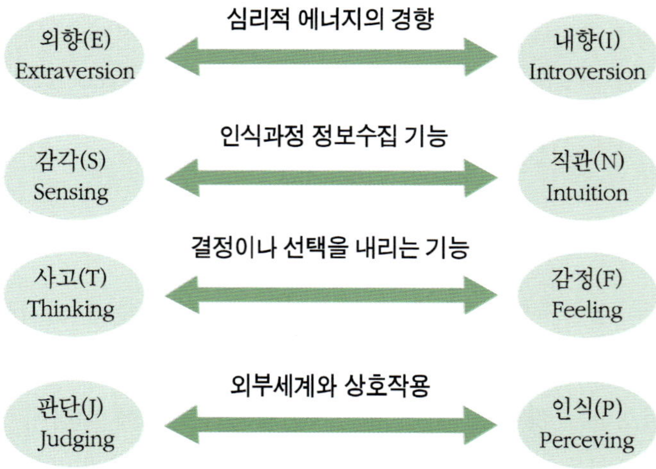


성격유형

〈MBTI연구소 http://www.mbti.co.kr 참고〉

| 감각 | | 직관 | |
|---|---|---|---|
| 사고 | 감정 | 감정 | 사고 |
| ISTJ<br>어떤 조직에서도 이들이 버티고 있으면 조직이 와해되지 않음. 가장 보수적임 | ISFJ<br>남에게 배려 잘하고 희생, 헌신적. 끊임없이 주고자 하는 것. 책임감이 너무 지나침 | INFJ<br>대인관계를 가장 가치 있게 봄. 이상적인 인간관계를 추구함 | INTJ<br>연구단지. 신념이 강함, 고집이 가장 셈. 벌주고 매를 대도 엄포 줘도 기죽지 않음 |
| ISTP<br>손으로 만지는 것을 좋아함, 기능올림픽금메달리스트. 노력을 안 하는 타입. 관심과 흥미를 가지고 있다면 뛰어난 재능을 보임 | ISFP<br>마음이 여리고 따듯함. 자신 없이 삶. 상처를 잘 받는 유형. 인정, 존중해 주면 아주 잘함. 예술가적 재능을 발휘. 자연을 좋아함. 조련사. 색깔, 균형 감각이 예민한 감각 | INFP<br>여러 가지 얼굴을 가지고 있음. 주변인이 정확히 알기가 어려움, 자기 안의 신념이 침해당하면 강력히 저항함 | INTP<br>이해하기 어려움. 감을 못 잡음. 교묘하게 골탕을 잘 먹임. 머리가 좋음 |
| ESTP<br>주변의 어떤 상황이라도 일처리를 잘함 | ESFP<br>고통스럽고 힘들고, 어려운 상황을 잘 견디지 못함. 순간의 고통을 힘들어 함. 사람을 아주 잘 다룸. 자기를 싫어하는 것을 못 견딤 | ENFP<br>언론인. 끊임없이 변화하는 상황을 좋아함. 지속적인 임무는 못 견딤. 끝마무리를 잘하지 못함 | ENTP<br>자존심이 강하고 자신만만함. 반복적이고 갇혀 있으면 안 됨. 머리가 좋음 |
| ESTJ<br>행정가, 총리감. 욕먹으면서도 앞에서 일하는 사람. 한 명도 낙오된 것을 보아주지 않음. 꼭 1등해야 하고 분명해야 함 | ESFJ<br>책임감이 강하고, 헌신적이며 주로 공급자 | ENFJ<br>아주 이상적인 부부관계를 늘상 꿈꾸며 삶. 대인관계에 대한 기대가 큼. 남의 마음을 잘 파악함 | ENTJ<br>정책가, 고집이 셈. 비젼을 제시하고 쉽게 기죽지 않음 |

### (2) 바람직한 인간관계

人間이라는 한자어가 뜻하는 바와 같이 인간은 상호관계를 유지하면서 살아가는 사회적 존재이다. 이 세상에 홀로 존재하는 것은 아무것도 없으며 인간이 탄생하여 성장하고 사회생활을 할 수 있을 때까지 자연의 대섭리가 작용하고 수많은 사람들과 관계를 형성하면서 살아가게 된다. 이처럼 인간관계는 매우 중요하다.

인간관계론(human relations approach)이란 진정한 능률을 추구하기 위해서는 인간을 기계적으로만 취급해서는 안 되며 인간의 감정적 요소와 비합리적 요소가 능률을 향상시키는 요인이 되므로 인간적인 접근방법을 사용함이 유용하다는 이론이다. 인간관계론은 인간을 감정과 사회성을 지닌 존재로 간주하고 인간화를 강조하는 것이 특색이다.

## 학 습 정 리

**인간의 본성: 성선(性善), 성악(性惡), 선악 이원(二元), 선악 무차별(無差別)**

- 성선론(善性論): 인간성은 선천적 본질적으로 선하다고 하는 이론으로서 맹자와 루소가 포함된다.
- 성악론: 인간의 본성은 악하다고 보는 이론으로서 홉스와 순자 등이 속한다.
- 선·악성 이원론 내지는 선성·악성 혼합론: 절대 보편 타당성을 지닌 도덕의식과 근본악성이 있다고 주장한 칸트가 선·악 이원론의 대표자이며, 인간의 본성은 선악이 섞여 있는 것이요 그 선을 닦으면 선인이 되고 그 악을 닦으면 악인이 된다고 한 한(漢)의 양웅도 선·악 혼합론자이다.
- 무차별론자: 고자(告子)가 해당한다. 선악 무차별론(善惡無差別論)은 본래의 인간의 본성은 선도 아니고 악도 아니다.
- 자기개념은 외모, 재산, 소유물 등의 물질적 측면, 성격과 능력 등의 정신적 측면, 인간관계 속에서의 사회적 측면으로 나타난다.
- 융은 '콤플렉스'라는 개념을 제창
- MBTI는 16가지 유형이 있다. 16가지 유형 각각의 유형은 그 삶의 양식에서 독특하며 서로 다른 면들을 지니고 있다.

**〈성 격 유 형〉**

| | | |
|---|---|---|
| 외향형(E) | 혹은 | 내향형(I) |
| 감 각(S) | 혹은 | 직 관(N) |
| 사 고(T) | 혹은 | 감 정(F) |
| 판 단(J) | 혹은 | 인 식(P) |

- MBTI는 4가지 척도의 관점에서 인간을 이해하려고 한다. ➡ E(외향)-I(내향), S(감각)-N(직관), T(사고)-F(감정), J(판단)-P(인식) 중 각 개인이 선호하는 네 가지 선호지표로 나타난다.

## 퀴즈

**01.** 다음의 인간의 본성론에서 틀리게 연결된 것은?

① 성선(性善)-맹자　② 성악(性惡)-순자
③ 선악 이원(二元)-칸트, 양웅　④ 선악 무차별(無差別)-루소

정답 ④

해설 선악 무차별(無差別)-고자

**02.** (　　)에 알맞은 말은?

> (　　)은 외모, 재산, 소유물 등의 물질적 측면, 성격과 능력 등의 정신적 측면, 인간관계 속에서의 사회적 측면으로 나타난다.

① 자기개념　② 감정
③ 직관　④ 소외개념

정답 ①

**03.** '콤플렉스'라는 개념을 제창한 심리학자는?

① 로저스　② 융
③ 아놀드　④ 루소

정답 ②

**04.** 융의 심리유형론에 의하면, 각 개인의 기질과 성향에 따라 4가지 이분 척도 중 알맞지 않은 범주는?

① 외향–내향 ② 감각–인식
③ 사고–감정 ④ 감각–직관

**정답** ②

**해설** 사물을 보는 관점의 두 가지 선호경향은 감각과 직관

**05.** MBTI검사지의 4가지 선호경향 중, 한 개인이 에너지를 얻는 데에 두 가지의 방식은 무엇인가?

① 외향성(Extraversion)과 내향성(Introversion)
② 감각형(Sensing)과 직관형(iNtuition)
③ 사고형(Thinking)와 감정형(Feeling)
④ 판단형(Judgement)과 인식형(Perception)

**정답** ①

**해설** 외향성은 그 사람의 외부세계에 존재하는 사람이나 행동, 그리고 사물 등과 같은 외부로부터 에너지를 끌어오는 것과 관련되는 선호경향

**06.** 다음 중 융에 대한 설명으로 맞지 않는 것은?

① 분석심리학을 창시했다.
② 심리학적 유형에 관한 학설을 제시했다.
③ '콤플렉스' 개념을 제창했다.
④ 〈공산당 선언〉이라는 글을 썼다.

**정답** ④

SECTION 10

# 현대인의 무의식과 운명

## 1. 무의식과 꿈

신경과 의사였던 프로이트는 치료과정에서 인간의 마음에는 의식과 무의식이 있다고 생각했다. 그동안 많은 철학자들은 의식이나 의식을 초월한 것을 사색해 왔지만, 프로이트는 의식되지 않는 것, 즉 '무의식'이라는 것을 탐색하기 시작하였다.

### 1) 프로이트의 생애와 사상

#### (1) 생애

프로이트

지그문트 프로이트(Sigmund Freud, 1856~1938)는 역사상 가장 유명한 의사 중의 한 명이라 할 수 있다. 프로이트의 아버지는 모직물 상인이었는데, 별로 성공하지는 못했지만 장수했으며, 세 번 결혼하여 많은 자녀를 두었고 그의 가족들은 유태인들이었다.

프로이트는 1885년 신경병 전문의로 개업하여 중상류층 여성의 히스테리 증세를 다루면서 정신분석이론을 발전시키게 되었다. 프로이트는 비엔나로 돌아온 후 최면술에 대해 연구하고 임상실험을 하였으며, 1909년 미국에서 정신분석학을 강의하면서 관심을 받기 시작하였다. 1939년 런던에서 후두암으로 사망하기까지 그는 정신분석학을 이론적으로 구성하고 정신분석적 방법을 종교, 사회, 문화, 예술 등 영역에 응용하는 데에 힘썼다.

### (2) 프로이트의 무의식

프로이트의 정신분석이론은 인간의 심리발달과정에 병리적인 심리상태의 이해에 근본적인 변화를 가져와 심리학이나 사회학, 문학, 정신의학에 새로운 패러다임을 여는 중요한 이론으로 평가받고 있으나 다른 한편에서 프로이트의 이론들은 임상적인 관찰이나 임상사례에 의한 숙고한 직관력에 근거하고 있다는 점에서 비과학적이라는 비판을 받고 있다.

오스트리아의 신경과 의사이며 '정신분석'이라는 용어를 창시한 프로이트는 히스테리환자를 관찰하고 최면술을 행하며, 인간의 마음에는 무의식이 존재한다고 하였다. 꿈 · 착각 · 해학과 같은 정상심리의 연구를 확대하여 심층심리학을 확립하였고, '심리분석'을 통해서 이성이 도리어 인간의 영혼을 억압한다는 주장을 함으로써 오랫동안 정신문화를 지배해온 이성중심의 인간상을 철저하게 배격하였다. 또한 그는 인생을 각인하는 아버지에 대한 경쟁심의 오이디푸스적 욕구와 갈등의 막강한 힘에 관한 이론을 고수하였고, 욕망의 언어를 해독한 정신분석이론의 결정론적 입장을 추구하였다. 프로이트는 영혼에 대해 알려진 두 가지 사실, 즉 하나는 신체의 일부로서 뇌라는 사실과 또 다른 한 가지는 무엇인가 의식하는 우리의 행위라는 것에 주목한다. 그래서 '인간의 뇌와 의식의 행위 사이에 하나의 관계가 있는가? 있다면 어떤 관계가 있는가?'와 같은 문제이다.

프로이트가 연상작용을 통해 환자를 치료하던 침대

프로이트의 위대한 발견은 '무의식의 발견'이다. 진화론을 확립한 다윈(Charles Darwin)처럼 생물학적 결정론자였던 프로이트의 초기 성격구조 이론의 중심 개념은 무의식적 정신과정이다.

프로이트는 인간의 의식 수준을 전의식, 의식, 무의식으로 나누었다. 전의식은 억압되어 있지만 주의를 집중하면 의식으로 회상될 수 있는 정신세계로 의식과 무의식 사이에 존재하고 있다. 의식은 인간의 감각기관을 통해서 인식하는 모든 것을 말하고 무의식은 감각기관으로 인식할 수 없는 마음 깊은 곳에 감추어져 있는 정신세계로 본능, 열정, 억압된 관념과 감정 등이 잠재해 있고, 정신적 삶의 고유한 영역이다. 즉 프로이트는 무의식을 전혀 자각 불가능한 영역으로 다루고, 그것이 가공되는 장소를 전의식이라 했다. 의식에는 느끼는 것, 경험하는 것들이 포함되고, 전의식은 의식되지 않지만 조금만 노력하면 알 수 있는 것이라 할 수 있다. 다시 말해 전의식은 주의하면 의식할 수 있는 영역이다. 그래서 인간의 행동과 사고는 의식적이고 합리적이기보다는 오히려 무의식적이고 비합리적이라고 본 것이다. 프로이트는 무의식의 세계를 중시하였고, 인간의 무의식 속으로 쫓겨난 억압된 욕구는 계속해서 의식 안으로 들어오려고 한다. 그래서 계속 의식의 문을 노크하고 있는 것이다. 그는 인간을 본능적인 충동들과 그를 억압하려는 사회적 체계 사이에서 항상 고민하는 갈등적 존재로 보았다. 결국, 프로이트는 인간의 마음 치료는 개인이 가지고 있는 무의식의 세계에 존재하고 있는 갈등의 요소를 의식의 세계로 끌어 올려 그 갈등의 문제를 해결함으로써 성격을 재구조화할 수 있다고 보았다.

〈원초아, 자아, 초자아에 대한 의식 간의 관계〉

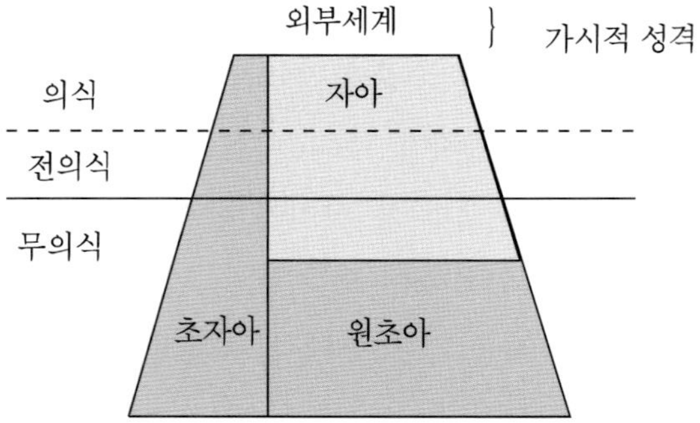


프로이트에 의하면 의식세계는 성격의 형성과 관련이 깊고 이러한 성격의 구조적 모형을 원초아(본능, Id), 자아(Ego), 초자아(Superego)의 세 가지로 나눈다. 원초아는 선천적인 본능적 충동의 덩어리로서 정신에너지의 근본이 되는 완전 무의식적이다. 자아는 마음에서 합리적인 부분을 뜻하고 원초아를 통제하고 성격의 조정자 역할을 한다. 초자아는 옳고 그름을 판단하게 하는 것이 주요 기능이며, 사회문화적인 규범이 내면화된 것으로 외부의 영향을 많이 받고, 양심과 자아이상을 대표한다.

또한 프로이트에게서 정신 에너지 또는 본능적 충동인 리비도(Libido)는 의식적으로 또는 무의식적으로 개인의 성격과 행동에 영향을 미친다. 리비도는 성적 에너지, 라틴어의 '소망', '욕구'에서 유래하고 삶의 본능을 수행하는 유형의 에너지이다.

그의 정신분석이론은 현재보다는 과거, 특히 초기 아동기의 정신적 외상에 관심을 갖고 이를 재구성함으로써 현재의 문제를 해결하려는 접근 방법론이다.

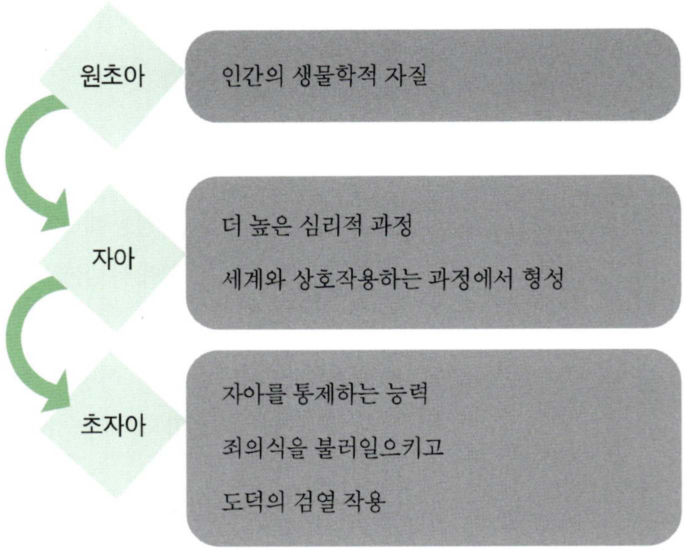


## 2) ≪꿈의 해석≫과 소망충족

정신분석학의 이론적 근거를 확립한 프로이트는 욕망의 언어를 해독한 사람이다. 그에 따르면 인간을 지배하는 것은 이성과 의식이 아니라, 욕망 · 꿈 · 무의식이며 이것들의 거주지는 몸이다. 인간의 주인은 의식이 아니라 무의식이고, 꿈 · 실언 · 농담 등은 무의식의 텍스트이다. 프로이트는 그 중에서도 꿈을 무의식에 이르는 왕도라고 판단했다. 그는 꿈을 분석하였고, 꿈의 무의식적 소망이 점점 더 자주 유년시절의 기억들로부터 나온다는 것을 깨닫기 시작했다. 이런 분석으로부터, 어른의 무의식의 아주 많은 부분은 어른 내부에 있는 아이에 의해서 창조된다는 결론에 이르렀다. 신경과 의사로서 그는 환자들의 꿈이나 연상이 과거의 성적 체험에 의거한 사실이라고 보았다. 그래서 프로이트에 의하면 신경증의 원인은 심적 외상에 있으며, 이 외상은 유아기의 무의식적 갈등이다. 어머니에 대한 사랑, 아버지에 대한 경쟁심, 거세에 대한 공포 등은 어른이 되면서 많이 해결되지만, 꿈과 무의식에는 계속 영향을 미친다. 즉, 프로이트에게 꿈은 정신의 삶 속에 존재하는 무의식을 파악하기 위한 요소라고 할 수 있다.

고대에는 꿈을 초자연적인 힘들과의 교류라고 생각하였다. 호머의 주인공인 영웅들은 꿈속에서 자기들의 신으로부터 메시지를 받는다. 즉 꿈은 전조이고 예언이며, 초월 세계로부터 온 표시이고 해독해야 할 예시였다.[23)]

아리스토텔레스 이전의 고대 사람들은 꿈을 영혼의 한 산물이라고 보지 않고, 신이 무엇인가를 알려주는 것이라고 간주했다. 아리스토텔레스는 꿈은 신성(神性)에 근접한 것으로 여겨지는 인간 정신의 법칙들로부터 나온 것이라고 보고, 꿈은 수면 중에 영혼이 활동하는 것이라고 정의했다.

프로이트는 ≪꿈의 해석≫(1900)에서 "꿈은 완전한 심적 현상이며, 어떠한 것의 소망충족"[24)]이라고 하고 있다. 다음의 예를 들어보자.

> 저녁식사 때 정어리나 올리브 등 짠 음식을 먹으면 밤중에 목이 말라서 잠이 깬다. 그러나 눈을 뜨기 전에 꿈을 꾸는데, 이 꿈은 언제나 물을 마시는 내용이다. 벌컥벌컥 물을 들이키는데, 그 맛이란 형언할 수 없을 정도다. 그러다가 눈을 뜨면 이번에는 실제로 물을 마시지 않을 수 없다. 이 단순한 꿈의 유인은 눈을 떴을 때도 여전히 느껴지는 갈증이다. 이 갈증이라는 감각에서 물을 먹고 싶은 소망이 생기고, 또 꿈이 이 소망을 충족시켜 주는 것이다.[25)]

프로이트에 의하면 아이들의 잠꼬대도 마찬가지라는 것이다. 아이가 음식 이름들을 잠꼬대하였다. 이때 잠꼬대 속에 나오는 음식 이름은 모두 아이 자신이 먹고 싶었던 것들이다. 과연 꿈은 소망을 충족시켜 주는 것인가? 아니면 신체적으로 열기, 냉기가 많게 되면 꿈을 꾸고, 단지 자신이 강하게 집착하거나 원하는 것을 꿈으로 꾸는 것으로 이들은 모두 허상에 불과한가?

옛날 촉한시대 관운장의 꿈에 소만큼 큰 돼지가 자기 발을 물기에

---

23) 앙드레 베르제·外 1인(남기영 역), 『인간과 세계』, 정보여행, 1996, p. 71. 참조.
24) S. 프로이트(김기태 역), 『꿈의 해석』, 선영사, 1997, p. 117.
25) 『꿈의 해석』, p. 118.

크게 화내어 칼로 베어 죽이니 그 소리가 비단 찢어지는 소리 같았다. 이 꿈이 있은 이 후 형주 양양군의 도독 벼슬을 하였다고 한다. 정말 꿈은 앞날을 예시하는지가 궁금할 뿐이다.

꿈 해몽의 예를 들면, 무지개가 산에 걸친 꿈은 명예와 재물을 얻고, 죽은 사람이 집 안에 들어오는 꿈은 행운이 굴러 들어오고, 호랑이의 꿈은 일을 성사시킬 수 있고, 돼지를 몰고 들어오는 꿈은 재물이 생긴다고 한다. 우리는 이러한 꿈 해몽에 대해서 계속적인 탐구를 해 볼 가치가 있다고 본다.

## 쉬어가기

### 은퇴 남성 1000명의 후회 목록

베이비붐 세대 은퇴 남성들은 '너무 일밖에 모르며 살아왔다'는 점을 가장 후회하는 것으로 꼽았다.

- 악기 하나쯤 연주할 수 있었더라면
- 인생의 한창 때 나만의 시간을 가졌더라면
- 나를 위한 '맞춤형 놀이'를 개발해 두었더라면
- 동료와 후배들에게 좀 더 친절했더라면
- 내 일을 정말 좋아했더라면
- 아무데나 최선을 다하지 않았더라면
- 나를 '돈 버는 기계'로 만들지 않았더라면
- 외로움과 좀 더 친하게 지냈더라면
- 성급한 대박을 쫓지 않았더라면
- 내 몸을 조금 더 소중히 다뤘더라면
- 치열했던 그때부터 글을 썼더라면
- 나만의 멋과 매력을 가꿨더라면
- 가족에게 좀 더 당당한 모습을 보여줬더라면
- 자식에 대한 투자, 상한선을 정했더라면
- 아내와 함께 노는 기회를 놓치지 않았더라면
- 물질보다 경험을 더 많이 소비했더라면
- 감정을 전하는 법을 미리 배웠더라면
- 여자들처럼 사는 법을 배웠더라면
- 40대 시절에 열정을 가졌더라면
- 평생 친구 세 명쯤 만들어뒀더라면
- 누군가에게 희망을 주는 사람이었다면
- 꿈을 담은 나만의 명함을 만들었더라면
- 혼자 사는 기술을 익혔더라면
- '도와달라!' 소리치는 법을 배웠더라면
- 오래 일하고 오래 버는 방법을 고민했더라면

한혜경 〈남자가 은퇴할 때 후회하는 스물다섯 가지〉: 창간 25주년 특별 부록_시사저널

## 학 습 정 리

1. 프로이트와 무의식
   1) 인간은 무의식적 원인에 의해 결정됨
   2) 인간의 성격은 원초아, 자아, 초자아의 삼중구조로 이루어져 있음
   3) 꿈은 무의식에 이르는 통로임

2. 프로이트: '심리분석'을 통해서 이성이 도리어 인간의 영혼을 억압한다는 주장을 함으로써 오랫동안 정신문화를 지배해온 이성중심의 인간상이 철저하게 배격된다.

3. 프로이트의 마음의 지형학적인 모형: 의식, 전의식, 무의식

   마음의 구조적 모형 – 원초아, 자아, 초자아

4. 프로이트는 ≪꿈의 해석≫(1900): "꿈은 완전한 심적 현상이며, 어떠한 것의 소망충족"

## 퀴 즈

**※ 다음 문제 중 맞으면 ○, 틀리면 ×를 하시오.**

**01.** 프로이트에 의하면 꿈은 소망충족이다. (  )

**정답** ○

**해설** 꿈은 억압된 욕구의 충족이다.

**02.** 프로이트에 의하면 인간을 지배하는 것은 이성과 의식이다. (  )

**정답** ×

**해설** 인간을 지배하는 것은 욕망·꿈·무의식이며 이것들의 거주지는 몸이라는 것이다.

**03.** 프로이트의 마음의 지형학적인 모형은 의식, 전의식, 무의식이다. ( )

정답 ○

해설 구조적 모형은 원초아, 자아, 초자아

**04.** 프로이트에 대한 설명으로 옳지 않은 것은?

① 오스트리아의 신경과 의사로서 정신분석이라는 용어를 처음으로 만들어냈다.
② 그는 인간의 본성을 선하다고 가정하였다.
③ 인간의 의식수준을 전의식, 의식, 무의식으로 나누었다.
④ 그는 오이디푸스적 욕구와 갈등의 막강한 힘에 관한 이론을 주장한 바 있다.

정답 ②

해설 욕구와 갈등의 막강한 힘에 관한 이론을 고수

**05.** 다음 빈칸에 들어갈 알맞은 말은?

> 프로이트는 인간의 의식 수준은 전의식, 의식, ( )으로 나누었다.

① 무자아 ② 무지
③ 무화 ④ 무의식

정답 ④

**06.** 다음의 인물 가운데, ≪꿈의 해석≫의 저자이며, 무의식을 주장한 심리학자는 누구인가?

① 프로이트 ② 생텍쥐페리
③ 칼 구스타프 융 ④ 샌델

정답 ①

## 2. 운명, 역사, 창조

### 1) ≪정감록≫과 운명론

음양오행설과 풍수지리설에 기초를 둔 예언서인 ≪정감록≫은 한국인의 사상이나 민간신앙 내지 민속을 이해하기 위해서는 빼놓을 수 없는 책이다. 이 책은 과학적인 근거에 의해 미래를 예언한 우리 조상의 예지가 담긴 작가미상의 작품이라고 한다.

≪정감록≫과 관련 있는 설화로서, 도선이 고려 태조의 아버지 왕륭에게 예언하여 태조가 태어났다는 이야기가 있다. 또한 도선은 고려의 400여 년의 존속을 예언했다고 한다. 그리고 고려 문종 때 '의천'이라는 왕자가 태어났을 때, 감여(堪輿)사상[26]의 대가인 72세의 노승인 지광이 왕자의 운명을 예언했다고 하지 않았는가?

이렇듯 세상의 모든 것은 필연적으로 미리 결정되어져 있는 것일까? 아니면 우리에게도 자유의지가 과연 있는가? 다시 말해 우리는 어떤 행위를 선택할 때, 그 선택은 미리 결정되어 있는가? 혹은 그 행위를 선택하기 직전까지 다른 행위를 할 수 있는 '열려 있는 가능성'이 있는가?

자유의지론에 의하면 행위 선택은 '나는 내 뜻대로 선택할 수 있다'는 자유의 본질에 입각한다는 것이다. 자유의지론에 의하면 자기통제, 내적 원인, 예측불가능에 의해 행위가 선택되는 열려 있는 가능성이다. 즉 '나는 사과 대신에 복숭아를 먹을 수 있었다. 그것을 선택할 수 있었다'고 할 수 있다. 내가 간식으로 초콜릿이나 우유를 선택할 때 나 자신의 자유의지가 개입되는가? 아니면 나 자신의 자유의지가 개입된다는 환상을 가지는 것인가? 자유 의지론과 대립되는 결정론은 우리가 행위하기 전에 존재하는 상황이 우리의 행위를 결정하고 필연

26) 천지, 건곤의 이치를 통달함.

적인 것으로 만든다는 이론이다. 많은 요인에 의해 그 행위는 이미 결정되어 있었다는 것이다. 엄격한 결정론의 영역에 포함되는 운명론 또는 예정설은 '내가 부모를 택하지 않았다. 우리가 태어난 시기를 선택할 수 없다'처럼 신의 통제와 외적 원인, 예측가능성으로 결정된다.

그러나 자유 의지론과 대립되는 결정론은 우리가 행위하기 전에 존재하는 상황이 우리의 행위를 결정하고 필연적인 것으로 만든다는 이론이다. 많은 요인에 의해 그 행위는 이미 결정되어 있었다는 것이다. 이러한 결정론보다 더 강한 주장이 운명론이다. 예를 들어, 죽지 않을 운명이라면, 전쟁에 나가더라도 총알이 피해간다는 입장이다.

우리의 체험들이 필연적 사건인가, 또는 우연적인 사건인가를 우리는 한번쯤 숙고해 봐야 할 것이다. 과연 우리의 일상사는 이미 운명에 의해 지배받고 있는가? 만약 이러한 정해진 운명이 있다면 그 운명을 바꾸는 방법이 있는가? 정말 불가사의(不可思議)한 일이 아닐 수 없다.

## 2) ≪전쟁과 평화≫와 역사의 문제

세계적인 문호, 톨스토이(Tolstoy, 1828~1910)는 백작 집안의 넷째 아들로 태어났다. 그의 작품 ≪전쟁과 평화≫(1867)는 일대 서사시적 대하소설이라고 할 수가 있다.

여성의 궁극적인 행복은 가정을 위하는 것이라는 것을 주인공 나타샤를 통해 그린 가정 소설이기도 한, ≪전쟁과 평화≫는 1805년의 제1차 나폴레옹 전쟁 직전부터 1812년의 대 나폴레옹 조국 전쟁, 1825년의 십이월당원들의 혁명 운동을 낳게 한 자유주의적 사회 기운이 팽배하기 시작한 1820년까지 15년 동안에 걸친 러시아 역사의 중요한 시기를 묘사하였다. 여기에는 러시아와 프랑스 양군의 대회전(大會戰), 나폴레옹의 모스크바 점령, 원인 모를 모스크바의 대화재, 프랑스군의 퇴각 등이 묘사되어 있다. 그러므로 이 작품에는 모두 559명이 등장하고 있다. 그러한 등장인물들 중에는 인간 권력의 최고위에 서 있던 알렉산드로 1세와 나폴레옹, 민중의 목소리에 귀기울인 꾸뚜조프… 등의 실존 인물도 나온다.

이 작품에 나타난 톨스토이의 사관(史觀)은 아주 독자적이고 주관적이다. 그에 의하면 역사상의 커다란 사건은 모두 눈에 띄지 않는, 포착할 수 없는 힘에 지배된다는 것이다.

신을 믿는 자는 이것을 섭리라고 하고, 신을 믿지 않는 자는 역사상의 법칙이라고 한다. 그러므로 인간들은 모두 이 포착할 수 없는 힘에 종속된 맹목적인 기계에 지나지 않는다. 그리하여 톨스토이는 분명히 개인의 힘으로는 도저히 역사의 운명을 좌우할 수 없음을 말하고 있다. 위대한 영웅인 나폴레옹도 영원한 진리의 법칙 앞에서는 무가치해진다. 그러나 그는 영원한 법칙 앞에 순종하여 민중의 목소리에 귀기울이는 사람은 위대해진다고도 보았다.

우리는 그의 작품에서 역사의 참된 원동력은 개인이 아니며, 통치자에게 참된 지도력을 고무하기보다는 자신들의 몽매한 복종만을 덕으로 여기는 민중의 무자각한 집단정신임을 깨닫는다. 그는 이 집단정신의 본능적인 작용에 그의 전(全) 역사철학의 기초를 두고 있는 것이다. 이것은 결국 역사적 숙명론의 일종일 것이다.

톨스토이에게 있어서는 위인이라든가 영웅이 역사적인 사건에 있어서 그리 큰 의의를 가지지 않는 것이다. 다시 말해 역사적 대사건들은 한 인간의 의지에 그 원인을 돌릴 수는 없는 것이다.

우연은 상황을 만들고 천재는 그것을 이용하였다고 보는 것이 역사가들의 입장이라 할 수 있다. 그러나 톨스토이에 의하면 우연이니 천재니 하는 말은 정의를 내릴 수 없는 것이다. 이 말들은 단지 현상에 대한 이해의 한 단계를 의미하는 것에 불과하고 역사에 관한 문제는 끊임없이 제기되고 있다.

예를 들어, 역사는 순환하는 것인가? 역사는 인간이 만들어 가는 것인가, 아니면 역사에 의해서 인간이 영향을 받는가? 등이다. 마르크스, 엥겔스의 역사적 결정론에 의하면, 나폴레옹이 그 시대에 없었다면 다른 사람이 그 자리를 채웠을 것이라고 본다. 또한 카아(E. H. Carr)는 "역사란 과거와 현재의 대화"라고 하면서, 역사는 역사가의 해석이라고 밝힌다. 그러므로 역사적 사실로서의 그 지위는 결국 해석에 따라 결정되는 것이다. 예를 들어, 시저가 루비콘 강을 건넜다는 사실과 마찬가지로 수백만의 다른 사람들이 루비콘 강을 건넜다는 일은 똑같이 과거에 관한 사실임에는 틀림없지만 수백만의 다른 사람들이 루비콘 강을 건넜다는 일에 대해서는 대체로 관심을 두지 않는다. 이렇듯 역사란 불가피하게 인정된 판단의 체계이다. 이에 반해 칼 포퍼(Karl Popper, 1902~1994)는 '실제로 일어났던 것과 꼭 같은 과거'의 역사란 없기 때문에 역사가 자체로 의미를 가지고 있지는 않지만, 우리가 역사의 의미를 부여할 수 있다고 한다.

톨스토이가 주장한 바대로, 역사상 사건의 제 원인은 우리들 지식으로는 도저히 탐구될 수 없는 것일까? 이것은 우리가 계속 인간 행위의 법칙과 역사를 다루게 하는 동기가 될 것이다.

### 역사 바로 알리기

최근 미래의 영토문제를 고려해서 중국학계가 '역사 빼앗기' 대규모 프로젝트를 실시하고 있다고 한다. 이 프로젝트 사업에는 5년간 약 2백억 위안(약 3조원)이 투입될 예정이고, 그들의 쟁점은 "고구려는 중국변방의 민족정권"이라는 가설을 어떻게 이론적으로 정당화할 것인가이다. 이와 같은 움직임은 한국사에 대한 중요한 도전이자 위기가 될 것이다. 항간에는 중국이 고구려를 중국사의 일부로 해석하기 위한 대형 프로젝트가 추진 중이므로 우리나라의 광개토왕비마저 우리 것이라고 주장할 수 없게 되지 않을까 우려의 소리도 있다. 또한 일본은 자민당의 한 유력정치인인 에토 의원이 일본의 한반도 식민 지배를 정당화하고 일본의 남경대학살을 날조라고 망언을 한데 대해 한국·중국이 강력히 비난하는 등 파문이 일고 있다. 이렇듯 한국 주변 국가들의 역사적 진실 왜곡하기는 관행적으로 행해지고 있다. 이러한 와중에 프랑스가 동해와 일본해를 함께 표기한 2003년판 '해도'와 달리 내년부터 해도에 동해(Sea of East)표기를 삭제한다고 우리 정부에 통보했다. 이런 사태는 일본의 끊임없는 로비에 의한 결과라고 한다. 이 같은 상황의 반복은 2002년 9월 국제수로기구가 세계표준해도 개정판에 일본해(Sea of Japan) 표기를 삭제하기로 한 결정을 철회한 것과 관련해 정부의 강력 대응 공언 후 10개월 만에 반복된 것이라 한다. 현재 미국은 한국의 동해(East Sea)를 일본해로 표기하는 것에 지지한다고 공식 발표했다.

진실과 역사를 왜곡하는 일본의 도덕성의 부재가 다시 살아난 제국주의의 잔재는 아닐까하는 생각이 든다. 남의 나라 땅을 경제적 이해타산과 영리와 편익을 목적으로 선진국 미국, 영국 등이 진실을 외면하는 것은 세계의 정의사회를 구현하고자 하는 노력에 대한 역행인 것이다. 우리는 이러한 부정의한 세계적 흐름을 방관해서 미온적인 태도를 취해서는 절대 안 된다고 본다.

이런 상황을 우리는 어떻게 받아들여야 할 것인가? 국가주의나 국수주의라고 할 수도 있겠지만 세계화가 진행됨에 따라 개개인이 누리게 되는 지위와 권리는 사회 권력과 마찬가지로 개개인이 속한 국가의 위상에 따라 달라지는 것을 우리는 알고 있다. 이러한 처우의 차별은 국가의 권위와 능력, 즉 국력에 따라 달라진다. 그러나 국력이 모든 잣대가 되는 것은 아니다. 물론 국가의 경제력이나 군사력에 따라 우선시 되는 점은 있으나 그 이면엔 문화적 역사적 차별도 있다. 비근한 예로 인도나 중국에 대해 그들의 역사성을 인정하며 정신문화에 대한 존경과 인정으로 그들이 스스로 인정받고 대우를 받는 경우도 있는 것이다.

그러므로 우리도 중국처럼 문화주의적으로 고구려 역사에 접근하려는 긴 안목의 연구계획을 세우고 연구하면서 한국 바로 알리기 운동을 과학적, 체계적으로 행해야 할 것이다. 1748년의 영국지도에서는 세계지명으로 한국해(Sea of Corea)라는 표기가 발견되는 자료들이 존재하므로 이것들을 홍보 적극 활용하여야 한다. 또한 8억 명에 달하는 해외 네티즌들에게 인터넷을 통한 민간운동으로 한국 바로 알리기 사업을 활성화해야 한다. 그리하여 시시때때로 주장하는 일본의 오만방자한 망언을 초기에 싹을 잘라내야 한다. 민간 기획단 '반크'와 '한국 바로 알리기' 단체의 민간 외교(one by one)를 전국민의 운동으로 활성화되어야 하고, 더불어 정부 관계자들의 실질적이고 적극적인 대응책의 모색이 절실히 요청되고 있다.

출처: 2003년 NAVER 참조

## 3) 창조론

창조론은 초자연적 견해로서 우주만물이 신이나 뛰어난 존재의 초자연적인 개입에 의해 신비로운 기원을 가지고 있다는 주장이다. 이 '개입'은 완전한 무에서의 창조일 수도 있고, 이전에 있던 혼돈에서의 질서의 출현일 수도 있다. 창조에 관한 것은 창세기 1장에서 2장에 걸쳐서 쓰여 있는데, 그 내용은 크게 하나님이 만물의 창조주로 빛을 창조하신 후 물을 만드시고 물고기와 새를 만드신 후 땅에 기는 모든 것을 순서대로 창조하셨다(창세기 1장 1절 25절까지). 그 후 인간을 창조하셨는데 창세기 1장 26절에 '하나님이 가라사대 우리의 형상을 따라 우리의 모양대로 우리가 사람을 만들고', 창세기 1장 27절에는 '하나님이 자기 형상 곧 하나님의 형상대로 사람을 창조하시되 남자와 여자를 창조하시고', 마지막으로 창세기 2장 7절에 '여호와 하나님이 흙으로 사람을 지으시고 생기를 그 코에 불어넣으시니 사람이 생령이 된지라' 라고 쓰여 있다. 그리고 창세기 1장 16절에 별은 지구가 만들어진 이후에 만드셨다고 쓰여 있다. 이렇듯 창세기에서는 태초에 하나님이 천지를 창조하셨다고 하였다.

그러므로 창조론적 관점에서는 진화론의 과학이 성립하지 않는다. 왜냐하면 진화의 단계를 찾아보면 잃어버린 사슬이 있기 때문이다. 또한 모든 생물은 이미 완성되어 주어진 것으로 보고 질서, 조화와 같은 생명현상의 특성을 관찰해 보면 '유전질서의 엄격함'을 발견할 수 있다는 것이다. 즉, 유전정보가 모든 생물의 세포 속에 있다고 볼 수 있다. 바로 이것은 창조주가 있음을 나타내는 것이다. 다양한 생물들은 아주 복잡하나 질서가 있고 조화를 이루며 살아가도록 되어 있다. 이러한 두드러진 특성이 생물들 속에 이미 있음을 보면서 어떤 설계에 의하여 초자연적으로 만들어진 이 체계를 사람들은 밝혀나가고 있다고 본다. 실험하고 관찰할 수 있는 바로는 개는 개를 낳고 고양이는 고양이를 낳는다. 다양한 생물들이지만 유전학적 한계 내에서 같은 종끼리만 교배하고 번식한다. 한 종에서 다른 종으로 바뀌는 일이 없을 뿐 아니라, 유전질서는 놀라울 만큼 엄격하게 유지되는 것을 본다. 유전학적 한계 내에서의 변이와 다양성은 관찰되나, 유전자는 안정되어 환경에 따라 쉽게 변하지 않는다. 유전 정보가 모든 생물의 세포 속에 들어 있다는 것은 그 정보를 넣는 지혜를 가진 창조주가 있음을 명백하게 나타낸다는 입장이다. 창조론적 관점에서는 처음부터 유전 한계가 뚜렷한 생물 종류들이 창조되었다고 보며 생체의 내외적 환경의 영향으로 다양한 생물들이 존재하게 되었다고 본다. 또한 세계에 시초가 있다면 이 세계의 모든 일에는 원인이 있고, 그 원인에는 또한 다른 원인이 있다는 것이다. 제일 원인은 '세계 속에 있는 것'이 아니다. 세계 속에 있는 것이라면 원인이 있어야 하기 때문에 '제일 원인'이 될 수 없다. 그렇다면 세계 속에서 일을 만드는 제일 원인을 특성으로 가지는 것이어야 한다. 그것이 바로 창조주로서 신이라는 것이다.

찰스 다윈(1809~1882)은 1859년에 ≪종의 기원≫을 썼다. 다윈은 자연이 자연선택이라는 원리에 따라 진화한다고 생각했다. 다윈은 유기체들은 세대에 따라 우연적인 유전자 변이를 하게 되고, 환경에 가장 잘 적응하는 변이를 하는 유기체가 살아남을 가능성이 가장 크다고 보았다. 모든 개체 간에는 생존경쟁이 일어나고, 가장 잘 적응한 개체만이 살아남는다는 것이다. 각 환경에 가장 잘 적응된 유기체가 선택됨으로써 종이 계속 발전되고, 변이와 선택으로부터 모든 종이 출연하게 된다.

그의 진화론은 당시의 지배적 세계관이었던 창조론을 부인하는 것이었다. 즉, 그는 각각의 종이 독자적으로 창조된다는 이론에 대해 반박했으며, 그 대신 하나의 종이 점차 다른 종으로 진화해간다고 보았다. 진화론의 관점은 단순한 것을 '원초적'이라 보고, 복합적인 것을 '진보된 것'이라 상정하는 것보다 더 자연스러운 견해가 무엇이냐는 것이다. 다윈은 갈라파고스의 핀치새들, 앞발의 상동들, 동일한 발생들이 진화의 흔적이라고 논한다.

다윈은 1831년부터 5년간의 세계 여행 중 남아메리카의 해안과 태평양의 섬들을 둘러보며 과학적 진화론을 펼 수 있는 근거를 마련하였다. 그는 아프리카 대륙 해안에서 가까운 베르데 곶 군도와 남아메리카 근해의 갈라파고스 군도를 돌아보았는데, 그곳에서 특이한 사실을 발견하였다. 베르데 곶에 서식하는 것과 갈라파고스의 서식하는 것 사이의 유사도는 베르데 곶 군도의 것과 가까운 아프리카 대륙에 사는 것과의 유사도에 비하면 문제가 되지 않을 정도였다. 다윈은 아프리카 대륙과 베르데 곶 군도의 새가 아주 닮은 것은 양쪽 모두가 최근까지 같은 조상을 가지고 있었기 때문이라는 결론을 내린다. 남아메리카 해안 바다에 떠 있는 갈라파고스의 섬들에서 다윈은 그 과정을 명백히 보여 주는 예를 발견한다. 남아메리카나 갈라파고스에는 제각기 다른 동물이나 새의 집단이 서식하고 있었다. 어떤 섬이나 생태학상의 조건에 차이는 없는데 그곳에 사는 도마뱀이나 수달의 종류들은 이웃 섬과는 분명히 차이가 났다. 즉, 대륙의 원형이 바다 가운데 섬으로 이동하여 번식하고 새로운 종으로 분화된다고 보았다. 결국 다윈은 종이 개별적으로 창조된 것이 아니고, 변종과 마찬가지로 다른 종으로부터 생겨난다는 결론에 도달할 수 있다는 것을 생각하였다. 이러한 진화에 대한 메커니즘은 오늘날 진화적 사고의 지배적인 인과적 그림의 핵심이 되는가? 20세기의 프랑스 분자생물학자 자크 모노(Jacques Monod, 1910~1976)는 ≪우연과 필연≫(1970)이라는 저서에서 물질에서 처음 생명 현상이 생겨난 과정은 '우연'이고, 진화과정은 '필연'이라고 주장하였다. 이러한 가치관은 '염색체 지상주의'의 진화론과 결부시켜 볼 수 있을까? 진화론은 진화의 단계를 찾아보면 잃어버린 사슬이 있고, 상당 부분이 실재보다는 상상에 의존한다는 점이 극복될 과제이다. 이밖에도 일부 지식인들은 중립노선으로 신에 의해 창조되고 그 뒤로는 진화되고 있다고 보기도 한다.

## 학습정리

- 인간이 자신의 운명의 주인인지 아니면 운명의 노예인지 단정하기 어려움. 엄격한 결정론의 영역에 포함되는 운명론 또는 예정설: '내가 부모를 택하지 않았다. 우리가 태어난 시기를 선택할 수 없다'처럼 신의 통제와 외적 원인, 예측가능성으로 결정된다.
- 톨스토이의 사관(史觀)은 아주 독자적이고 주관적이다. 그에 의하면 역사상의 커다란 사건은 모두 눈에 띄지 않는, 포착할 수 없는 힘에 지배된다는 것이다.
- 역사는 인간이 운명에 얽매여 있음을 보여줌. 그럼에도 불구하고 인간은 역사에 의의를 부여하는 방식으로 살아감.
- 우주만물이 신에 의해 창조되었다는 창조론과 하나의 종이 점차 다른 종으로 진화한다는 진화론

## 퀴즈

**※ 다음 문제 중 맞으면 ○, 틀리면 ×를 하시오.**

**01.** 톨스토이의 사관(史觀)에 의하면 역사상의 커다란 사건은 모두 눈에 띄지 않는, 포착할 수 없는 힘에 지배된다는 것이다. (　)

**정답** ○

**해설** 섭리나 민중의 무자각한 집단정신

**02.** 자유의지론에 의하면 행위 선택은 '나는 내 뜻대로 선택할 수 있다'는 자유의 본질에 입각한다는 것이다. (　)

**정답** ○

**해설** 열려진 가능성

**03.** 엄격한 결정론은 '신의 통제와 외적 원인, 예측가능성'으로 결정된다. (　)

**정답** ○

**해설** 운명론 또는 예정설이 들어간다.

**04.** 창조론은 염색체 지상주의이다. (　)

**정답** ×

**해설** 염색체지상주의는 진화론이다

**05.** 다음 중에서 틀린 것을 고르시오.

① 자유의지론은 행위선택을 자유로이 할 수 있음을 의미한다.
② 결정론은 상황이 우리의 행위를 결정하고 필연적으로 만든다는 이론이다.
③ 자기 통제, 내적 원인, 예측불가능성은 결정론의 개념이다.
④ 결정론은 예측가능하다.

**정답** ③

**해설** 외적 원인, 신의 통제, 예측가능성이 결정론의 관점이다.

SECTION 11

# 현대사회에서의 교육과 윤리

## 1. 여성과 교육

### 1) 루소의 여성교육론

#### (1) 생애

장 자크 루소(Jean-Jacques Rousseau, 1712~1778)는 스위스 제네바에서 시계수리공인 아버지와 목사의 딸인 어머니 사이에서 태어났다. 어머니가 루소를 낳다가 죽자 아버지에 의해 양육되었지만 모험적인 성격에 교양도 규율도 없는 아버지 밑에서 이렇다 할 정규교육도 받지 못한 채 자랐다. 10세 때는 아버지마저 집을 나가 숙부에게 맡겨졌으며, 공장(工匠)의 심부름 따위를 하면서 소년기를 보냈으므로, 루소는 교육을 받은 경험이 없고 거의 독학으로써 자기의 교양을 구축하였다. 그는 16세 때 제네바를 떠나 청년기를 방랑생활로 보냈는데, 이 기간에 바랑 남작부인을 만나 모자 간의 사랑과 이성 간의 사랑이 기묘하게 뒤섞인 것 같은 관계를 맺고, 집사로 일하면서 고전 · 학문 · 음악에 대한 공부할 기회를 얻었다. 또한 그는 1742년 파리로 나와 디드로 등과 친교를 맺었고, 1745년 하숙의 식모 테레즈를 만나 결혼하지 않고 살면서, 그와의 사이에 다섯 명의 아이를 낳았다. 그 아이들은 모두 고아원으로 보내졌으며, 나중에는 그 아이들 행방을 모두 모르게 되고 말았다. 그러므로 루소는 33년간 정부였던 여인을 육체적으로 학대하면서 둘 사이의 아기 다섯 명을 고아원에 버렸던 것이다. 1749년 디종의 아카데미 현상 논문에 당선한 ≪학문과 예술론≫을 출판하여 사상가로서 인정받게 되었다. 그 뒤 ≪인간불평등기원론≫(1755), ≪정치경제론≫(1755)을 쓰면서 백과전서파 철학자나 볼테르 등과의 견해 차이를 보였다. 인간의 자유와 평등을 논한 ≪사회계약론≫(1762), 소설 형식의 교육론 ≪에밀≫(1762) 등의 대작을 차례로 출판하였다. 그러나 ≪에밀≫이 출판되자 파리대학 신학부가 이를 고발하여 파리 고등법원은 루소에 대하여 유죄를 선고하여 그는 스위스 · 영국 등으로 도피하였다.

루소에 의하면 인간은 자연상태에서는 자유롭고 행복하고 선량하였으나, 자신의 손으로 만든 사회제도나 문화에 의하여 불행한 상태에 빠졌으며, 사악한 존재가 되었기 때문에 다시 참된 인간의 모습을 발견하여 인간을 회복하지 않으면 안 된다는 것이다. 이와 같은 입장에서, 인간 본래의 모습을 손상시키고 있는 당대의 사회나 문화에 대하여 비판을 가하였으며, 그 문제의 제기 방법도 매우 현대적이었다.

일반적으로 루소는 독창적이고 난해하며, 영리하고, 시적이며 때로는 심술궂고, 엉뚱하기도 했다고 한다. 그는 신학과 정치에 접근하는 기초로서 이성보다는 감정을 강조하려고 하였으며, 스스로를 타고난 작가로 생각했다. 그에게는 천부적인 단어 구사력의 재능이 있었고, 평생 시계처럼 규칙적인 생활을 한 칸트는 루소의 책을 읽다가 그만 산책 시간을 잊어버렸고, 근세 헤겔도 청년 시절에 루소에 대해 공부하며 루소가 남긴 문제들을 두고 평생 진지하게 고민했다고 한다.

### (2) ≪에밀≫과 여성교육

루소가 그의 자서전에서 ≪에밀≫을 그의 저서들 중 가장 훌륭한 저서로 꼽은 만큼, 루소의 철학적 소신은 그의 후기 저서 ≪에밀≫에 집약되어 있다고 볼 수 있다. 비록 ≪에밀≫에서 살펴볼 수 있는 그의 자연주의 교육론은 실현 불가능하다는 지적을 받아왔지만, 후대에 우리에게 시사점을 제공해 준다.

≪에밀≫은 5부로 나누어져 있고, 기존의 인간은 사악하지만 인간 본연이 모습은 선하다는 루소 자신의 신념을 보여주기 위한 저작물로 파악할 수 있다. 그는 에밀이라는 이상적인 모델을 구상하여 인간의 선한 본성이 구현되는 이상적인 성장 과정을 묘사하고자 했다.

루소는 그의 교육론에서 목적이 되는 이상적 인간을 '자연인'이라고 칭하여 일부 사람들로 하여금 '자연인'이라고 주장된 미개인이 곧 교육의 목적이 된다는 오해를 불러일으켰다. 이러한 루소의 저작 ≪에밀≫에서는 '인간다운 인간'이 되기 위한 루소의 정신을 살펴볼 수 있고, 그의 인간에 대한 애정은 '자연성'의 긍정과 '자연주의 교육'으로 나타나고, 나아가 이상적인 인간 조건을 탐구하는 것으로 심화된다.

≪에밀≫ 제1부는 2, 3세까지 본능적인 욕구의 만족을 구하는 감각의 시기로서, 첫머리에 "창조주의 손으로부터 나올 때 사물은 무엇이든 다 잘 되어 있지만, 인간의 손으로 넘어갈 때면 무엇이든 다 못쓰게 된다"는 구절로 시작하여 인간의 손길이 닿으면 모든 것은 타락하므로 자연으로부터 배우게 하라는 메시지를 전달한다. 그의 이론은 자연을 관찰하고 자연이 제시하는 길을 따르라는 것이다. 제2부는 3세부터 12세까지의 시기로서 소극적 교육의 실시단계이다. 제3부는 12세부터 15세까지의 소년기로서, 이성의 훈련, 지성의 형성기이다. 이때는 문제를 제출해서 자신이 그것을 해결하게 하여야 한다는 것이다. 제4부는 제2의 탄생에 해당한 청년기로서 15세부터 20세로 도덕적 종교적 감정의 육성의 시대이다. 제5부는 결혼의 시기로서, 루소는 에밀의 성장과 함께 에밀이 겪게 되는 감정 교육도 소홀히 다루지 않았다. 루소는 교육에 대해서 자연 · 사물 · 인간이라는 세 가지를 생각하나 그 가운데에서 자연의 교육이 기본이 되는 것이다. 그는 여성의 적절한 영향권은 가정이며 가정에서의 여성의 임무는 완강한 남성에게 부드러움과 애교로써 의무와 덕의 길을 행하라는 것이다. 즉, 루소

는 남자와 여자는 체질에 있어서나 기질에 있어서나 동일하지 않으며 또한 그들의 교육도 다르지 않으면 안 된다고 역설하고 있다. 즉, 자연은 남녀 각각에게 독특한 일의 분배를 내렸다는 것, 그래서 여자가 그 자신과 그의 아들을 위하여 남자의 판단에 좌우되어야 한다고 했다.

에밀이 성장하여 청년기에 접어들었을 때, 루소는 에밀에게 이상적인 여성을 만나게 한다. '소피'라는 이상적인 가공의 여성상을 설정하여 남자가 여자를 사랑하는 방법, 여자가 남자를 사랑하는 방법을 가르친다. 여기서는 오늘날 페미니스트들이 비판하는 여성교육론이 제시된다. 루소는 "남성은 능동성이 강하고 여성은 수동적이며 약하지 않으면 안 된다"고 하면서 "여자는 특히 남성의 기분에 들도록 만들어졌다고 할 것이다. 남자 편에서도 여자의 기분에 들도록 하지 않으면 안 된다고 하지만, 그것은 그렇게 직접적으로 필요한 것은 아니다. 남성의 가치는 그 힘 속에 있다…. 여성은 기분에 맞도록 또는 정복되게 태어난 것이라, 한다면 남성에게 반발하는 것은 하지 말고 남성에게 호감을 주도록 하지 않으면 안 된다. 여성의 위력은 그 매력에 있다." 계속해서 루소는 여성의 지적 교육에 소극적이며 여성은 좋은 아내이며 좋은 어머니면 좋다고 하며 "여자의 교육은 남자와 관련시켜 계획되어야 한다"고 하였다. 루소는 여자는 남자에게 봉사하고 남자를 행복하게 하기 위한 교육을 받아야 한다고 보았다. 그는 모범적인 예로서 고대 그리스 여자의 경우들을 들었다. 루소는 또한 ≪에밀≫의 제5부에서 "여아에게는 일찍부터 읽기를 가르칠 필요가 있는가… 여가도 있고 기회도 있는데 그들은 강제하지 않으면 배우려 하지 않는다"라고 서술하였다. 자유에 대한 자신의 이상을 내세워 '사회계약론'을 주창한 루소가 여성교육론에 대해서는 전근대적 요소가 함축되어 있다고 하겠다. ≪에밀≫이 출간된 후 전원교육이 유행할 정도로 루소의 교육론은 인기절정이었다. 그러나 그의 교육론은 얼마나 현실성이 있는가? 물론 그의 교육론의 주제는 인간론이며 그의 독창성은 '아이들의 천성 발견'이라고 할 수 있다.

우리의 모든 교육 사상은 ≪에밀≫에 나타난 사상의 영향을 직접적·간접적으로 받고 있다. 20세기 미국은 120만 명의 중·고생들이 가정에서 교육을 받아 '홈 스쿨링 천국'이 되었다고 한다. 이는 학교폭력이나 학습의 흥미도 등을 생각해서 학교를 떠난 학생들이 가정에서 인근의 몇몇 학생들과 같이 교육받는 것이다. 부모들은 적절한 커리큘럼을 짜서 지역 학교로부터 허가를 받아야 하는 것이다. 그러나 최근 이것이 역현상을 불러일으키고 있다고 한다. 학생들이 다시 기존의 학교로 돌아오고 있다는 것이다. 인간은 사회적 동물이므로 단체생활을 소홀히 할 수는 없는 것이다. 21세기 한국의 중등학교도 열린교육의 실시로 많은 교육 개혁이 일어났지만, 간혹 '흔들리는 교정'의 모습도 나타나고 있다. 이는 체계적인 인문학과 다양한 기초 교양과목의 부재로 창의적이고 지혜로운 인간교육이 되지 못하고 있는 것이라 생각된다.

미래지향적 인간 교육은 지능지수(IQ)보다 감성지수(EQ), 도덕지수(M.Q), 다른 사람과의 관계 유지를 잘하는 공존지수(NQ, Network Quotient)를 높일 수 있는 다양한 커리큘럼의 제도가 뒷받침되어야 한다.

### (3) 루소의 여성관

서구문화는 가정과 지역사회의 가부장적 사회형태에서 발생했고, 정치·경제를 비롯하여 문학·예술 등 모든 방면에 걸쳐 남성주도 문화가 이루어진 것은 명백하다. 사상가에 있어서도, 근세 이전으로 소급하여 볼 때, 오늘날 우리가 위대하다고 꼽는 사상가 중에 여성은 한 사람도 없을 정도이며, 당대의 지식인들을 이끌었던 남성 사상가들은 예외 없이 거의 모두가 여성을 열등하게 취급했다는 사실은 주목할 만하다.

그러나 고대 그리스 철학의 최고봉인 플라톤의 여성의 사회적·정치적 평등에 대한 옹호는 여성의 평등을 반대하는 고대인의 견고한 성벽에 가한 공격으로 우리에게 잘 알려져 있다. 그의 스승 소크라테스 또한 남성이 추구하는 모든 것이 여성이 추구하는 모든 것이기도 하다고 하며 양성 간의 차이보다는 한 여성과 다른 여성을 구분하는 개인적 차이에 더욱 관심을 두었다. 어떠한 처지로 태어났든 재능만 있으면 전도양양했던 것이다. 그리고 본격적인 여성해방운동의 선구자로서는 공리주의자 밀을 꼽을 수 있는데, 그는 교육을 통해서 여성을 과거의 속박으로부터 해방시켜야 한다고 주장했고, 여성의 정치적 평등권에 대한 강렬한 옹호를 보여주었다. 그러나 이러한 여성해방적 사상 경향은 서양사 전체를 통해서도 극히 적은 편이다.

루소의 여성관 역시 남성지배의 원칙에 기반을 둔 가부장적인 면모를 여실히 보여주는 하나의 예이다. 루소는 18세기 프랑스 계몽주의 시대의 사상가로서 그의 영향은 철학 · 정치 · 교육 · 문학에 걸쳐 다방면에서 이루어진다.

그러나 루소는 파리로 나와 살롱에 출입하며 자신을 평가받으려 했으나 여의치 않았다. 디종 아카데미의 현상 당선 논문인 〈학문예술론〉에서 루소는 학문예술의 발전이 인간의 미덕을 상실케 하고 인간을 타락시켰다고 주장함으로써 사회비판을 시도했다. 그리고 이로써 일약 유명해진 그의 사회비판은, 이후 ≪인간 불평등 기원론≫, ≪사회계약론≫, ≪에밀≫, 자기 성찰적 자서전으로 정신분석학과 심리학에 영향을 미친 ≪고백록≫ 등의 작품으로 더욱 적극성을 띠게 된다.

그의 기본사상은 ‘자연은 인간을 선량 · 자유 · 행복하게 만들었으나 사회가 인간을 사악 · 노예 · 불행으로 몰아넣었다’라는 명제로 요약된다. 그가 쓴 저작도 이 원리에 비추어 잃어버린 개인과 사회를 회복하는 방법을 나타낸 것이다.

루소의 여성관은 루소의 교육론인 ≪에밀≫에서 살펴볼 수 있었고, ≪에밀≫은 에밀이라는 사내아이가 태어나면서부터 성인이 되기까지 이상적인 교육자가 전담하여 교육시킨다는 이야기였다.

루소의 여성관은 오늘날의 시각에서 보면 철저하게 보수적이어서 반여성해방론에 이론적 근거를 제공해 주며, 성차별주의의 정당화뿐만 아니라 인종차별·빈곤과 같은 사회적 불평등을 합리화하는데도 적용될 여지가 있다. 오랜 세월 동안 여성을 속박하던 견해는, 오늘날의 시각으로 보자면 대폭적인 수정을 거쳐야 한다. 루소의 남성과 여성의 차별은 체질·기질 모든 면에서 전적으로 남성의 우월함과 능동성을 나타내고 있다. 현대의 밀에 의하면 여성 예속의 사회적 상황은 장기간의 군주제라든가 노예제도나 다를 바 없는 힘의 법칙에만 근거해 있는 제도와 풍습이라는 것이다.

현대 사회가 기대하는 여성상은 스스로의 삶의 가치를 인식하면서 협력적이고 개방적인 여성상이다. 근세 사회의 격동기에 살았던 계몽주의사상가 루소는 사회 전반에 대한 날카로운 비판의식은 프랑스 혁명의 이론적 아버지가 되었지만 유독 여성에 관해서는 진취적인 사고가 아니었던 것이다.

## 2) 한국여성의 역사적 지위

흔히 21세기는 여성의 세기라고 한다. 한국여성의 지위가 우리 역사발전에 기여한 바를 밝혀 미래에 나아가야 할 방향에 대해 알아보고자 한다. 그러므로 우리 역사에서 여성의 지위를 정책과 사회 제도를 통해서 추적하고자 한다.

### (1) 고대사회의 여성

고대 구석기사회는 공동체적 생활을 영위하는 무리사회로서 권력과 지배계급이 없는 평등사회였다. 특히 이 시기에는 지구상에 빙하기와 간빙기가 번갈아 찾아오는 등 자연의 변화가 심했고 맹수의 위협 또한 상당했다. 이러한 환경 속에서 가장 중요한 것은 여럿이 무리를 지어 자연의 위협에 공동으로 대처하는 일이었다. 이러한 상황에서 남녀 성별에 따른 먹이 채취는 서로의 활동을 보완함으로써 식량 확보에 안정성을 제공했다.

그리고 원시사회에는 모계사회라는 것이 존재하였다. 즉, 자식의 혈통이 어머니에 의해 계승되었기 때문에 자식에 대한 권한은 어머니에게 있었다는 것이다. 그러나 이것이 고대 원시사회에서 여성의 지위가 남성의 그것보다 높았다고 단정지을 수는 없다. 모계사회에서도 재산의 처분이나 부족회의에 참여하는 등 중요한 권리는 여자가 아닌 남자가 가지고 있었다. 그렇다면 결국 그 당시의 여성의 권한을 가늠해 볼 수 있는 척도는 그가 맡은 직분과 하는 일이라 할 수 있다. 구석기 시대와 신석기 시대에는 남성이 주로 사냥을 담당하였다면 여성은 주로 채집과 간단한 밭농사를 맡았다. 그런데 사냥보다는 섬세한 손놀림을 요구하는 채집이나 농사일이 식량을 확보하는 데는 더 안정적이었으므로 여성의 활동이 남성의 활동보다 중요시되었다. 현재 남아 있는 원시사회의 토기에서 80%가 여성에 의해 제작된 것으로 보고되고 있다. 또 의류생활에 있어서 직조가 행해진 흔적을 발견할 수 있고, 직조의 담당자가 여성이었다. 또한 여성들은 종족을 번식시키는 능력, 즉 출산이라는 중대한 임무를 가지고 있었으므로 남성보다 상대적으로 우월한 지위를 누렸을 것이다.

한편, 신석기 시대 후반을 거쳐 청동기 시대, 철기 시대에 이르기까지 농경이 본격적으로 발전하면서 농토의 개간이나 밭갈이에는 엄청난 노동력과 강한 근력의 요구되었다. 농사가 더 이상 섬세함만으로는 해낼 수 없는 아주 힘들고 고된 일로 바뀌었다. 따라서 이때부터 남성이 농사일에 직접 참여하면서 생산 활동을 주도해 나가기 시작한 것이다. 반면 남성의 강한 힘에 의해 일거리를 빼앗긴 여성들은 주로 집안일이나 육아를 담당하게 되었다. 이렇게 남녀의 성역할이 구분되기 시작하면서 여성들은 점차 보조자 역할로 밀려나게 되었고, 이것이 오늘날의 성차별의 발단이 된 것이다. 그러나 아직까지는 여성의 권한이 남성의 그것과 큰 차이를 보이지 않았다. 여전히 여성들에게는 구성원을 재생산하는 역할이 남아 있었기 때문이다. 또한 주대(周代,

B.C. 1111~256/255)의 역사를 기록한 책인 ≪주서≫에는 고구려의 동맹이라는 제천의식에 대하여 다음과 같은 기록이 전해지고 있다. '신묘 두 곳이 있는데 하나는 부여신이고 하나는 등고신이다. 부여신은 여자이고 등고신은 부여신의 아들이라고 한다…. 아마 하백녀와 주몽을 이르는 것일 게다' 여기서 유화부인인 하백녀가 고구려의 조상신으로 숭배되고 있음을 확인할 수 있는데 이처럼 여성이 국가의 수호신이나 농업신으로 받들어 모셔지기도 하였다.

### (2) 삼국시대의 여성

삼국시대의 여성들도 역시 남성들 못지않은 지위를 누리기는 마찬가지였다. 이 시기에 가장 주목할 점은 신라에서 우리나라 역사상 유일하게 여왕이 탄생하였다는 것이다. 그것은 27대 선덕여왕, 28대 진덕여왕, 51대 진성여왕이 바로 그 주인공들이다. 여자가 왕위에 오를 수 있을 정도로 그 당시의 여성에 대한 사회적인 인식이 개방되어 있었다는 것을 후대에 유추해 볼 수 있다. 또한 고대 사회의 여성들이 토지나 재산을 소유하였을 가능성도 다분히 있다. 가난한 여인이 품팔이 대가로 밭을 받았다는 기록이나 867년 이찬 김랑종의 딸인 명단이 봉화 취선사의 불탑을 세우는 데 재산을 시주하였다는 기록은 이를 뒷받침해 주고 있다. 이런 것들은 고대 사회에서도 오늘날과 같이 맞벌이 주부가 존재했을 가능성이 있다.

### (3) 고려시대의 여성

고려시대 지배층은 귀족이었고, 이들은 과거나 음서를 통해 관직에 나아간 뒤 가문적 배경을 바탕으로 높은 지위에 오르고 경제적 부를 축적하였다. 또한 출신을 고려하여 관리로 채용하는 음서(蔭敍) 제도를 통해 자손들에게 정치, 경제적인 여러 특권을 세습하였다. 이들의 출세에서 개인의 능력 이상으로 중요한 역할을 한 것은 친가, 외가, 처가가 거미줄처럼 얽혀 있는 친족 망이었다. 그리고 이를 형성하는 것이 바로 혼인이었다는 점에서 고려시대에 있어 혼인은 사회적, 권력적으로 큰 의미를 가졌다 할 수 있다.

고려시대는 혼인 뒤 꼭 시집에 갈 필요가 없고 친정부모를 모실 수도 있었으니 '출가외인'이라는 관념이 미약했다. 그리고 남편과의 관계도 시집에 들어가 살 때에 비해서는 덜 일방적이었다. 이에 이성계의 역성혁명을 뒷받침한 조선의 개국공신 정도전은 처가에서 혼인생활을 하기 때문에 여자들이 자기 부모를 믿고 남편을 무시하고 교만하게 군다며 혼인 풍속을 중국의 여자가 시댁에 들어가 사는 '친영제(親迎制)'로 바꾸자고 주장할 정도였다. 처가살이가 처음 시작된 시기는 고구려시대로 추정되고, 이 처가살이를 서옥제(壻屋制)라 불렀다. 이는 양쪽 집안이 결혼에 합의하면 신부집 뒤뜰에 '서옥'이라는 별채를 지어 신혼집으로 사용했고, 아이가 장성하면 비로소 남편이 아내와 자식을 데리고 자신의 집으로 가는 풍습인데 고려시대에 계속되었다.

또 고려시대에는 딸도 아들 못지않은 역할을 할 수 있었기 때문에 상대적으로 남녀 차별도 심하지 않았다 할 수 있다. 그래서 호적을 기재할 때도 아들 먼저 쓰고 딸을 나중에 기재하는 것이 아니라 출생 순서대로 기재하였다. 또한 장성한 아들이 있어도 어머니가 호주가 되기도 하였다.

그러나 고려 말로 갈수록 조혼과 일부다처제(一夫多妻制) 풍습으로 혼인에서 가부장의 권한이 한층 강화되고 성리학의 수용으로 부계 관념 역시 확대되어 갔다. 그러나 반면에 남성 측에 의한 일방적인 이혼이 규제되고 처로서의 지위를 확실히 보장받게 된다는 또 다른 측면도 나타나게 된다.

고려시대의 유명한 관리의 묘지명을 보면 그들 중 상당수가 외가에서 자라 외할아버지나 외삼촌의 은혜가 크다는 기록도 흔히 나오고 있다. 여성의 집에 거주했기 때문에 여성의 지위를 무시할 수가 없었을 것이다. 그리고 결혼 후 여성의 재산도 보호되었다. 기록을 보면 노비가 어디서 왔는가 하는 것이 명시되어 있다. 이는 여성이 가지고 온 노비의 소유권이 결혼 후 소멸되는 것이 아님을 말해 준다. 부인이 재혼할 경우나 또는 후손이 없을 경우에 부인 쪽의 노비는 다시 친정으로 귀속됨으로써 노비의 소유권을 둘러싼 분쟁을 방지했던 것이다.

그리고 고려시대에는 이혼뿐만 아니라 재혼도 비교적 자유로웠다. 송나라 사신의 고려견문기인 ≪고려도경≫을 보면 '고려인들은 쉽게 결혼하고 쉽게 헤어져 그 예법을 알지 못하니 가소로울 뿐이다'라고 되어 있다. 기록에 의해 추측컨대 당시 이혼율은 상당히 높았던 것으로 추정된다. 그리고 여성에 의해 이혼이 요구된 사례도 있었다고 한다. 그리고 과부의 재혼 역시 가능했던 것으로 보인다. 기록에 의하면 고려의 마지막 왕인 공양왕 때까지도 여성의 재혼이 있었음을 알 수 있다. 그리고 오왕의 부인 중에서도 재혼녀가 있었다. 따라서 여성의 재혼이 일반적으로 이루어지고 있음을 알 수 있다.

뿐만 아니라 재산 상속에 있어서도 균등상속이 이루어졌다. 아버지가 재산을 불평등하게 나눠주려고 유언을 했음에도 불구하고 그것은 아버지의 본심이 아니었을 것이라고 판결을 내린 사례가 있다. 이러한 사례를 보더라도 당시 재산 균등상속은 매우 당연한 일이었음을 알 수 있다. 또한 부모의 봉양에 대한 의무도 동등하여 딸도 그 의무를 다 하였다. 현재 남아 있는 고려시대 호적을 보면 아들, 며느리와 동거하는 경우뿐만 아니라 딸, 사위와 동거하는 경우가 상당수에 달했다고 한다. 그리고 아들 선호사상이란 존재하지 않았다. 가문의 대를 이어야 한다는 강박관념이 없었기 때문이다. 열전이나 묘지명의 기록 중에는 아들이 없다는 기록이 허다하다고 한다. 고려시대 상례에서는 외가가 친족 내의 비중이 컸다. 그리고 음서제도에서도 여성의 지위가 반영되어 있었다. 고려시대 족보는 모계 쪽도 끝까지 밝히고 있었고 여성이 호주가 되는 일도 드물지 않았다고 한다.

### (4) 조선시대의 여성

조선시대를 크게 세 부분으로 나누면 전반부를 조선건국에서 임진왜란 직후인 17세기 초중반, 그 이후부터 19세기 중반까지를 후반부, 그 이후부터 자본주의의 발생기라고 나누어 볼 수 있다. 물론 이러한 시기 구분은 사회의 변천에 기초한 것이지만 조금 더 엄밀하게 생각해 보면 여성의 지위변화와도 밀접한 관련이 있다고 하겠다. 물론 여성의 지위가 하루아침에 급변하는 것은 아니다. 그러나 위와 같은 시기를 기점으로 여성의 지위가 상당히 달라지는 것을 볼 수 있다.

먼저 전반부를 살펴보면 조선시대 이전의 시기, 즉 고대로부터 고려시대와 마찬가지로 여성의 지위는 남성과 거의 대등했음을 볼 수 있다. 물론 농경이 발달하면서 남성의 노동력이 중시되고 여성의 노동이 부수적인 것이 되어 여성의 지위도 따라서 낮아진 것은 사실이다. 고대의 모계사회의 전통이 남아 있어서 조선 전반부까지 부모의 유산 상속 등의 재산분배나 결혼 문제에 있어서 남녀가 거의 평등하다는 것을 확인할 수가 있다. 이는 임진왜란 때 명재상으로 이름을 떨친 유성룡이 죽은 후 재산을 나눈 기록인 분재기를 보아도 재산상속에 아들과 딸의 구분이 없는 것을 알 수 있다.

일반적으로 조선사회는 철저한 유교중심사회이면서 가부장중심사회라고 알려져 있다. 그럼에도 불구하고 조선 전반부까지도 모계사회의 전통이 남아 있어 위에서 언급한 바와 같이 남성과 여성의 사회적 지위에는 큰 차이가 없어 보인다. 이것은 여성들은 아버지, 남편, 자식의 순으로 무조건 순종해야 한다는 삼종지도나 칠거지악 같은 사회적인 제도가 아직 민중에까지 관철되지 않았기 때문이다.

임진왜란이 끝나고 사회가 서서히 안정되어 가면서 상황이 달라진다. 즉, 전란 후에 양반들은 자신들의 기득권을 지키기 위해서 더욱 더 철저히 경직된 주자학을 고집한다. 그리고 조선 전반기에 사회일반에 교화했던 성리학적인 규범들이 사회에 관철되었다. 즉, 조선시대가 철저한 유교 중심 사회이면서 가부장중심사회가 되어가고 있었다. 즉, 상속권에서 장자의 권리가 커짐으로써 여성의 상속권은 점차 줄어들었고 출가외인이라는 말도 이 시기에 하나의 사회적인 관념으로 자리 잡게 되었다.

재산상속에 있어서는 조선 전반부에는 남녀에게 공평하게 나누어주는 것을 원칙으로 하였다. 그리고 이 시기 있어서 여자가 혼인을 해도 자기 개인의 재산을 소유할 수 있었다. 중기로 접어들면서 여자의 재산 상속의 몫이 고려되지 않았고 부계혈족의 가족제도가 심화되고 여성의 재산 상속이 점차 소멸되게 되었다. 그리고 후반부부터 수절의 강요와 재가의 규제, 내외법과 여성외출의 금지 등 여성은 자유와 권리가 점차 억압당하기 시작하였던 것이다. 그리고 이 시기에 자리 잡은 관념들은 일제 강점기를 거쳐 현대사회에서도 나타나고 있다.

#### 한국여성의 역사적 지위

| 시대 | | 내용 |
|---|---|---|
| 고대 및 삼국시대 | | 모계사회가 존재. 신라의 경우 여왕이 존재. 국가의 수호신이나 농업신으로 받아들여지기도 함. 남성의 사회적 지위와 여성의 사회적 지위는 거의 동등 |
| 고려시대 | | 이혼이 빈번. 여성의 재산이 보호됨. 재산상속에 있어 균분상속이 이루어짐. 부모봉양의 책임은 남녀구별이 없이 같이 있음. 여성호주가 가능 |
| 조선시대 | 전기 | 고려시대와 비슷. 하지만 여성의 재혼이나 이혼에 대해서 제한이 생김, 재산상속에 있어서 남녀차별이 없음 |
| | 후기 | 유교적 규범들이 사회에 적용되기 시작함. 장자의 권한이 강해져 재산상속에 장자의 권리가 커짐. 부모봉양도 장자가 하기 시작. 여성은 상속에서 배제. 출가외인이란 말이 등장 |

출처: 한국일보 2005년 10월 4일자

### (5) 현대와 여성

여성 관련법들의 제정과 개정은 1980년대 운동에서부터 본격적으로 이루어졌고, 1990년대 여성운동도 여성 관련 법조항의 제정과 개정을 요구하였다. 철학은 20세기에 들어와서야 억압해온 진리와 타자들, 즉 여성들, 아동들 등에 진지한 관심을 보이기 시작했다. 또한 21세기에 들어와서 여성 운동의 중요 이슈가 부각되었고, 특히 여성들이 정치 세력화되는 과정에서 많은 법들의 제정과 개정이 요구되어 성과를 거두었고, 여성지위를 계속해서 향상시키기 위하여 여성단체들의 조직과 기능강화, 각종 경제 단체들과의 협의체를 구성하는 등의 조직적인 체계를 갖추기 시작하였다.

**학습정리**

- 루소: ≪에밀≫에서 자연으로부터 배우게 하라는 메시지
- 에밀과 여성교육론: 아내는 남편에게 순종하고 겸손의 미덕을 기르고, 항상 청결해야 하며, 수예를 배우고 육아, 경로, 간호, 가사정리 등 현모양처를 만드는 것을 목표로 하였다.
- 루소의 교육론의 주제는 인간론이며 그의 독창성은 '아이들의 천성발견'이라고 할 수 있다.
- 루소의 여성관 역시 남성지배의 원칙에 기반을 둔 가부장적인 면모를 여실히 보여주는 하나의 예

〈한국여성의 역사적 지위〉

- 원시사회: 모계사회라는 것이 존재
- 고려시대: 혼인 뒤 꼭 시집에 갈 필요가 없고 친정부모를 모실 수도 있었으니 '출가외인'이라는 관념이 미약, 여성호주가 가능
- 조선시대: 후반부부터 수절의 강요와 재가의 규제, 내외법과 여성외출의 금지 등 여성은 자유와 권리가 점차 억압당하기 시작

## 퀴 즈

※ 다음 문제 중 맞으면 ○, 틀리면 ×를 하시오.

**01.** 루소는 어린아이는 자연에서 키워져야 한다고 주장하였다. (　)

**정답** ○

**02.** 루소의 교육론의 주제는 인간론이며 '아이들의 천성발견'에 주안점을 뒀다. (　)

**정답** ○

**해설** 천성계발에 주안점

**03.** 고려시대에는 이혼, 재혼이 금지되었다. (　)

**정답** ×

**해설** 고려시대에는 이혼뿐만 아니라 재혼도 비교적 자유로웠다.

**04.** 다음 중 루소의 여성교육론의 설명으로 옳지 않은 것은?

① 루소는 남성은 능동적이고 강하며, 여성은 수동적이며 약해야 한다고 보았다.
② 루소는 교육을 통해 여성을 독립적인 인격체로 성장시켜야 한다고 보았다.
③ 루소는 여성의 가치를 남성에게 호감을 주는 매력에 있다고 보았다.
④ 루소는 여성교육의 모범적인 예로 그리스 여자들을 들었다.

**정답** ②

**해설** 루소의 여성관은 가부장적인 면모를 갖는다.

**05.** 다음 빈 칸에 들어갈 알맞은 말을 순서대로 짝지은 것은?

> (　　)의 손으로부터 나올 때 사물은 무엇이든 다 잘 되어 있지만, (　　)의 손으로 넘어갈 때면 무엇이든 다 못쓰게 된다. — 루소, ≪에밀≫

① 부모–아이　　② 선생–학생
③ 작가–독자　　④ 창조주–인간

**정답** ④

# 2. 윤리의 문제

## 1) 상대론적 윤리설과 절대론적 윤리설

상대론적 윤리설에 의하면 도덕에는 어떤 객관적이고 보편적인 표준이나 원리가 있는 것이 아니다. 도덕 원리들은 단순한 관습에 불과하며 선악의 개념도 주관적이어서 나에게 유리하고 즐거운 것이 선이고 옳다고 보는 것일 뿐이다. 그러므로 상대론적 윤리설에서는 보편적이면서 불변하는 기본 가치는 존재하지 않으며, 한 사회 안에서의 개인의 행동을 도덕적으로 규제할 어떤 근거도 없으므로, 도덕문제에 관한 한 누구에게나 어떤 행동이든 허용된다.

예를 들어, 도덕규범은 어떤 것과 관련하여 상대적인 타당성만을 가지고 있으며, 또한 특정 도덕규범은 그것이 받아들여지고 있는 사회에서만 타당하다. 그래서 상대론적 윤리설에서는 도덕과 관습의 문화적 다양성, 도덕 문제의 해소될 수 없는 의견 불일치 현상을 목격하게 된다. 이러한 윤리설의 입장에 따르면, 우리가 따라야 할 규범인 윤리는 문화에 따라 다르다. 에스키모족은 겨울에 연로하신 부모를 갖다 버림으로써 죽게 한다고 한다. 뉴기니아의 도부족은 남의 물건을 훔치는 행동을 정당화시킨다. 멜라네시아의 어느 부족은 친절과 정직함을 악덕으로 본다고 한다. 인디언 종족인 칼라시아족은 죽은 조상의 시신을 습관적으로 먹어치운다. 이런 예들은 규범과 가치관이 문화권마다 다르다는 것을 보여주기에 충분하다. 뿐만 아니라 같은 문화권 내에서도 규범과 가치관 사이의 충돌이 있다. 낙태는 허용되어야 하는가, 사형제도는 과연 옳은 것인가 하는 종류의 질문에는 각자의 관점에 따른 대립된 대답이 있을 뿐, 합리적인 방법에 의해 의견 대립이 해소되기를 기대하기 어렵다. 가치문제의 해결을 위한 합리적인 방법이 무엇인가에 관한 일치된 견해는 없고 다양한 관점이 나온다. 즉, 도덕과 가치의 문제에는 정형화된 기준이 없고, 특정 규범은 그 규범이 통용되는 사회에서만 참이라는 것이다.

상대론적 윤리설에서 윤리의 의미는 사회와 시대에 따라 달라지며, 인간의 필요에 의해서 정해지기도 하고, 자유로이 선택될 수 있는 상대적인 것이다. 이러한 상대론적 윤리설의 근거로서 문화적 상대주의와 가치변화의 지속성이 있다. 이런 윤리관은 윤리를 주관적인, 경험적인 것으로서 사회생활을 통하여 형성되어 온 역사적 산물이라고 보는 것인데, 그리스 시대의 소피스트들이 이에 속한다. 대표적인 소피스트는 '인간은 만물의 척도이다'라고 말한 프로타고라스이다. 프로타고라스의 상대주의가 고대 지중해를 중심으로 한 여러 문화권에 대한 경험을 바탕으로 하여 주장되었다. 도덕은 사회나 문화에 따라 상대적인가?

상대론적 윤리설은 절대론에 대한 회의 또는 부정으로써 대두되었다. 특히 사회학적 입장에서는 선악을 구별하는 도덕 판단도 일종의 사회현상에 불과하며, 사회적 조건들은 다양하고, 변천하는 것이기 때문에 도덕 판단에 있어서 보편적 기준을 발견할 수 없다는 것이다.

윤리적 상대주의가 제기하는 질문은 '도덕적 가치는 절대적인가 상대적인가?' 이러한 질문은 '모든 인류에게 적용되는 보편적인 도덕적 표준이나 행위의 규칙이 있는가?' 또는 '도덕적 표준이나 행위규칙은 문화권에 제한되어 있는가?'를 묻는 것으로 이해된다. 이슬람 사회에 사는 남자는 아내를 네 명까지 둘 수 있지만, 유대교 사회의 남자는 한 명의 아내만 둔다. 한 남자가 여러 명의 아내를 둘 수 있다는 절대적 진리는 없으며 도덕은 사회나 문화에 따라 상대적일 수밖에 없다고 말해야 할까? 상대주의는 문화적 다양성을 인정하고 이해, 관용하는 개방적인 태도일 것이다. 상대주의는 우리로 하여금 보다 개방적인 태도를 갖게 하는 장점이 있고, 가치에 대한 폐쇄적 몰입을 막아준다. 또한 윤리학자 베네딕트가 '도덕은 사회마다 다르며, 관습에 붙여진 편리한 명칭'이라고 하였듯이, 상대론적 윤리설은 어떠한 변화를 쉽게 받아들일 수 있다는 점에서 현대사회에 보다 합당한 윤리설이라고 할 수 있을 것이다. 오늘날에는 문화적 다원화와 특수성이라는 것이 바람직한 흐름이며 윤리적 보편주의보다 상대주의가 바람직한 것이라고 할 수 있기 때문이다.

그러나 만일 다양한 도덕적 믿음들 모두가 우리 주위에 있다면, 어느 것이 옳은 것일까? 대부분의 상대론적 윤리설들은 문화적 차이를 적극적으로 포용하지만, 옳고 그름을 결정할 수 없으며 도덕적 지식이 없다고 보는 것에 반해, 절대론적 윤리설은 보편타당한 규범이나 도덕률이 존재한다고 보는 입장이다.

절대론적 윤리설은 도덕에는 어떤 객관적이고 보편적인 표준이나 원리가 있다는 주장이다. 우리에게는 언제나 진리인 '무고한 사람을 살해하지 마라', '감각을 느끼는 존재에게 불필요한 고통을 주지 마라', '거짓말 하지 마라' 등의 보편적인 도덕규범들이 있다는 것이다. 절대론적 윤리설은 목적론적 윤리설과 의무론적 윤리설로 나뉜다. 목적론적 윤리설에는 소크라테스, 플라톤, 아리스토텔레스, 공리주의가 해당된다. 소크라테스는 보편적인 진리나 도덕률을 인정했으며, 내면의 양심의 소리에 따라 도덕적으로 행동해야 한다고 주장했다. 또한 플라톤은 이데아(idea)의 세계가 선의 세계이며 선이 모든 행위의 목적이라고 생각했다. 목적론적 윤리설은 어떤 행위가 옳은 행위이기 위해서는 그 행위의 결과가 선을 보다 많이 산출하여야 한다고 주장한다. 결국 목적론적 윤리이론은 결과주의로 귀결된다. 즉, 행위의 옳고 그름은 행위하는 사람의 의도와 관계없이 그 행위의 결과에 따라 판단해야 한다는 것이다. 목적(telos)이라는 측면에서 모든 사물을 해석하고, 모든 것이 목적에 따라 움직인다는 세계관을 제시한 최초의 사상가는 아리스토텔레스이다. 그의 이러한 목적론적 접근방식은 그 후 2천 년 동안 서양사상을 지배하여 오늘날의 철학자들까지도 인간의 행위와 관련해서 '인간 행동은 어떤 선을 목표 삼는 것으로' 이해해야 한다고 말한다.

목적론적 윤리설은 선을 규정하는 도덕과 유관한 가치가 무엇인가에 따라 여러 가지로 나뉜다. 대표적인 학설들이 쾌락주의, 공리주의, 윤리적 이기주의이다. 쾌락주의는 쾌락만이 유일한 도덕적 판단기준이라고 하고, 공리주의는 근대에 부활한 쾌락주의이다. 윤리적 이기주의는 개인의 유일한 의무는 자신에게 좋은 것을 가능한 한 많이 증가시키는 것이라고 한다. 공리주의는 '최대 다수의 최대 행복'을 가져다주는 행위를 도덕적인 것으로 본다.

의무론적 윤리설에서는 어떤 행위가 올바른지는 '어떤' 행위가 초래하는 결과로 판단하는 것이 아니라, '행위 그 자체로' 혹은 '어떠한 규칙 그 자체'에 내재되어 있는 어떤 본질적인 '속성'에 의해 결정되는 것이다. 의무론적 윤리설은 도덕적으로 올바른 행위를 판단하는 데 기초가 되는 가장 기본적인 단위를 무엇으로 보는가에 따라 달라진다. 예를 들어, 의무론적 윤리설의 대표 사상가로는 임마누엘 칸트(Immanuel Kant) 등이 있다. 칸트는 인간 이성의 사고능력을 신뢰하고 그것의 인식범위를 비판적으로 고찰하면서 보편적인 도덕률을 확립하고자 했다. 절대론적 윤리 규범의 예로 살인을 해서는 안 되고 절도를 해서는 안 되며 그리고 거짓말을 하지 말아야 한다는 것 등이 있다.

칸트는 "동기가 선하면, 필연적으로 결과도 선"이라 주장하였다. 칸트에 의하면 도덕은 '이성'에 기초한다. 따라서 그는 도덕원리의 옳고 그름은 이성에 의하여 입증될 수 있다고 보았다. 칸트에게 있어서 거짓말이나 살인과 같은 행위는 누구에게나 상황과 무관하게 옳지 않다. 칸트는 어떤 사회에서 상호 합의하에 거짓말이나 살인 등의 행위가 허용되고 있더라도 그러한 행위를 하는 것은 그 사회의 구성원들에게조차도 옳지 못하다고 주장한다. 따라서 그는 자신의 도덕체계를 구성하는 데 있어서 무엇보다도 시대나 상황과는 무관하게 모든 사람에게 옳은 도덕에 대한 이성적인 근거를 제시하는 데 그 목표를 두었다. 그리하여 그는 도덕원리 중 어떤 원리가 도덕적으로 옳은지를 판별해줄 수 있는 일반적인 기준을 제시하고자 하였으며, 그러한 도덕원리가 옳다는 것을 이성적으로 입증하려고 시도한다. 칸트 도덕체계의 핵심을 이루는 정언명령 이론은 바로 이러한 작업을 위하여 전개되었다.

칸트의 정언명령(categorical imperative)은 “당신이 보편타당한 법칙이 되기를 동시에 바랄 수 있는 격률에 따라 행위하라”이다. 행위자가 깊이 숙고하지 않고 자기 자신에게 중요하기 때문에 자신의 것으로 만드는 격률(준칙)은 주관적이다. 이런 격률이 객관적 실천준칙이 되기 위해서는 그 격률이 보편적 형식을 가지고 있어야 한다. 그러므로 사람의 행위가 보편타당성을 유지해야 윤리적 명령이 될 수 있다. 또한 롤즈의 공정으로서의 정의론도 의무론적 윤리설에 바탕을 두고 있다. 롤즈가 자신의 정의론을 목적론적 윤리설의 대표적인 공리주의에 반대하는 입장을 취하는 동시에 자신의 정의론을 순수 절차적 정의로서 다루기 때문이다.

### 2) ≪윤리학≫과 도덕실재론

언제나 진리인 보편적 도덕 규범이 분명히 있어야 한다고 생각하는 철학자들은 일반적으로 보편주의자, 또는 절대주의자, 도덕실재론자 등의 이름으로 불린다.[27] 도덕실재론이란 도덕의 본성 및 지위에 관한 형이상학적 입장이다. 도덕실재론자들은 도덕적 사실과 참인 도덕적 명제가 존재함을 주장한다. 그들은 상대주의자와는 달리 객관적인 사실과 객관적인 진리를 주장한다. 우리가 도덕적 사실이 존재하는 것처럼 행동하는 한, 상식적인 도덕적 사유는 도덕실재론을 지지한다. 이러한 도덕실재론은 가능한가? 그들에 의하면 반현실주의자들도 자동차가 고장 나면 어김없이 자동차정비소에 간다는 사실은 부정하기 어렵듯이 객관적 실체는 엄연히 존재한다는 것이다. 도덕실재론에 대한 전통적 반대자들은 허무주의자이다. 이들은 넓은 의미에서 회의주의자라 할 수 있다.

도덕실재론의 수용은 종종 현상론에 근거하여 옹호된다. 도덕적 삶

27) 데이브 로빈슨(이상헌 역), 『윤리학』, 김영사, 2007, p. 23 참고.

의 현상은 윤리학의 객관성을 지니고 있다는 것이다. 그러나 우리의 현실은 도덕적 사실의 알 수 없는 본성 탓으로 점차 반실재론으로 나아가고 있다. 또한 우리는 도덕적 고려사항을 알면서도 그에 따라 행동하지는 않는 무도덕주의자(amoralist)에 대해 어떻게 반응해야 하는가의 문제가 존재한다.

무도덕주의자는 자기 태도를 표현하거나 타인에게 영향을 주겠다는 의도가 전혀 없다. 이런 입장은 현대 사회에 만연되어 있다.

이러한 상황에서 도덕실재론이 맞닥뜨리는 어려움은 무엇인가? 여기에 상대주의는 도덕 판단에서의 차이를 어떻게 설명할 수 있느냐고 묻는다. 상대주의자들에 의하면 어떤 특수한 행동들에 대한 도덕 판단들이 한 공동체 내에서도 격렬하게 서로 다르다는 것이다. 그러므로 도덕 판단에 대해 객관적이고 인식 가능한 참에 대해 이야기하는 것은 무의미하다는 것이다. 상대주의들은 도덕 판단은 관습의 결과이고, 독립적인 객관적 실재(reality)를 갖지 않는다는 것이다.

매키(J. L. Mackie)는 ≪윤리학≫이라는 저서에서 "도덕적 가치는 존재하지 않는다"라고 함으로써 도덕적 회의주의를 견지하였다. 그리고 그는 도덕적 회의주의를 다른 이름으로 주관주의라고 하면서, 그의 도덕적 회의주의는 많은 사람들이 존재한다고 믿는 실재, 객관적인 가치나 요구사항 등이 존재하지 않는다는 부정적 입장을 취하였다. 이러한 도덕적 회의주의는 상식에 반대하는 입장이다.

실제로 플라톤 이래의 서구 도덕 철학 전통은 도덕적 가치는 객관적이라는 입장과 도덕적 판단은 규정적, 즉 행위 안내적이라는 주장을 결합시켜 왔다. 즉, 가치 자체는 규정적이고 동시에 객관적인 것으로 간주되어 왔던 것이다. 예를 들어, 플라톤의 선의 이데아, 칸트의 순수 이성 등이 그렇다. 플라톤의 초기 대화편들에서 소크라테스는 보편적 정의와 개념을 추구하면서 소피스트들의 상대주의를 비판하지만 정작 이에 대한 자신의 견해는 제시하지 않은 채 대화를 마친다. 플라톤은 소크라테스의 입장을 이어받으면서도 더욱 발전시켜 선이 무엇인지, 정의가 무엇인지를 제시한다. 플라톤에 따르면 도덕의 기준이 되는 보편적인 선이나 정의는 결코 존재하지 않는 것이 아니며, 또한 상대적으로 상황이나 환경에 따라서 변화하는 것도 아니다. 그리고 이 기준은 우리가 무비판적으로 기존의 관습이나 관행에 따르는 것일 수도 없다. 이는 오직 인간의 공통적이고 보편적인 본성을 근거로 하여 객관적이고 보편적으로 형성될 수 있는 것이다. 칸트는 절대적인 도덕법칙은 수학의 진리처럼 고정불변하는 절대성, 보편성, 필연성을 갖는다고 보았다.

그러나 과연 가치가 어떻게 객관적일 수 있는가를 이해할 수 있는가? 칸트와 플라톤 모두 가치 인식의 어려움을 고백하고 있다. 객관적 가치의 인식의 어려움이 바로 도덕적 회의주의자들이 가치 객관성을 부인하는 강력한 이유가 아니겠는가?

칸트

또한 도덕적 사실이 존재함을 주장함으로써 참된 악을 이해 불가능한 것으로 만드는 도덕 실재론은, 진정한 악인은 존재 불가능하다는 지나친 낙관주의가 아니냐는 비판을 어떻게 해소할 것인가? 이런 것들이 앞으로의 우리들이 다뤄야 할 논쟁점이 아닌가 생각된다.

## 3) 〈아이 엠 샘〉과 양육

영화 〈아이 엠 샘(I am sam)〉은 제시 넬슨 감독의 2001년 작품이다. 내용은 떠돌이 여자와 단 한 번의 관계로 생긴 딸을 혼자 키우며 살아가는 샘 도슨의 이야기이다. 그는 버스정류장 옆 커피 전문점에서 일하며, 딸 루시를 키우며 힘들지만 즐거운 나날을 보내고 있다.

그러나 루시가 7세가 되면서 정신지체자인 아빠의 지능을 추월해버리는 것을 두려워한 나머지 학교수업을 일부러 게을리하게 되고, 이로 인해 사회복지기관에서 루시의 생일날 샘의 가정을 방문한다. 루시의 생일파티를 준비하던 중 샘은 루시의 친구가 “루시가 그러던데 진짜 아빠도 아니라면서요. 자긴 입양됐다던데”라는 말을 듣게 되며, 사회복지사도 그 상황을 목격하게 된다.

샘의 지능은 7세 수준. 그 후 샘은 아빠로서 양육능력이 없다는 선고를 받게 되고, 결국 루시는 시설로 옮겨지고 샘은 주 2회의 면회만을 허락받게 되었다. 세상에서 가장 사랑하는 딸과의 행복한 날들을 빼앗기고 실의에 빠진 샘은 법정에서 싸울 결심을 굳히고 엘리트 변호사 리타 해리슨의 사무실을 찾아간다. 변호사 리타는 동료들에게 자신의 능력을 과시하기 위해 무료로 샘의 변호를 맡겠다고 공언하고 샘과 연대를 맺게 된다.

결국 샘이 재판에서 지게 되고, 루시는 입양된다. 그 후 샘은 계속해서 루시를 찾아가고, 루시가 살고 있는 옆집으로 이사까지 하게 된다. 루시는 몽유병 환자처럼 밤마다 몰래 방에서 빠져나와 샘의 집으로 찾아가는 등 둘 사이에 끊을 수 없는 애정을 보인다. 그러는 중에 변호사 리타가 다시 찾아와서 양육보호권을 따내는 기회가 한 번 더 있다고 말한다. 양육보호권을 갖게 되면 보고 싶을 때 루시를 볼 수 있고 옆집에서 아무 제재 없이 살 수 있는 것이다.

드디어 양육보호권을 따내기 위한 재판을 앞둔 전날 밤, 루시의 입양모인 랜디는 잠든 루시를 안고 샘을 찾아온다. 그리고 울면서 너무나 애틋한 둘 사이를 갈라놓으려 했던 것에 대해 미안함을 전하며, 재판에서 도와줄 것을 약속한다. 이런 랜디에게 샘은 루시에게는 엄마가 필요하며 그 역할을 랜디가 해 주길 바란다고 말한다. 샘은 양육보호권을 따게 되고 입양부모와 샘은 공동육아로 루시를 보살피게 된다.

여기서 윤리적 딜레마를 생각해 볼 수 있다. 루시는 입양되어야 하는가? 아니면 정신지체자 아버지 샘에게 보내야 하는가에 대한 논의를 고려해 보아야 한다. 윤리적 절대주의에 의하면 루시의 의사를 중시하고 친아버지에게 루시를 보내야 한다는 입장을 고수할 것이다. 반면 윤리적 상대주의에 의하면 루시는 적절한 환경이 갖추어져야 하므로 정신지체 장애인이 아닌 다른 사람에게 입양되어야 한다는 입장을 취할 것이다. 그러나 샘은 어느 아버지들보다 자신의 일과 딸을 사랑하는데 최선을 다하며 양육을 담당하고자 하므로 아버지의 권리 부분에 있어서 편파적으로 제한되어서도 안 될 것이다. 영화의 결론은, 참신하게 이분적 해결이 아니라 양부모와 친부모가 공동 양육하는 모습으로 아름답게 비춰준다. 우리는 가끔씩 이러한 통합적인 시각이 요청되는 것이다.

### 4) 낙태문제

생명의료윤리학계에서 가장 논쟁거리가 되고 있는 것이 바로 낙태(인공임신중절)의 도덕성 물음이다. 미국에서는 대통령 선거 때마다 임신중절에 반대하는 생명권자와 찬성하는 선택론자 사이에 심각한 논쟁이 벌어지며, 심지어 미국 뉴욕에서는 임신중절수술을 한 의사를 생명권 옹호론자가 권총으로 사살하는 사건이 발생하여 미국 전역을 발칵 뒤집어 놓을 만큼, 임신중절은 우리 사회의 핵심주제라 할 수 있다.

우리나라에서 하루에 4,100명, 1년에 150만 명의 낙태가 행해지고 있다(2008년). 이런 숫자는 매년 임신중절된 태아가 신생아의 두 배를 넘으며, 기혼여성 1,000명을 기준으로 하는 유산율로 볼 때 세계적인 수준에 이르렀다고 한다. 그래서 우리나라는 해외입양으로 '아기 수출 세계 제1위'라는 오명 외에 이제 '낙태천국'이라는 악명을 추가로 얻게 되었다. 이러한 사태의 원인으로는 생명경시풍조, 남아선호사상, 낙태관련법규의 사문화(死文化), 피임방법에 대한 무지, 성도덕의 문란 이외에도 입시위주교육의 결과로 더욱 심각하여진 청소년의 성 문제, 여전

〈주요 국가의 낙태 건수(추정치)〉

*낙태 건수: 가임기 여성(15~44세) 1,000명당 총 낙태 건수

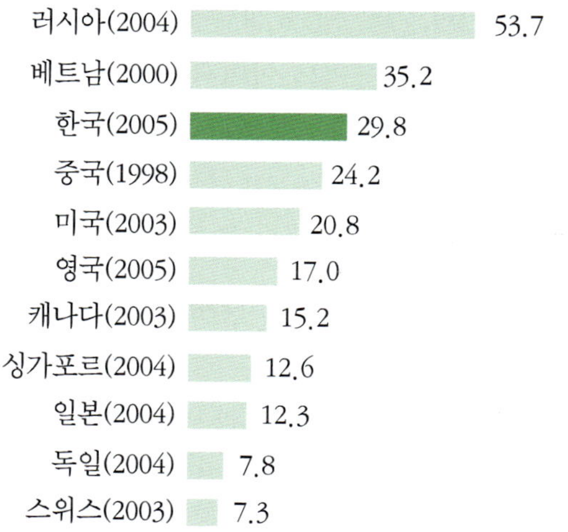


자료: 유엔·보건복지부

한 남녀 성 차별 상태에서 여성의 사회참여 욕구의 증대, 과소비풍조로 인한 퇴폐문화의 확산, 낙태시술과 관련한 의료윤리의 부재 등이 거론되고 있다. 우리나라 임신중절의 허용범위는 인신임산부의 건강에 심각한 위협을 주리라 판단될 때, 불법적 성관계에 의한 원하지 않는 임신, 태아의 결정적인 유전적 결함이 진단될 때이다.

| 각국의 출생아 대비 낙태건수 | | | |
|---|---|---|---|
| 국가 | 출생아/B | 낙태건수/B | B/A % |
| 한국 | 438,062 | 342,43378 | 78.1 |
| 미국 | 4,143,000 | 348,213 | 83.5 |
| 일본 | 1,110,721 | 301,673 | 27.1 |
| 영국 | 715,996 | 206,975 | 28.9 |
| 스웨덴 | 105,903 | 17,910 | 16.9 |
| 프랑스 | 767,816 | 210,664 | 27.4 |
| 독일 | 685,795 | 124,023 | 18.0 |
| 캐나다 | 336,603 | 100,763 | 29.9 |
| 중국 | 17,780,000 | 6,658,550 | 37.4 |

한국자료 김해중 교수 추정, 외국자료 www.johnstonsmchive.net

낙태는 잉태된 태아를 자연분만시기에 앞서서 모체로부터 인위적으로 분리시킴으로써 생명을 소멸시키는 것을 말한다. 과거에 인공유산 수술은 위험하고 비윤리적이라고 생각했기에 거의 모든 국가에서 이를 법으로 금지해 왔다. 그러나 오늘날 의학이 발달되고 사회적으로 인구 폭발에 대한 억제요구, 또 개인의 편리나 유익 혹은 사회적 이유 때문에 낙태를 손쉽게 결정하게 되었다. 국제가족계획연맹의 보고에 의하면 한 해 전 세계 신생아 수는 9,000만 명이고, 그중 낙태로 죽는 태아는 5,500만 명, 낙태수술을 받다가 사망하는 여성은 20만 명에 이른다. 전 세계의 2/3 국가들이 인공유산을 부분적으로 합법화하고 있다. 그러나 이러한 법적인 문제와 상관없이 거의 모든 나라에서 오래 전부터 고의적인 낙태가 일어나고 있다. 후진국에서는 무지로 인한 낙태가 유럽과 같은 선진국에서는 여성해방운동과 개인의 자율권 보장에 대한 적용으로 대부분의 나라에서 낙태가 합법화되어 있다.

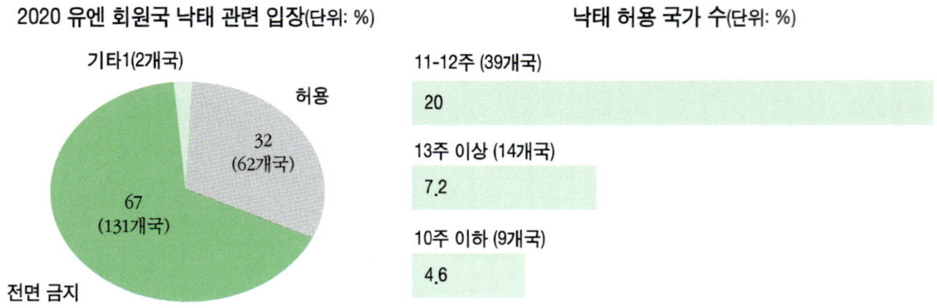


세계보건기구가 조사한 2020년 유엔 회원국 중 낙태 금지국가와 허용 국가 수

출처: 국민일보 2020년 12월 8일자

그러면 임신중절에서 핵심적인 도덕적인 문제는 무엇인가? 임신중절에 반대하는 보수주의자들의 논변은 다음과 같다.

(1) 무고한 인간을 죽이는 것은 도덕적으로 그르다.
(2) 태아는 무고한 인간이다
(3) 임신중절은 태아를 죽인다.

따라서 임신중절은 도덕적으로 그르다.

이 논증의 결론은 전제에서 타당하게 도출된다. 따라서 결론은 받아들이지 않으려면 적어도 전제 중 하나가 거짓이라는 것을 보여 주어야 한다. 대전제에 해당하는 전제 (1)은 거의 모든 윤리이론이 옳은 것으로 받아들이는 윤리 원칙이기에 이를 부인하는 것은 그만큼 증명의 부담이 크다. 전제 (3)은 적어도 태아가 체외 생존 가능성을 지니기 전에는, 현재의 의술로는 받아들이지 않을 수 없는 하나의 사실이다. 사실 전제 (3)은 엄밀히 말해 윤리적 물음보다는 오히려 사실의 물음으로 그 참 거짓을 판가름할 수 있다. 그래서 임신중절을 옹호하는 자유주의자들은 대부분은 전제 (2)를 부인한다. 임신중절에 반대하는 보수주의자들은 난자가 정자에 의하여 수정되면 각 개인의 유전적

독자성을 결정하는 23쌍의 염색체를 갖춘 단세포 접합체가 되고, 단세포 접합체는 단순히 한 세포가 아니라 정자와 난자가 만나 인간이 될 가능성을 갖고 있는 것이라 할 수 있다는 것이다. 그러므로 이 단세포 접합체가 유전적으로 인간이라는 점이 태아는 수정 순간부터 인간으로서 존재한다는 것을 입증하는 것이다.

그런데 전제 (2)에는 두 가지 주장이 함축되어 있다. 하나는 태아는 인간이라는 명제이고, 다른 하나는 태아는 무고하다는 전제이다. 이 둘의 구분이 중요한 것은, 태아는 인간이라는 사실로부터 곧바로 '임신중절은 항상 도덕적으로 그르다'라는 결론이 도출되지 않기 때문이다. 즉, 모든 살인이 도덕적으로 그른 것은 아니다. 그 한 예로써, 우리는 정당방위에 의한 살인을 들 수 있다. 태아가 인간이라고 해도 산모의 생명을 위협하는 존재라면 태아를 죽이는 것이 정당화될 수 있다. 이런 이유로 일부 자유주의자들과 페미니스트들은 임신중절의 정당성을 옹호하기도 한다.

다른 한편 극단적인 자유주의자들은 태아의 인간성 자체를 부인한다. 태아는 출생 이전까지는 도덕적 신분을 지니지 않으며 따라서 생명권을 지니지 않는다는 근거이다. 태아를 여자의 신체에 붙어 있는 하나의 혹으로 취급해 버리면 임신중절의 도덕성 물음은 아예 제기조차 되지 않는다. 왜냐하면 신체의 혹을 제거하는 것은 윤리의 물음이 아니라 건강의 물음이기 때문이다. 반면에 보수주의자들은 태아는 수정 순간부터 인간이라는 입장을 고수한다. 낙태반대론자인 한 학자는 정상적으로 성장할 수 있는 태아에게 가치 있는 미래가 있다는 것이 태아를 생명권을 지닌 인간으로 보아야 하는 결정적인 이유가 된다고 말하기도 한다. 그에 따르면, 무고한 인간을 죽이는 것이 도덕적으로 옳지 못한 이유는 그의 가치 있는 미래를 빼앗기 때문이라는 것이다.

태아의 인간성에 관한 이러한 상반된 두 주장 중 어느 주장이 옳은가? 이처럼 임신중절의 도덕성은 태아가 인간 존재로 도덕적 지위를 지니는가의 물음에 따라 그 입장이 달라질 것이다.

우리나라의 경우 헌법재판소는 2019년 4월 낙태죄의 일부 조항의 효력을 없애는 판결을 내렸다. 임신한 여성이 임신유지 · 출산여부에 관한 결정을 할 수 있는 기간을 '임신 24주 이내'로 정하고, 다시 이를 임신 14주·24주로 구분하여 허용요건을 차등 규정했다. 형법 개정안은 헌법재판소 결정 취지를 충분히 반영해 임신 14주 이내의 여성이 일정한 사유나 상담 등 절차 요건 없이 본인 의사에 따라 낙태를 결정할 수 있도록 했다(보건복지부, 2020).

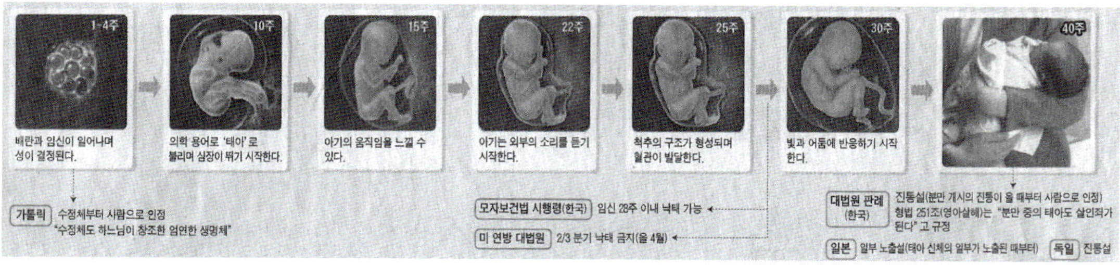


배 속 아기, 언제부터 '사람'일까?28)

## 학 습 정 리

- 상대론적 윤리설: 도덕에는 어떤 객관적이고 보편적인 표준이나 원리가 있는 것이 아니라 그것은 단순한 관습에 불과하며 선악의 개념도 주관적이어서 나에게 유리하고 즐거운 것이 선이고 옳다고 보는 것
- 절대론적 윤리설: 목적론적 윤리설과 의무론적 윤리설로 나뉜다.
- 목적론적 윤리설: 소크라테스, 플라톤, 아리스토텔레스, 공리주의가 해당된다.
- 의무론적 윤리설: 어떤 행위가 올바른지는 '어떤' 행위가 초래하는 결과로 판단하는 것이 아니라, '행위 그 자체로' 혹은 '어떠한 규칙 그 자체'에 내재되어 있는 어떤 본질적인 '속성'에 의해 결정되는 것이다.

  -칸트, 롤즈
- 절대적 윤리설은 목적론적 윤리설과 의무론적 윤리설로 나뉜다.



28) 중앙일보 2007년 7월 10일자.

- 도덕실재론자는 상대주의자와는 달리 객관적인 사실과 객관적인 진리를 주장한다.
- 도덕실재론자: 모든 사람이 인정하는 보편타당한 객관적 가치는 존재
- 매키는 ≪윤리학≫이라는 저서에서 “도덕적 가치는 존재하지 않는다”라고 함으로써 도덕적 회의주의를 견지

## 퀴즈

**※ 다음 문제 중 맞으면 ○, 틀리면 ×를 하시오.**

**01.** 도덕실재론자들은 객관적인 사실과 객관적인 진리를 주장한다. (　)

정답 ○

해설 상대주의자와는 반대

**02.** 칸트는 절대적인 도덕법칙은 수학의 진리처럼 고정불변하는 절대성, 보편성, 필연성을 갖는다고 보았다. (　)

정답 ○

해설 칸트, 플라톤 모두 도덕실재론자이다.

**03.** 상대론적 윤리설에 따르면 도덕에는 어떤 객관적이고 보편적인 표준이나 원리가 있다. (　)

정답 ×

해설 도덕은 단순한 관습에 불과하며 선악의 개념도 주관적이어서 유리하고 즐거운 것이 선이고 옳다고 보는 것

**04.** 다음 중 사상에 대한 설명으로 옳은 것은? ( )

① 도덕실재론–참인 도덕적 명제는 존재하지 않는다.
② 도덕상대주의–항상 참인 도덕적 명제가 존재한다.
③ 무도덕주의–도덕적 고려사항을 알면서도 그에 따라 행동하지 않는다.
④ 도덕적 회의주의–객관적 가치나 요구사항을 긍정적으로 본다.

**정답** ③

**해설** 도덕실재론 – 항상 참인 도덕적 명제가 존재한다.
도덕적 회의주의 – 참인 도덕적 명제는 존재하지 않는다.
객관적 가치나 요구사항 등이 존재하지 않는다.

**05.** 한국 여성의 역사적 지위에 대한 설명 중 옳지 않은 것은?

① 원시사회는 모계사회라는 것이 존재하였다.
② 고려시대는 '출가외인'이라는 관념이 미약하였고, 여성 호주가 가능하였다.
③ 고려시대에는 이혼, 재혼이 금지되었다.
④ 조선시대 후반부는 수절의 강요가 있었다.

**정답** ③

**06.** 윤리에 대한 다음의 설명 중 옳지 않은 것은?

① 무도덕주의는 도덕적 고려사항을 알면서도 그에 따라 행동하지 않는다.
② 칸트는 절대적인 도덕법칙은 수학법칙처럼 절대성, 보편성, 필연성을 갖는다고 하였다.
③ 플라톤은 도덕의 기준이 되는 보편적인 선이나 정의가 존재한다고 믿었다.
④ 도덕실재론자들은 도덕의 본성이 매우 상대적이고 임의적이라고 주장한다.

**정답** ④

SECTION 12

# 과학시대의 철학

## 1. 과학과 철학의 만남

### 1) 철학과 과학의 만남

우리는 과학과 철학의 만남을 시도해 볼 수 있다. 그러기 위해서는 그러한 시도가 어떻게 가능한가를 현대의 과학의 한 방법론을 통해서 살펴볼 필요가 있다. 이 글에서는 생명에 관한 현대의 세 가지 이론, 즉 시스템 이론, 사이버네틱스, 정보이론 가운데 사이버네틱스를 응용하여 중국사상의 원천인 ≪주역≫(周易)과 더 나아가서 유기체인 인체까지도 해석하려고 한다. 사이버네틱스는 영어로 'cybernetics'이며 희랍어인 '지배'에서 온 말이다. 그리고 이는 기계나 살아 있는 유기체 내의 통제와 자체 규율, 혹은 제어를 연구하는 것이다. 즉, 이것은 인간을 자동인형이나 사이보그로 볼 가능성을 열어주는 계기가 되는 것이다.

생물 유기체는 계속 순환 운동을 하면서 그 기능을 발휘한다. 따라서 유기체적 견해란 모든 것을 전체의 입장에서 시스템적으로 보고 부단히 변화하는 역동적인 것으로 보는 견해를 말한다.

우주를 하나의 거대한 유기체로 볼 때 그 안에는 무수한 수준의 유기체적 기관이 들어 있다. 각기 수준이 다른 유기체들은 다른 유기체들과 상호작용하면서 신진대사를 하는 등 부단한 창조활동을 한다. 이러한 수준들의 구조의 예를 인간 세계에서 살펴보자. 인체는 각 기관으로 구성되어 있고, 각 기관은 조직으로, 조직은 세포로 되어 있다. 이러한 관계는 계속 이어진다. 결국 인간은 전 우주와 함께 상호작용하면서 존재한다.

이러한 유기체적, 전체적 시각과 관계되는 것은 시스템론적 시각이다. 시스템적 관점이란 무엇인가? 그것은 어떤 사물에 대해 관찰할 때 총체적인 시각에서 바라보고자 하는 태도이며, 따라서 우리의 사유 대상이 되는 것들은 모두 시스템적 성격을 갖고 있다고 말할 수 있다. 그러므로 이러한 방법론은 오늘의 과학기술의 시대에 또 하나의 시각으로 새로이 대두되는 방법론이다.

시스템 이론에 의하면 사물은 서로 유기적으로 연관되어 있으며, 상호 간에 에너지 · 물질 · 정보의 교류가 이루어지고 있다는 것이다. 이 시스템 이론은 상위 시스템과 하위 시스템이 있는데, 상위 시스템은 몇 개의 하위 시스템들로 구성된다. 그런데 시스템 사이에 긴밀한 관계가 있다는 말은 다시 말해서 물질이나 에너지의 교류가 있거나 정보의 통신이 이루어진다는 것을 뜻하는 것이다. 이것과 견주해 볼 때 통신과 제어가 가장 잘 실현된 경우의 예가 바로 생물이라는 유기체이다. 동물의 몸과 마찬가지로 인체는 완벽한 통일체이다. 인체의 예를 들면, 음식이 위장에 저장되는 즉시 소화를 위해서 쓸개즙이 나올 것이고, 이는 소화기 시스템과 내분비 시스템 사이에 긴밀한 통신과 제어가 작동하고 있는 것이다. 이렇게 상호 관련된 시스템 사이의 통신과 제어를 연구하는 것이 사이버네틱스이며, 통신의 기술적인 측면을 담당하는 분야가 정보 이론이다. 이러한 시스템 이론이나 사이버네틱스 관점은 우리가 인간과 자연을 전체론적 시각에서 다루도록 요구한다. 그렇다면 이것은 어떻게 관련될까?

생물 유기체의 메커니즘에 대한 연구에 영향을 받았다고 볼 수 있는 사이버네틱스에서는 평형(平衡)을 매우 중요시한다. 이것은 한의학에서 질병은 '음양이 조화를 잃은 것'이라 하여 인체 시스템의 조화와 평형을 통하여 건강을 찾고자 하는 입장과 일맥 상통한다. 또한 이것은 주역에서 '강유(剛柔)의 중정(中正)'을 추구하는 사유와 기본적으로 통하고, 역의 세계관이나 한의학적 인간관에는 '中'이나 '平'의 관념이 기초되어 있는데 이것 또한 사이버네틱스의 '평형'이나 '항상성'의 개념과 일치하는 것이다. 이러한 시도는 현대적 해석을 기점으로 물(物)을 통해 정신사의 탐구를 시도해 보려는 작업이 될 것이다. 우선 현대적 용어인 '사이버네틱스'에 대해 알아보자.

## 2) 사이버네틱스

현대과학이 획득한 커다란 업적인 사이버네틱스는 '관리자'를 의미한다. 사이버네틱스는 기계와 대뇌 그리고 사회구조 사이에 공통성 혹은 공통 언어가 있다고 보며, 그 공통 언어 혹은 공통규칙들을 연구한다. 그래서 그 주된 연구는 시스템의 정보 및 제어 과정이다. 위너(Wiener, 1894~1964)는 ≪사이버네틱스≫라는 새로운 과학서를 내놓았다. 이는 인간과 기계를 정보처리 개념으로 이해하려는 것이다. "사이버네틱스는 동물과 기계에서 제어와 통신을 연구하는 과학이다"라고 말하였듯이, 동물이거나 기계의 시스템에서 그들의 공통적 특징은 정보의 변환 과정과 피드백(feedback)이라는 것이다. 피드백은 무엇인가?

피드백은 사이버네틱스의 중심원리이다. 피드백은 제어 시스템이 정보를 보내고 다시 그 작용 결과가 되돌아와 정보를 새로이 보내는데 영향을 주어서 일정한 제어 작용을 수행하는 과정을 말한다. 그 현상은 어떠한 것인가? 유기체의 시스템은 환경의 변화에 여러 방법으로 적용하는 원상태로 돌아가려는 경향이 있으며, 이때에 피드백이 균형 상태를 유지시켜 준다. 이때 부(負)피드백이 고등 유기체의 체온, 혈압, 기타의 많은 중요한 신체적 상태가 환경에 변할 때에도 비교적 일정하게 유지되게 하는 것이다.

가장 기초가 되는 이러한 피드백 원리에 이어 사이버네틱스에는 안정성 이론이 있다. 어떤 대상을 제어한다는 것은 그 대상이 목표에 이르러 안정되게 하는 일이다. 이러한 시스템의 안정성은 일정한 시간 동안 불변하므로 '항상성'이라고도 부른다. 그러므로 항상성 유지는 장기간 생물 유기체들의 정체성(identity)을 유지시켜 준다.

일반 시스템 이론의 창시자 베르탈란피(Bertalanffy)는 구조와 기능에 대해서 말했는데, 시스템의 구조가 시스템 내부 각 요소들의 상호작용 질서를 보여준다고 한다면, 시스템의 기능은 시스템이 외계에 대하여 작용하는 과정의 질서를 보여준다고 생각하였다. 또한 어떤 시스템들은 일정한 구조를 공유하고 있다고 보았다. 이것을 동형구조라 하는데, 이것 또한 사이버네틱스의 주요 관점이다. 예를 들어보자.

하루에 밤과 낮이 있는 것은 1년에 겨울과 여름이 있는 것과 구조가 같으며 우리는 그것을 음·양으로 볼 수 있다. 이러한 사유는 동양적 세계관인데, ≪주역≫은 자연이나 인간의 교감을 64가지 괘, 즉 64가지의 패턴이나 하위 시스템들로 분류한다. 전통 문화에서 오행(五行)관념은 인간과 자연의 무수히 많은 범주들에 적용되었는데 그것이 바로 동형 구조의 한 전형이다. 이러한 방법을 확대시켜서 전통 한의학에서는 오장을 중심으로 인체 시스템을 설명한다든가, 연결선인 12경락을 중심으로 해서 인체 구조를 이해하는 방법 등이 널리 체계화되었다.

그 밖에 사이버네틱스의 주요한 관점인 흑상 이론이 있다. 흑상(黑箱, black box)이란 그 내부 구조를 일시적으로 직접 관찰할 수 없고 단지 외부에서만 인식할 수 있는 시스템을 말한다. 인체라는 흑상이론에서 흑상은 그 내부 구조를 일시적으로 직접 관찰할 수 없고 단지 외부에서만 인식할 수 있는 현실 시스템이라 할 수 있다. 이러한 흑상개념은 상대적이고 때로는 한 시스템에 대한 입력과 출력만 보고 그 시스템의 내부구조나 상태는 고려할 필요가 없는 경우가 있다. 예를 들면 해부학을 거의 사용하지 않으면서 인체를 진단하고 치료하는 한의학적 방법은 흑상이론이 적용된 전형적 예이다. 그러면 사이버네틱스를 응용하여 주역을 해석하여 보자.

### 3) 역(易)과 철학의 이치

중국 문화의 주요한 뿌리이면서 모든 고대 철학의 출발점인 ≪주역≫은 동북아시아에서는 어느 시대 어느 곳을 막론하고 모든 경전의 으뜸이라 할 수 있다. 중국의 세 권의 현묘한 책(三玄), 노자, 장자, 주역 중에서 ≪주역≫은 본래 점서로 형성되었다가 후에 철학적인 해석이 가해지면서 체계적인 형이상학이 되었다.

이때 '역(易)'은 어떻게 규정되고 있는가? 이치의 파악이 정밀하고 자세하여 사람들을 교화시키고 음양의 변화, 즉 신화(神化)를 말하는 것이라고 중국 사람들은 생각하였다. 또한 공자는 '역'이란 천하의 도리를 간직하고 있는 것이라고 하였다. 이러한 인식은 '역' 속에 있는 철학적 이치가 자연의 도(道)임을 나타내는 것이다. 풀어서 말하자면 만물은 천지음양의 기가 밀접하여 섞임으로써 생성된다는 것이다. 그러나 '역'의 진리는 모두 인간에 의해 구현된다.

'역경(易經)'의 체계가, 최근까지 동양인의 마음에 계속 영향을 주고 있다는 것은 사실이다. 서양의 학자들은 이러한 경향이 중국의 진정한 과학의 진보에 걸림돌이 될 것이라 보았으나, 오행설이나 음양설은 중국의 과학사상의 전개에 유해하기보다는 오히려 유리하다고 보는 것이 타당할 것이다. 어떻게 그것이 가능한가?

'역경'에 따르면 이 세상에 나타나는 모든 현상은 양과 음, 강(剛)과 유(柔)의 상호작용과 반작용에 의한 상황의 교체일 따름이다. 강유, 음양을 가지고 모든 것을 풀이하는 '역'에서 추구되는 목표는 '중도'였다. 이러한 주역의 도덕적 이상인 '中'은 사이버네틱스의 '평형'과 비유된다. 왜냐하면 사이버네틱스의 제어와 통신은 일종의 관리술이라 할 수 있고, 어떻게 정보를 입수하여 필요한 조치를 취할 것인가를 연구하기 때문에 현대의 역동적 평형의 개념과 흡사하다고 볼 수 있다. 그러므로 주역은 자연 자체를 음양의 '조화'와 '역동적인 평형'으로 파악한 것이다.

주역에서는 현상을 통해서 본체를 알 수 있다는 믿음이 있고, 이것은 동형구조의 원리에 의해 한의학의 장상론(臟象論)과 유사하다. 그러면 한의학을 통한 인체 이해와 현대 과학기술의 방법은 어떠한 관계가 있는가?

과학기술의 방법인 사이버네틱스의 입장에서 말하자면, 세계는 복잡한 시스템이지만 우리가 결코 알 수 없는 것은 아니다. 이 시스템을 이해하기 위한 방법이 바로 흑상이론이었다. 보이는 부분을 통해서 보이지 않는 부분을 알아내는 것이다. 즉, 현상을 통해 본질에 파악되는 것이다. 그러면 인체는 이 현대적 기법과 어떻게 관련될 수 있는가?

### 4) 상생, 상극

현대는 과학과 철학의 접목을 시도하고 있으며, 과학의 한 영역인 물리학에서의 소립자의 세계는 직선적 사고 패러다임에서 순환적 사고로 진행하고 있다.

그런데 순환논리(circular logic) 회로를 갖는 시스템이 각광을 받은 것은 사이버네틱스 이론이고, 이 이론은 생명체 등의 연구에 두루 적용되는 이론이다.

시스템적 견해는 세계를 관계와 통합의 견지에서 보는 것에 바탕을 두고 있다. 시스템이라는 것은 통합된 전체이며, 시스템적 접근은 기본적인 구성체나 구성 요소를 집중적으로 다루는 대신, 조직체의 기본적인 원리를 강조한다. 시스템의 예는 자연 속에 널려 있다. 박테리아로부터 광범위한 식물과 동물을 거쳐 인간에 이르기까지의 모든 유기체는 그 하나하나가 통합된 전체이며, 그래서 살아 있는 시스템들인 것이다. 세포는 살아 있는 시스템이며, 육체의 여러 가지 조직과 기관도 그러하며, 가장 복잡한 예로서의 인간 두뇌도 그러하다. 그러나 시스템은 개별적인 유기체나 그 부분에만 국한되어 있는 것이 아니다. 개미탑, 벌집, 또는 인간 가족과 같은 사회제도 그리고 다양한 유기체와 무생물질로 이루어져 상호작용하는 생태계에도 그와 동일한 전체성이 표현되는 것이다. 야생 지역에 보존되어 있는 것은 개개의 나무나 유기체가 아니라 그 복잡한 그들 사이의 관계의 그물인 것이다.

이 모든 자연적 시스템은 그 부분들 사이의 상호작용과 상호의존으로부터 그 독특한 구조가 생기는 전체적인 것이다. 시스템의 활동은 그 많은 구성 요소 간에 동시적이며 서로 의존하는 상호작용인 거래라고 알려진 과정을 내포한다.

그러므로 시스템적 사고는 과정의 사고이고, 우리 인체도 몇 개의 기관으로 구성된 기관 시스템을 갖고 있으며, 각 기관은 조직으로 구성되었고 각 조직은 세포로 만들어졌다. 이러한 시스템 수준 간의 관계는 간단하게 '시스템 나무(system tree)'로 표현될 수 있다.

진짜 나무에서와 같이 모든 시스템 수준에서 상호연결과 상호의존이 있으며, 각 수준은 그 전체의 환경과 상호작용한다. 이 시스템 나무의 줄기는 개개의 유기체가 더 큰 사회적, 생태적 시스템과 연결되어 있음을 시사하고, 그 사회적 생태적, 시스템도 역시 같은 나무구조를 갖는다. 즉 시스템은 각각의 수준에서 개별적 유기체를 형성한다.

그러면 사이버네틱스를 통해 본 한의학의 현대적 이해를 살펴보자. 일반적으로 우리는 질병이 신체 내부의 암흑 속에서는 시체의 부검의 형태로, 살아 있는 인간에게서는 해부를 통해 드러난다는 것을 알고 있다. 서양에서는 18세기에 시체 해부가 모든 사람들에게 공인되었으나, 이러한 서양의학의 일반적인 체계와는 근본적으로 다른 한의학의 체계에서 사이버네틱스라는 방법론을 시도한다.

모든 육체 위에서 벌어지는 변화들은 원인은 아니더라도 적어도 질병의 자리나 성격을 규정해내고 있다. 인체 자체가 질병을 판독하는 길이다. 그러므로 중국의학에서는 신체 자체가 지리학적이라 할 수 있다.

앞에서도 서술했듯이, 한의학은 진찰에 있어서 장부(臟腑)와 음양, 경락, 사기(邪氣)를 본다. 한의학은 흑상을 열지 않고 인체를 조절하고 제어하는 의학의 이론체계이며 증후에 따라 치료하는 것이다. 사이버네틱스의 흑상이론도 대상시스템 전체의 연관 속에서 대상을 인식하고, 개조하는 종합의 방법을 사용하며, 이른바 흑상을 열지 않고 시스템을 연구하는 방법이다. 바로 이러한 점에서 인체와 사이버네틱스 이론은 연결되는 것이다.

인체라는 흑상에 대해 춘추전국시대에 ≪황제내경≫이 나타나면서 독특한 치료의 체계를 건립해 갔다. 이 ≪내경≫은 인체의 구성, 질병의 발생원인, 보건양생 등을 기(氣)를 중심으로 해석하였고, 이때의 기는 음양이기도 하고 강처럼 우리 몸 속을 흐르는 것이기도 하다. 약 5천 년 전에 쓰였고, 인간의 신체 변화를 나이별, 성별로 알기 쉽게 설명한 책인 ≪황제내경≫은 전국시대 편작(扁鵲)이라는 명의에 의해 출현한 책으로 자연과 인간에 대한 고대 중국인의 이해를 잘 보여주고 있다. ≪황제내경≫에는 인간을 '소우주', 세계를 '대우주'로 간주하는 세계관이 잘 드러나고 있다. 그리고 ≪황제내경≫은 유기체적 신체관을 나타내고 있다. ≪황제내경≫은 육체가 정신에 영향을 끼치고, 나아가 정신도 육체에 영향을 끼친다는 상호 간의 역동적 인과관계를 주장한다. 그러므로 '노여움은 간을 상하게 한다'와 '간에 기가 가득차면 화를 잘 낸다'라는 설명이 나오고 정신활동이 육체활동의 원인일 수 있고, 반대로 육체 활동이 정신 활동의 원인일 수 있음을 보여준다.

온 우주의 특수한 구성부분이라고도 할 수 있는 인체는 정상적인 상태에 있을 때(음양) 평형의 안정 상태에 있게 된다. 이때 음양변증은 바로 흑상을 제어하는 방법인 부피드백 조절과 같은 것이다. 그러므로 조절의 원리는 음양을 조절하여 균형을 추구함이다. 사이버네틱스의 언어로 이해한다면 '음양'은 '+', '−'의 목표차인 것이다.

사이버네틱스 관점 중 흑상이론에서 복잡한 시스템을 제어하는 중요한 방법의 하나는 시스템에 대한 입력·출력의 연구를 통해 시스템의 내부구조를 추측하고 효과적인 제어를 위하여 대상 시스템과 동일한 구조를 갖는 모형을 세우는 것이다.

이러한 모형을 한의학은 장상(臟象) 학설을 중심으로 세웠다. 증상변수라 할 수 있는 상(象)이란 밖으로 드러난 것이고, 장(臟)이란 숨어 있는 어떤 것이다. 이렇게 인체는 시스템화될 수 있는 것이다.

사람들은 인체의 생리 병리 법칙들에 근거하여 인체라는 흑상에서 심장(心), 비(脾), 폐(肺), 신장(腎), 간(肝)의 오장의 하위 시스템을 분류하고 상변수로부터 각 하위 시스템의 장변수를 추론해 냈다. 밖에서 안을 비춰보아 사람의 장부를 보는 것이라 할 수 있다. 인간의 한 발생 이론에 의하면 오장이 갖추어진 연후에 육체가 생겨난다고도 했다. 그러므로 오장은 인체 탐구의 주요 기본 요소가 아니겠는가?

한의학에서는 장(臟)과 부(腑)를 우리 몸의 주요기관으로 잡고, 이들의 오행적 상호작용과 조화 균형을 건강의 기본으로 본다. 목, 화, 토, 금, 수의 오행체계는 순환체계를 형성하고 있다. 그들은 목생화(木生火), 화생토(火生土), 토생금(土生金), 금생수(金生水), 수생목(水生木)의 상생관계와 목극토(木克土), 토극수(土克水), 수극화(水克火), 화극금(火克金), 금극목(金克木)의 상극관계를 이루고 있다.

이러한 오행사상은 한의학의 상호 피드백의 자동·제어 관계를 순서적인 상생상극(相生相克) 관계로 해석하게 하는 데 영향을 주었다. 즉, 신장의 정기가 간을 보양하고, 간의 혈은 심장으로 가며, 심장의 열은 비장을 따뜻하게 하고, 비장은 수곡(水穀)의 미세한 기운을 폐로 보내며, 폐는 맑고 깨끗하게 하는 기능으로 내려가 신장을 돕는다고 할 수 있다. 이러한 오장들은 경락이라는 연결선을 통하여 상변수로 나타난다. 상변수에 대한 장기적인 연구를 통해 형성된 인체 흑상에 대한 구조적 모형에서 장부들이 여러 피드백 회로를 통해 형성하여 상대적인 안정성을 유지하는 메커니즘은 사이버네틱스의 내안정기와 극히 유사하다고 할 수 있다. 항상성을 유지시키는 장치인 내안정기는 '초안정 시스템'이라고도 한다.

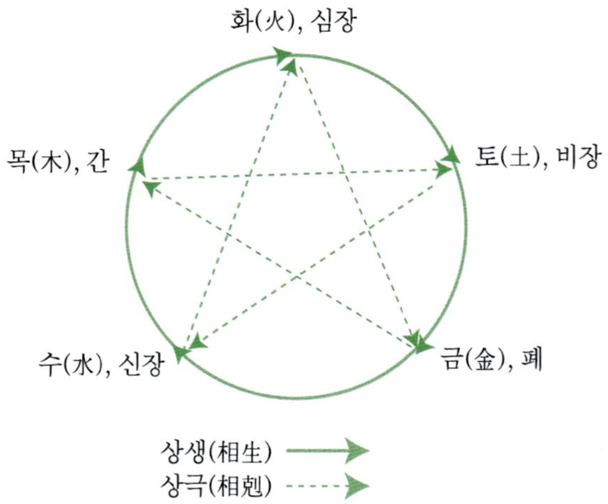


이와 같은 목·화·토·금·수의 오행사상을 이용한 장변수 해석을 시도해 보면, '목극토'에서 木이 너무 강하면 土를 이긴다는 것을, 즉 간의 기운이 지나치면 오히려 비장을 해친다는 것을 유추해 볼 수 있다. 또한 위의 그림에서 '비장이 허하면 水를 제어할 수 없다'는 사실도 이끌어 낼 수 있다. 이러한 관점들은 자연을 관념적으로 이해하게 하는 입장이고, 또한 복잡한 인체를 단순화·체계화시켜서 이해하는 것을 도와준다고 볼 수 있다.

### 5) '중(中)'의 사상

이제까지 주역 사상과 인체 이해를 현대과학적 방법으로 접목시켜 보았다. 주역과 한의학 그리고 사이버네틱스가 근본 성격에서 상통할 수 있는 것은 그것들 모두가 유기체적 세계관과 연관되어 있기 때문인 것이다.

주역의 도덕 이상인 '중(中)'의 사상은 사이버네틱스의 평형이나 항상성의 개념과 극히 유사하고, 인체의 각 계통과 기관은 자연계의 오행의 기와 서로 관계를 가지며, 그 기능은 오행의 제어 특성과 유사함을 알 수 있었다. 자연계의 오행은 상생 상극하는 관계에 있으며 만물 또한 낳고 이기며 제어하고 변화시키는 총체적 관계 속에 있다고 볼 수 있다. 이러한 관계와 상응해서 인체 속 오장의 생리활동 역시 서로 기르거나 억제하여 상호관계를 갖는 유기적 총체를 이루어 생명의 정상적 활동을 유지할 수 있는 것이다.

또한 인체라는 흑상을 열지 않는 연구와 제어방법을 사용한 한의학과 사이버네틱스라는 두 부문의 학문이 공통으로 갖고 있는 방법론은 새로운 과학기술의 조건 아래서 두 학문이 상호 침투할 수 있다는 사실을 보여주고 있다. 앞으로 이러한 과학과 철학의 만남은 여러 방면에서 발전되고 연구되어야 할 영역이 아닌가 한다. 최근 과학은 물질에서 마음으로 가고 있다고 하지 않는가? 이런 관점들에 비추어볼 때, 우리가 이제마의 ≪사상의학≫을 기초로 하여 우리의 종래의 체질 분류를 의미 있는 결과로 이어갈 수 있도록 연구, 노력해 보는 것은 큰 의의가 있으리라 생각된다. 심신 균형을 바탕으로 하는 체질에 대한 우리 고유의학적 정립도 동양의학 속에서 현대과학 기술을 응용하여 발전시켜야 하는 과제로 남아 있다고 생각된다.

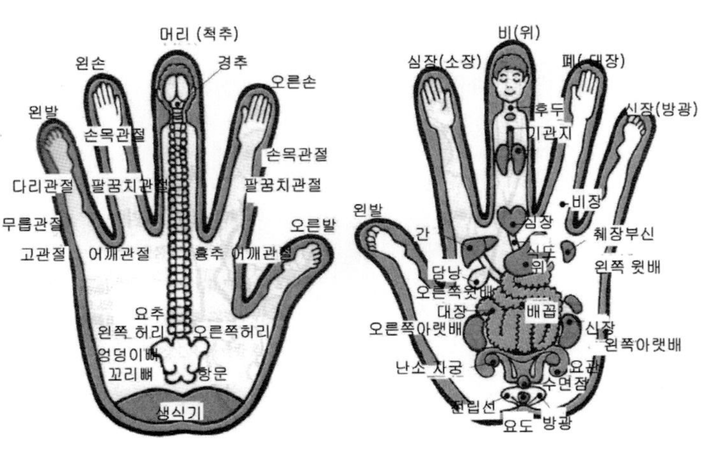

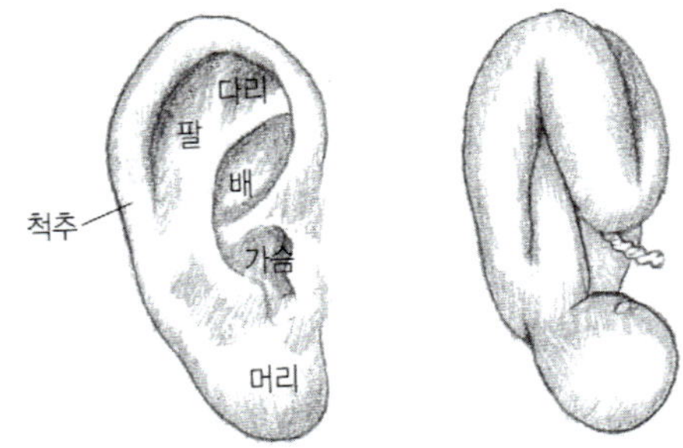
다리
팔
배
척추
가슴
머리

귀

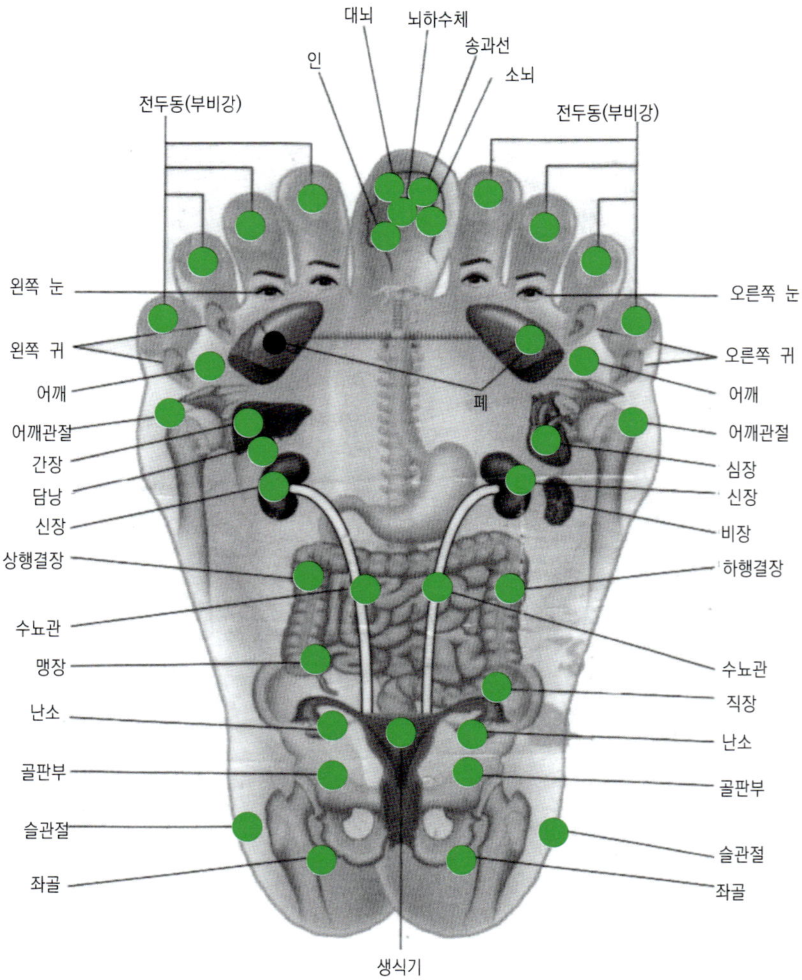
대뇌
뇌하수체
송과선
인
소뇌
전두동(부비강)
전두동(부비강)
왼쪽 눈
오른쪽 눈
왼쪽 귀
오른쪽 귀
어깨
폐
어깨
어깨관절
어깨관절
간장
심장
담낭
신장
신장
비장
상행결장
하행결장
수뇨관
수뇨관
맹장
직장
난소
난소
골판부
골판부
슬관절
슬관절
좌골
좌골
생식기

오른발 왼발

현대철학은 어디로 가고 있는가? 관념적인 철학과 소우주인 인간의 육체를 연결한 철학적 이론은 많은 시사점을 주고 있다. 만물이 나와 일치하고, 이러한 자연이 관념적으로 이해되었다. 이러한 유기체적인 세계관은 의학체계와 '마음과 몸', 즉 '정신과 육체'의 관계의 역동적 인과관계를 탐구를 가능하게 만든다.

## 학습정리

- 우리들은 인체의 생리 병리 법칙들에 근거하여 인체라는 흑상에서 심장(心), 비(脾), 폐(肺), 신장(腎), 간(肝)의 오장의 하위 시스템을 분류하고 상변수로부터 각 하위 시스템의 장변수를 추론해 냈다.
- 인체는 정상적인 상태에 있을 때 음양 평형의 안정 상태에 있게 된다.
- ≪황제내경≫은 유기체적 신체관을 나타내고 있다. 그래서 ≪황제내경≫은 육체가 정신에 영향을 끼치고, 나아가 정신도 육체에 영향을 끼친다는 상호 간의 역동적 인과관계를 주장한다.
- 우리의 신체는 지리학적이다.
- ≪주역≫은 자연이나 인간의 교감을 64가지 괘, 즉 64가지의 패턴이나 하위 시스템들로 분류한다. 전통 문화에서 오행(五行)관념은 인간과 자연의 무수히 많은 범주들에 적용된다.

## 퀴즈

**※ 다음 문제 중 맞으면 ○, 틀리면 ×를 하시오.**

**01.** 인체는 정상적인 상태에 있을 때 음양 평형의 안정 상태에 있게 된다. (   )

정답 ○

해설 중용의 철학

**02.** 빈칸에 알맞은 단어를 넣으시오.

> 오장은 (　　), 비(脾), 폐(肺), 신장(腎), 간(肝) 등이다.

정답 심장(心)

**03.** 다음 중 역(易)에 대한 설명으로 가장 적절한 것은?

① 역(易)은 공자가 처음으로 주장하였다.
② 노자와 장자는 역(易)을 받아들이지 않았다.
③ 만물의 변화와 생성의 원리
④ 역경의 성립은 주나라와 관련이 없다.

정답 ③

**04.** 다음 중 역(易)에 대한 설명으로 옳지 않은 것은?

① 64괘의 원리이다.
② 역경의 근본원리이다.
③ 만물의 변화와 생성의 원리
④ 역경의 성립은 주나라와 관련이 없다.

정답 ④

**05.** 다음의 설명 중 옳지 않은 것은?

① 주역은 자연을 음양의 조화와 역동적인 평형으로 파악한다.
② 주역의 중(中)은 사이버네틱스의 평형이나 항상성의 개념과는 아무 관련이 없다.
③ 역(易)은 만물의 변화와 생성의 원리이다.
④ 역(易)은 중국사상의 근본원리이다.

정답 ②

## 2. 과학의 실례

### 1) ≪멋진 신세계≫와 인간복제

≪멋진 신세계≫(1932)를 저술한 올더스 헉슬리(Aldous Huxley)는 영국이 낳은 현대작가 중 가장 뛰어난 작가의 한 사람이다. 그의 조부는 저명한 동물학자 T. H. 헉슬리이고, 그의 형은 생물학자이며 심리학자인 J. S. 헉슬리이다. 미래 인류 사회를 예언한 ≪멋진 신세계≫의 주제는 극도로 발달한 기계문명과 과학의 결과 앞에서 노예로 전락하여 마침내 인간성과 가치를 상실한 인간사회의 비극의 묘사이다.

≪멋진 신세계≫는 25세기의 인간들이 어떻게 살아가는가를 공상과학적으로 그려준 인간적인 차원의 문제 작품이다.

세계는 런던 중앙 인공부화·조건 반사 연구소에 있는 실권자 10여 명에 의하여 통치된다. 인공부화장치는 96쌍을 한꺼번에 양산하는 기계로 태아 때부터 알파, 베타, 감마, 델타, 엡실런의 5등급으로 구분되어 길러진다. 신세계에서는 한 난자에서 180가지의 인간을 생산해내는 공장이 있고, 아이들은 강압적인 조건 속에서 교육되고 훈련시켜진다. 신세계에서는 태어나서부터 모든 통제와 간섭 속에서 일생을 살아야 하고, 자유라는 개념과 가난, 질병, 고통, 이상, 소원, 개성이 사라진다. 이 시대는 모두가 인공 수정된 까닭에 어머니가 없다. 가정이란 개념도 없어졌기에 한 남녀가 장시간 사랑을 나눈다는 것은 '불순용의자'로 주목받는다. 자유로운 성관계는 신세계의 기본 도덕률로서 알파 플러스 계급의 한 교수는 넉 달 동안 640명의 여성과 관계를 맺는다. 고민이 있으면 알약을 먹어 거뜬히 해결된다.

이러한 신세계에서 버나드 막스라는 남성과 레니나라는 여성은 인공수정 때 알코올이 너무 많이 들어가 이단자로 태어나 자기 주장들을 하고 싶어 한다. 레니나는 알파 플러스 계급의 건강하고 관능적인 여성인데 어느 날 버나드와 뉴멕시코 근교의 야만인 마을을 구경 갔다가 그곳에서 백인 존을 발견한다. 그들은 존을 문명사회로 데려오나 존은 적응하지 못한다. 존은 레니나에게 애정을 고백하나 문명사회에서는 결혼의 풍속이 사라졌기 때문에 레니나는 그 의미를 전혀 모른다. 존은 문명세계에 환멸을 느끼고, 폭동을 유발하나 실패한다. 최고 통치자 본드는 그를 징계하고, 그는 압박감 때문에 자살하고 만다.

과연 헉슬리의 예언대로 이러한 신세계는 실현될 것인가? 20세기의 현대 인류는 양, 젖소, 원숭이 등을 복제시켰다. 이러한 시점에서 헉슬리의 묘사처럼 인류가 과연 동일한 인간을 수백, 수천 명씩 대량 생산해 내는 이른바 보카노프스키 식의 인간복제를 하는 시대가 올 것인가?

21세기의 시초에서 많은 종교단체와 윤리단체가 비자연적이고 몰개성적인 인간복제를 반대한다. 인간복제는 일찍이 과학자들 사이에 성인의 체세포로부터 인간의 배아를 복제하는 것은 불가능하다는 견해가 지배적이던 시기부터 찬반이 대립되어 왔다. 인간복제의 윤리적 문제가 본격적으로 대두된 것은 데이비드 로비크의 ≪복제인간≫(In His Image The Cloning of a Man, 1978)에서 복제 기술로 한 아이가 만들어졌다는 충격적인 주장이 제기된 이후였다. 이 작품은 67세의 독신인 한 백만장자가 자신과 똑같은 복제 인간을 만들고 싶어 과학 저널리스트인 저자에게 전화를 걸어온 장면으로 시작한다. 그래서 백만장자의 체세포에서 핵을 추출해 핵이 제거된 난세포와 융합시키는 데 성공하고, 이것을 대리모의 자궁에 착상시켜 1976년 12월 미국 캘리포니아의 한 병원에서 최초의 복제 인간이 태어났다는 것이다. 인간은 복제(클론)될 수 있는가? 아니 이 책에서처럼 인간복제가 이미 일어났는지도 모른다. 로비크의 ≪복제인간≫은 출판되자마자 '진실이냐 허구냐'의 논쟁을 불러일으키고 학계, 종교계의 온갖 반박과 비난을 야기했다고 한다. 보편화된 유전공학 기술은 커다란 발전을 이루었지만 이러한 기술의 사람에 대한 응용은 사회적으로 매우 강한 거부감이 투영되는 것은 사실이다. 헉슬리의 ≪멋진 신세계≫처럼 복제 인간

국가의 출현이 사람들은 두려운 것이다. 헉슬리는 과학기술의 지나친 남용으로 인해 인간성이 파괴되는 미래세계를 예견하고 있는 것이다. 그러므로 ≪멋진 신세계≫는 우리에게 인류의 미래를 한번쯤은 생각해 보고 인간의 존엄성과 유일무이한 가치를 깨닫게 해 주고 있다.

## 2) 인간복제와 윤리

### (1) 인간복제의 의미

인간복제는 추상적 의미에서 어떤 인간과 유전형질을 포함한 모든 면, 외모, 성격, 감정, 취미, 능력 등이 똑같은 인간을 만드는 것을 의미한다. 설화에 나오는 '옹고집'이나 자신의 털을 이용해서 분신을 만드는 서유기의 손오공이 이에 해당한다. 자기 자신과 똑같은 존재가 있을지도 모른다는 생각은 사람들에게 일종의 정체성 위기를 불러일으킨다. 그러나 현재 문제가 되고 있는 인간복제는 생물학적인 인간복제, 즉 한 개체와 유전적으로 동일한 또 다른 개체를 만드는 것을 의미한다.

일반적으로 우리가 복제인간이라고 말하는 것은 인간개체복제(human individual cloning) 기술을 이용하여 한 인간과 유전적으로 동일하게 만들어진 인간이라고 할 수 있다. 인간복제를 배아복제와 많이 혼동을 하는데 배아복제란 정자와 난자를 수정해 생명을 탄생시키는 것이 아니라 인간의 수정란을 분할하거나 체세포를 핵이식해 인공적으로 복제한 배아를 말하는 것이다.

인간복제는 인간배아복제라 말해야 한다. 한때 배아복제 허용 여부가 관심사로 부각되기도 했다. 배아복제의 국제 규제에 대한 유엔 논의가 본격화하기 전에 서울대학교 수의대학 황우석 교수가 유엔 본회의장에서 난치병 치료에 대한 배아복제의 효용성을 주장한 것이 계기가 되었다.

오늘날 생명복제기술이 화두가 된 까닭은 무엇인가? 이제껏 인간을 포함한 생명의 탄생은 생식세포의 결합으로만 가능한 것으로 우리는 알아왔다. 그러나 과학자들의 노력이 우리에게 보여주는 바는 생식세포의 결합이 아닌 일반 체세포와 난자의 결합체가 새로운 생명으로 탄생하게 되는 것이 가능하다는 사실이다. 더욱이 놀라운 것은 난자세포의 유전인자가 제2세대에 전혀 반영되지 않음으로써 체세포 제공자의 유전자와 정확하게 동일한 2세대가 탄생하는 것이 가능하다는 사실이다. 자신과 동일한 존재자를 만드는 것이 이제 가능하게 된 것이다. 새로운 과학기술이 우리에게 경이와 놀라움을 안겨준 것은 인류가 살아온 이래로 흔한 일이었지만, 지금의 생명 관련 기술이 보여준 미래 인간 삶의 그림은 너무나 충격적인 것이다. 인간복제는 복제하고 싶은 인간의 세포에서 핵을 추출하고 여성의 난자를 추출하여 그 핵을 제거한 다음 이 탈핵 난자와 복제를 원하는 인간 세포의 핵을 결합시킨다. 이를 핵치환이라 일컫는다. 이때 난세포와 세포핵이 잘 이식될 수 있도록 전기충격을 가한다. 이렇게 만들어진 1개의 수정란이 복제된 인간인 것이다.

인간의 복제는 두 가지 방법이 있다. 그것은 생식세포를 이용한 복제와 체세포를 이용한 복제이다. 생식세포는 분화전능(分化全能)이 있어서 간세포나 뇌세포나 유방세포로 될 수 있는 능력을 가지고 있는 세포인데 반하여, 체세포는 간세포, 유방세포와 같이 세포의 특성이 결정된 세포를 말한다.

영국 로슬린 연구소의 윌머트 박사에 의해 양의 복제에 성공, 1996년 3월 7일자 '네이처'지에 발표됐다. 이 '돌리'라는 이름이 붙여진 양은 보통 양과 달리 암컷과 수컷의 난자와 정자가 결합한 수정란이 아니라, 암컷의 체세포이다. 체세포의 성장으로 탄생한 동물은 그것을 제공한 어미와 똑같은 유전형질을 갖는다. 1997년 '돌리'가 공개될 때까지 사람들은 이러한 복제동물의 탄생을 불가능한 것으로 알고 있었다.

많은 사람이 복제 양 '돌리'의 소식을 접하고 인간복제의 가능성에 대한 물음을 갖게 되었다. 또한, 비슷한 시기에 복제 원숭이가 탄생하였다는 소식을 듣고서 인간복제에 대한 관심과 우려가 더욱 증폭되었다. 이제 '돌리'의 탄생과 함께 인간복제 가능성은 현실적으로 논의되었다. 인간복제의 문제는 눈앞에 다가온 현실이 된 것이다. 체세포복제는 무성생식을 통하여 인간생명이 탄생될 수 있는 길을 열어 주고 있다. 복제된 인간은 '한쪽 부모 아이'에 불과하거나, 아니면 그 유전자가 원본과 동일하므로 부자(父子)나 모녀 쌍둥이가 되는 것이다.

### (2) 인간복제의 문제

인공수정이 처음 행해졌을 때, 많은 윤리학자들과 성직자들이 신의 영역을 침범하는 것이라고 주장했었다. 로마 카톨릭을 비롯한 종교계에서는 인간을 복제하는 것은 비자연적이며, 생과 사를 인위적으로 조작하는 것은 신의 고유 영역을 침해하는 행위라고 하였다. 그러나 이제 인공수정 그 자체가 논란의 대상이 되기보다는 어떠한 정자와 난자를 수정시키는가에 따라서 그 도덕성을 논의하는 상황이 되었다.

한 예로, 미국에서 어떤 산부인과 의사가 동의 없이 여인들의 난자를 환자들 몰래 자신의 정자와 수정시켰던 사건이 발생했었다. 인구가 매우 적은 소도시에서 유치원을 보내게 되면서 부모들은 자신의 자식들이 서로 비슷하게 생겼다는 사실을 금방 알게 되었고, 의사는 자신의 정자를 환자의 동의 없이 수정시켰다는 사실을 고백하였다. 이것은 인공수정을 한 부모들이 본의 아니게 서로 생물학적으로 형제가 되는 자식들을 가지게 됨으로써 발생하게 되는 윤리적 문제이다.

인공수정에서 발생하게 되는 또 다른 윤리적 문제는 제공되는 정자에 대한 건강진단이나 어떠한 조치를 실시하지 않고, 제공할 때 발생하게 된다. 에이즈나 성병과 같은 질병에 감염된 정자제공자의 정자를 아무런 조치 없이 인공수정시키는 것은 엄청난 도덕적 문제를 발생시킨다.

인공수정과 달리, 복제기술은 체세포와 난자를 접합시키는 것이기 때문에, 동성애자들도 자식을 가지게 되는 데 아무런 심각한 기술적 문제에 봉착하지 않을 수 있게 된다. 게이들은 자신들의 체세포를 떼어내서 난자제공자의 난자와 수정시킨 후 곧 대리모의 자궁을 빌려서 자신들의 자식을 가질 수 있게 될 것이고, 대리모의 정당화의 문제가 또다시 거론될 것이다. 레즈비언의 경우에는 자신들의 체세포를 자신의 난자와 수정시키고 자신들의 자궁에서 바로 임신할 수 있게 될 것이다. 하지만 인간의 탄생과정에서 남성의 역할이 전혀 필요 없다는 사실은 대단히 충격적으로 받아들여지고, 우리의 가족구조에 심각한 변화를 가져올 확률이 크다.

인간복제기술도 인공수정과 마찬가지로 그 자체가 인간의 존엄성에 훼손을 준다. 그 기술에서는 어떠한 체세포와 어떠한 난자를 수정시키는가와 무슨 목적으로 그러한 복제를 하려고 하는가에 그 도덕성이 달려 있게 된다. 또한, 한 개인과 유전자상 동일한 존재자의 재생을 목표로 하는 복제기술이 두 인간을 완전히 동일한 인간으로 만드는 것은 아니다. 즉, 복제인간은 원래의 인간과 유전적으로만 동일하다. 인간은 자신의 개성을 형성하는 과정에서 유전인자로부터 영향을 받기도 하지만, 또 많은 부분은 직간접적 경험을 통하여 자신의 삶을 만들어가게 된다. 동일한 유전인자를 소유한 복제인간조차도 시간과 공간상의 차이에서 불가피하게 발생하는 경험의 차이로 인하여 상당히 다른 삶을 살게 될 운명을 가지고 있다. 아직까지 추억이나 마음까지 복제할 수는 없는 것이다. 이렇듯 인간복제는 과연 인간의 존엄성을 훼손하는가에 대한 우리의 입장을 정립하여야 하는 당위성이 요청된다.

우리는 먼저 동물복제의 도덕적 정당성을 검토함으로써 인간복제에 대한 우리의 견해를 정립할 근거를 발견하게 될 것이다. 아마 동물을 복제함으로써 발생하게 되는 윤리적 문제는 그다지 크지 않으리라고 생각한다. 고유한 사고와 독립적 삶을 영위할 수 있는 인간을 복제한다는 것이 어떤 윤리적 문제를 안고 있다면, 그런 것과 동일한 것이

동물복제에도 적용될 수 있는가?

나아가서 인간의 장기이식에 사용할 동물장기를 배양하는 기술도 인간에게 긍정적인 역할을 할 것이고, 동물과 관련된 생명공학기술은 혈우병, 당뇨병, 암 등의 치료제를 대량생산하는 형질전환동물을 개발하는 데 이용될 수도 있다. 이렇게 우리는 동물을 인간의 복지향상을 위한 수단으로써 이미 활용하고 있거나, 활용할 수 있는 단계에 접어들었고, 동물복제기술은 멸종위기에 처한 희귀동물을 안전하고 확실하게 번식시키는 방도로 사용될 수 있다.

우리는 이제 "왜 우리는 인간복제를 해야 할 필요가 있는가" 또는 "그것이 도덕적으로 정당화될 수 있는가"라는 문제를 진지하게 검토해보아야 한다. 자신이 사랑하는 사람, 또는 능력 면에서 우월한 사람을 다시 한 번 이 세상에서 존재할 수 있도록 하기 위한 목적으로 '복제인간'을 만들 수 있다. 어떤 부인이 너무도 어린 나이에 죽은 자식을 보고 싶어서, 그 자식이 죽은 직후에 체세포를 떼어내서 냉동해두었다가 핵치환 방식을 통하여 수정란을 만들어서 그것을 자신의 자궁에 착상시켜 죽은 자식과 동일한 제2의 자식을 만들려고 할 경우에 어떻게 할 것인가? 또 가계의 혈통을 이어가려는 목적으로 사망한 남편의 체세포를 떼어내서 자식을 만드려는 것은 어떤가? 또 현재의 남편이 정자를 생산할 수 없는 형편이라면 체세포와 자신의 난자를 수정시켜서 남편의 복제인간을 만드는 것이 도덕적으로 정당한가? 이때 복제된 인간은 부모-자식의 관계인가 아니면 시차를 둔 쌍둥이인가? 인간복제는 전통적 의미의 가족관계에 상당한 변화를 가져올 것이다. 또한 이 경우에 혈통을 중시하는 우리 사회가 체외수정이나 무성생식 등을 통하여 자신의 혈통을 이어가려는 경향의 정당성을 심각하게 고려해보아야 한다. 윌슨(J.Q. Wilson)은 인간복제가 체외수정과 그 본성이 같다는 전제가 깔려 있으나 카스(L.R. Kass)는 인간복제는 체외수정과는 다른 무성생식이라는 것이다. 복제된 인간은 개인의 자아정체성에 대해 절대절명의 위기의식과 소외감을 느낄 것이다.

인류에 영원히 이름을 남길 정도로 위대한 지도자, 과학자를 복제하는 것은 어떤가? 이 논의에 대한 반대는 우생학적 생명공학에 대한 비판에서 찾아질 수 있다. 즉, 우수한 사람들로만 이루어진 사회가 과연 더 바람직한 사회인가라는 점이다. 아인슈타인이나 마릴린 몬로, 테레사 수녀를 복제한다고 해서 그러한 복제된 인간이 과거와 똑같이 살게 될 것인지는 상당한 의문점을 남긴다. 과학자의 '복제인간' 기술이 반드시 우리에게 도움을 주는 방향으로만 전개되리라는 속단은 성급한 생각이다. 오히려 범죄에 악용될 수 있는 우려도 동시에 존재한다는 사실을 인식하여야 한다.

**인간복제?**

히틀러, 아인슈타인, 마릴린 몬로[29)]

급속도로 발전하는 생명공학은, 전통적 윤리적 규범의 혼란에 가장 직접적이고 근본적인 원인을 제공한다. 더욱이 인간복제의 가능성과 게놈프로젝트의 성과는 과거에 우리가 가졌던 삶의 가치, 인간의 정체성, 인간의 존엄성 등에 대한 관념들에 변화를 일으키고 가치판단의 규범을 근본적으로 뒤흔들어 놓음으로써 윤리적 혼란을 증가시키고

29) 뇌과학과 지능·감각기술의 철학: 춘계학술발표회, 2007.

있다.

1978년 영국에서 시험관 아기가 태어났을 때, 시험관 아기는 세상 사람들의 논의의 초점이었지만 불과 몇십 년 내에 시험관 아기라는 말은 대중에게 거부감 없이 다가오고 있고, 정식 의학 용어로 사용되고 있듯이 앞으로 인간배아복제를 포용하는 시대가 올지도 모른다는 입장도 있다. 인간의 상품화를 통한 상업적 목적과 인간제조의 비인간화는 주문형 아기출산을 양산할 수 있다. 이미 대리모나 정자, 난자 제공은 사회적 문제로 대두되고 있고, 이것은 인간으로 자라날 가능성이 있는 배아가 소유한 평등한 도덕가치와 존엄성을 근본적으로 침해할 것이다.

맥코믹(Richard A. McCormick)에 따르면, 우수한 종의 복제는 곧 우생학의 기준을 가지고서 우성 종을 지지하고 열성 종을 배척하는 것이어서 본래부터 사람을 차별하는 태도이다. 이것은 여러 가지 사회적 윤리 기반에 혼돈을 야기할 수 있다. 즉, 우수한 사람을 복제하겠다는 생각을 한다거나 유전적으로 열성인 인자들을 사전에 제거하는 등의 방법을 사용한다면 이는 우생학적인 차별과 이에 따른 유전적 계급의 등장이라는 또 다른 사회불안의 가능성이 생길 수 있다는 것이다.

복제인간의 자유박탈의 측면에서 보면, 하버마스(J. Habermas)는 자유개념의 해명에서 균등한 법질서하에서는 모든 시민의 상호 동일한 자율이 존중되며 서로 합의하는 결정 능력이 있는 사람들에게만 자율이 허용된다는 결론에 도달한다. 그러한 존중은 자유롭고 평등한 권리를 지니는 인간 간의 상호관계의 근본적인 균형을 요구한다. 그렇지 못할 경우 복제인간은 인간의 유일성과 개성의 권리를 침해받는다.

그러므로 윤리학적 과제로, 첫 번째로 삶의 객관적 현실의 여러 조건들에 대한 과학적이고 체계적인 기초적 연구가 필요하다. 복제실험은 소영웅주의 내지 실용주의적 이기주의로 비난받을 수 있기 때문이다. 두 번째로 이러한 연구와 지식에 기초하여 우리가 택해야 할 삶의 가치를 재검토하고 우리가 선택해야 할 '가장 합리적인' 가장 보편적으로 모두가 공감할 수 있는 그리고 모든 경우에 적용될 수 있는 행동의 지침, 윤리적 규범을 구상해내어야 한다.

시험관 아기 실험의 예를 들어 설명한 시드 박사의 말대로 과학은 계속 진전할 것이고 반대 분위기는 시간이 지나면 긍정적인 효용성이 더욱 부각되면서 가라앉게 될 수 있다. 사실, 선진국 여러 나라들은 이미 반대 여론에도 불구하고 합법적으로 연구를 시작하고 있다. 무엇보다 인간의 존엄성 존중의 대전제를 바탕으로 한 윤리성 확립과 이에 따른 사회적 통제기능이 필요하다. 인류의 삶을 풍요롭게 하는 핵에너지가 핵무기가 되어 인류를 파멸의 위기로 몰아가고 있는 것처럼 인간의 교만과 통제되지 않는 욕구는 인간 스스로를 철저하게 위협하고 나아가 종말을 자초할 수 있기 때문이다. 이렇게 인간복제실험은 본래적 생명공학의 목적을 벗어나지 않도록 감시하는 의식과 눈이 필요하다. 그리하여 이것의 잠재적 위험에 대한 안정성을 확보하면서 인류가 또 다른 신세계를 맞이하기 위한 유토피아를 향한 발판으로 이용할 수 있어야 한다.

의료기술의 발달은 인간의 생명을 연장시켜주고 삶의 질을 향상시키는 데 지대한 공헌을 해왔다. 동시에 우리에게 새로운 윤리적 판단을 내릴 것을 끊임없이 요구하고 있다. 자신의 삶의 질을 향상시키는 데 사용할 수 있는 수단과 방법에는 한도가 없는 것일까? 인간복제는 분명히 한 독립된 인간을 탄생시키는 기술이고, 이러한 기술을 사용하는 목적이 인간의 존엄성을 오히려 추락시킨다면 그것은 윤리적으로 심각한 문제를 야기한다고 봐야 한다. 인간복제가 도덕적으로 문제가 되는 것은 복제기술 자체가 갖고 있는 본래적 악 때문이 아니라는 점을 분명히 해둘 필요가 있다. 우리는 자신과 동일한 존재가 지구상에 존재한다는 것에 거부감을 느낄 수 있다.

우리가 유전자 복제와 관련해서 지나치게 실용주의적인 사고를 갖게 되면 복제된 존재를 하나의 수단으로만 생각하게 되고 극단적인 경우는 인간을 복제하는 경우에 복제된 인간도 개, 돼지, 젖소 등을 키우듯이 사람이 아닌 동물의 하나로 보게 되는 위험성도 있다. 인간은 인간 중심적으로 생각하게 마련이기 때문에 자연적으로 태어난 인간을 위해서는 인공적으로 복제된 인간을 얼마든지 이용하려 들 수 있다. 그렇게 된다면 문제가 상당히 심각해질 것이다. 마치 복제된 인간들을 노예제시대의 노예처럼 다루려고 할 것이기 때문이다.

인간복제를 무조건 비인간적이고 부도덕하니까 막겠다는 것보다 그 위험 요인을 충분히 인식하고 통제하는 방법을 미리 검토해서 찾아내야 한다. 인간복제를 포함한 생명복제기술이 갖는 정당성과 부정적인 의미를 충분히 검토해서 어느 정도까지 활용할 수 있는지를  밝혀 둘 필요가 있다.

인간을 질병으로부터 자유롭게 하는 것이 의학의 목적이고 질병을 치료하거나 예방하기 위해서 생명의 신비를 벗겨야 한다. 물론 이 경우에도 수정 후 14일이라는 시간도 태아 발생 과정을 인위적으로 구분하는 것이므로 수정란 상태부터 생명의 개체성을 인정해야 한다고 보는 카톨릭 등의 종교계의 견해가 있으므로 논쟁의 여지가 있음을 인정하여야 한다. 그러나 사회의 압력으로 수정란 실험 자체가 금지될 경우 적절한 지침하에서 엄격하게 시행되면 수백만 명의 암 · 당뇨병 · 고혈압 등의 환자에게 새로운 치료약이 개발될 수 있는 기회가 원천적으로 봉쇄되게 되어 이 또한 문제가 간단치 않다.

이와 함께 인간복제 기술의 성공으로 야기된 과학적 지식의 추구와 사회 · 윤리적인 문제와의 갈등을 통해 우리 사회는 이제 본격적인 첨단과학기술시대로 진입하고 있다. 첨단과학기술의 의미를 잘 이해하고 신중하게 생각하고 지혜롭게 행동하여야 21세기 열린 통합지식 사회를 맞이할 수 있을 것이다.

복제인간은 우생학적으로 인간개량을 지향할 수밖에 없다. 유전자 조작에 의하여 보다 머리가 우수하고, 건강한 신체를 비롯하여 다양한 재능을 가진 인간이 생산될 것이다. 그 과정에서 현재의 인종은 멸종하게 되고, 현재의 인종과는 여러 면에서 전혀 다른 새로운 종의 인간이 등장하게 될 것이다. 지금 개량되어 사육되고 있는 젖소나 돼지를 보면 쉽게 그 위험성을 예견할 수 있다.

유용성과 위험성이 상존하고 있는 유전공학인간복제술에 대하여 법적으로는 어떻게 접근하고, 통제하여야 하는가에 대하여 아직 정설은 없다. 인간복제에 대하여 금지든 통제든 어떠한 형태로의 규제가 필요하다면 궁극에 있어서는 법률을 통하여야 하나 현행 법률들은 인간복제의 문제를 전혀 예상하지 못한 상태에서 만들어진 것이기 때문에 이에 대하여 아무런 개념이 없다. 이것은 법이 지닌 본질적인 한계 때문이다.

인간유전학, 생물의학 등의 다양한 개념으로도 사용되고 있는 유전공학이 인간복제의 위험성을 무시하고 복제인간을 만든 경우 결국 사후적인 통제방법으로서 특별형법의 제정이 강구되어야 할 것이다. 다만 특별형법은 생명공학의 연구까지 막아서는 안 된다고 생각한다. 왜냐하면 생명공학의 연구 성과를 무시할 수 없고, 미래에서 인류를 구할 수 있는 유일한 대안이 될 수도 있기 때문이다.

## 학 습 정 리

- ≪멋진 신세계≫는 25세기의 인간들이 어떻게 살아가는가를 공상과학적으로 그려준 인간적인 차원의 문제 작품이다.
- 인간복제의 윤리적 문제가 본격적으로 대두된 것은 데이비드 로비크의 ≪복제인간≫(In His Image The Cloning of a Man, 1978)에서 복제 기술로 한 아이가 만들어졌다는 충격적인 주장이 제기된 이후였다.
- 헉슬리는 과학기술의 지나친 남용으로 인해 인간성이 파괴되는 미래세계를 예견하고 있는 것이다.
- 인간복제는 복제하고 싶은 인간의 세포에서 핵을 추출하고 여성의 난자를 추출하여 그 핵을 제거한 다음 이 탈핵 난자와 복제를 원하는 인간 세포의 핵을 결합시킨다.

## 퀴즈

**※ 다음 문제 중 맞으면 ○, 틀리면 ×를 하시오.**

**01.** ≪멋진 신세계≫(1932)는 올더스 헉슬리가 저술하였다. (　)

정답 ○

해설 인류사회를 예언한 작품

**02.** 데이비드 로비크의 ≪복제인간≫은 유전공학과 관련한 사회적 문제를 반성하게 한다. (　)

정답 ○

**03.** 다음 중 데이비드 로비크의 ≪복제인간≫에 대한 설명으로 잘못된 것은?

① 복제인간에 대한 윤리적 문제 등을 담고 있다.
② 과학기술의 사용은 언제나 정당하다고 주장한다.
③ 사실인지 허구인지 논란을 일으켰다.
④ 유전공학과 관련한 사회적 문제를 반성하게 한다.

정답 ②

**04.** 다음 중 옳지 않은 것은?

① 인공수정이 처음 행해졌을 때, 많은 윤리학자들은 그것은 신의 영역을 침범한 것이라고 주장했다.
② 복제기술은 동성애자들도 자식을 가지게 되는 데 아무런 심각한 문제에 봉착하지 않을 수 있게 한다.
③ 체세포의 성장으로 탄생한 동물은 그것을 제공한 어미와 똑같은 유전형질을 갖지 않는다.
④ 인간복제는 생식세포를 이용한 복제와 체세포를 이용한 복제가 있다.

정답 ③

**05.** 다음 중 ≪멋진 신세계≫에 대한 설명으로 잘못된 것은?

① 영국 작가 올더스 헉슬리의 작품이다.
② 미래 인류사회를 예언한 작품이다.
③ 기계문명과 과학에 인간이 노예로 전락하게 되는 내용이다.
④ 인간사회에 대한 유토피아적 상상을 제시하고 있다.

**정답** ④

SECTION 13

# 빈곤의 문제

## 1. 빈곤의 모순

### 1) ≪운수 좋은 날≫과 사회적인 모순

≪운수 좋은 날≫(1924)은 빙허 현진건(1900~1943)의 대표적 작품이다. 이 작품을 통해 우리는 식민지 시대 가난한 우리 민중들의 생존 욕구에 참담함을 느끼게 된다.

작품의 배경은 일제 시대로, 주인공 김첨지는 인력거를 끌며 근근이 생활을 꾸려 나가고 있다. 비가 추적추적 내리는 어느 날, 인력거꾼 김첨지는 근 열흘 동안 돈 구경도 못했던 차에, 돈을 많이 벌게 되어 그날을 운이 좋은 날로 여기게 되지만, 그날은 또한 사랑하는 아내를 잃게 되는 운수 나쁜 날이 되어버린다는 역설적 내용이 작품의 줄거리를 이루고 있다.

오랜만에 돈을 손에 쥐게 된 김첨지는 탁주는 물론이고 의사에게 보이지도 못한 채 달포째 앓고 있는 아내에게 먹고 싶다는 설렁탕 한 그릇을 사줄 수 있다고 생각한다.

집에서 멀어질수록 자꾸 돈을 벌게 된 김첨지는 그날 아내가 자신이 많이 아프니까 빨리 들어오라는 부탁이 생각나자 이유 없이 불안에 휩싸이게 된다. 집으로 가는 길에 그는 친구 치삼을 만나 빈대떡, 추어탕, 막걸리를 먹고 설렁탕을 사들고 집으로 향한다.

그러나 김첨지가 집에 돌아왔을 때는 아내는 이미 죽어 있고, 세 살배기 젖먹이는 빈 젖꼭지만 빨고 있었다.

작품은 다음과 같이 끝을 맺는다.

"설렁탕을 사다 놓았는데 왜 먹지를 못하니, 왜 먹지를 못하니……. 괴상하게도 오늘은 운수가 좋더니만……."

겹치던 행운은 결국 불행의 조짐이었다. 이 작품은 생활고에 찌든 서민들의 비참한 삶의 모습을 아내의 죽음과 그의 운수의 대조를 통해 보여주려 한다. 그 시대의 우리 민족의 삶이 얼마나 비참한 지경이었는가를 새삼 느끼게 한다. 가난한 민중의 삶에 대한 사회적 고발이다.

또한 작품 속에 나타난 시대상은 하나의 모순된 역사였다. 그 작품 속에는 계층 간의 갈등이 암암리에 내포되어 있다. 우중에 우장도 없이 인력거꾼이 다른 사람을 인력거에 태우고 달리는 것 자체가 모순된 사회상이 아니겠는가? 사회 구조상의 모순은 작품 속의 조그마한 실례에서도 나타난다. 서양에서는 유례없는 교통수단이 동남아 지역을 비롯하여 일본, 중국, 한국에서는 행하여지고 있지 않았는가? 서양의 초기 교통수단은 마차였다. 19세기 후반에 일본이 서양마차를 모방하여 고안한 것이 인력거라고 한다. 이러한 인력거는 환자수송이라든지 특별한 행사 같은 경우 이외는 존속의 타당한 이유가 될 수 없지 않겠는가? 이러한 교통 매개체의 존속은 암암리에 배금주의, 타인에 대한 자신의 과시, 신분차별제 등 전근대적 현상을 내포하고 있는 것이 아닐까?

식민지 시대, 그 당시는 하층민의 생활고를 위한 여러 방면의 사회적·경제적 해결책이 있어야 했다. 암울한 사회상황에서는 전반적인 현실변혁과 극복이 이루어져야 하고 모순된 역사 또한 개혁되어야 하지 않을까?

이 작품은 이러한 의미에서 하층 노동자의 생활상의 단면을 사실주의적 수법으로 밝히고 있다는 것에 큰 의미를 부여할 수 있을 것이다.

오늘날 일본의 인력거

## 2) ≪탈출기≫와 사회변혁

이 작품은 민중을 역사의 주체로 자각하게 하는 카프(KAPF) 예술 운동가 중의 한 사람인 최서해(1901~1932)의 빈궁문학이다. 작가 최서해는 ≪탈출기≫에서 일제하의 찢어지게 가난했던 민중의 삶을 적나라하게 묘사했다.

일찍이 양친을 여의였던 최서해 자신의 삶은 가난으로 점철된 삶이었으므로, 우리는 이 작품이 주인공을 통해서 작가 자신의 생생한 체험을 표현한 것이라는 것을 쉽게 알 수 있다.

이야기는 주인공 박군이 김군에게 자신이 가정을 탈출하지 않을 수 없었던 까닭을 설명하는 편지 형식의 1인칭 시점의 글이다. 박군은 절박한 생활고를 견디다 못해, 가족을 데리고 간도에 가지만 그의 부푼 꿈은 사라지고 만다. 온갖 수탈 후에 남은 것은 모욕과 추위와 굶주림뿐이었다. 간도에서 그들은 온갖 일을 하지만 아무리 애써도 면할 수 없는 가난에 치를 떤다.

일제 강점에서 최소한의 생존마저 거절당했던 우리 겨레의 한 맺힌 울변이었다. 극한 가난의 묘사를 들어보자.

이틀 사흘 굶은 적도 한두 번이 아니었다. 한번은 이틀이나 굶고 일자리를 찾다가 집으로 들어가니 부엌 앞에 아내가—아내는 이때에 아이를 배어서 배가 남산만 하였다.—무엇을 먹다가 깜짝 놀란다. 그리고 손에 쥐었던 것을 얼른 아궁이에 집어넣는다. 이때 불쾌한 감정이 내 가슴에 떠올랐다.

"무얼 먹을까? 어디서 무엇을 얻었을까? 무엇이 길래 어머니와 나 몰래 먹누? 아! 여편네란 그런 것이로구나! 아니, 그러나 설마……. 그래도 무엇을 먹던데."

나는 이렇게 아내를 의심도 하고 원망도 하고 밉게도 생각하였다. 아내는 아무 말 없이 어색하게 머리를 숙이고 앉아서 씩씩하다가 밖으로 나간다. 그 얼굴은 좀 붉었다.

아내가 나간 뒤에 나는 아내가 먹다 남은 것을 찾으려고 아궁이를 뒤지었다. 싸늘하게 식은 재를 막대기로 뒤져대니 벌건 것이 눈에 띄었다. 나는 그것을 집었다. 그것은 귤껍질이다. 거기는 베어 먹은 잇자국이 났다.

귤껍질을 쥔 나의 손은 떨리고, 잇자국을 보는 내 눈에는 눈물이 고였다.

– ≪탈출기≫ 中

이와 같은 것은 결국 일제하의 처참했던 생활고(生活苦)가 절실하게 표현된 부분이다. 이러한 비참한 가난의 실상은 사회 제도상의 모순으로 인한 사회악에 대한 고발이 아니겠는가?

아무리 노력하여도 가난에서 벗어날 수 없으며 더욱 자기가 노력한 만큼의 대가가 없는 현실, 그 현실은 부조리한 현실인 것이다.

결국 주인공 박군은 그동안 세상을 믿고 산 것이 잘못임을 깨닫고 '나쁜 제도'를 무너뜨리기 위해 집을 떠나 ××단에 뛰어 들어 사회변혁 운동을 하게 된다는 것이다.

소극적이고 수동적인 삶보다는, 가끔씩 우리는 적극적이고 능동적인 삶을 살아야 할 필요성이 있는 것이 아닐까? 아무리 애를 써도 바뀌지 않는 현실, 그 현실에 근원적인 대책이 필요한 것이다. 또한 사회구조에 대한 비난은 가뭄에 대한 비난, 원망과는 달리 어떤 도덕적인 의미를 함축하고 있고, 구조악에 대한 도덕적인 책임은 법적, 정치적, 형이상학적 책임하고는 다른 것이다. '도덕적 책임을 갖는다'는 말은 도덕적으로 비난받을 만하다는 의미로 사용된다.[30] 가난의 책임은 개인인가? 국가나 사회인가? 그것은 계속 논의되어야 할 문제이다.

## 3) 1997년 북한의 실상

다음 글은 장년의 현역 북한 작가가 1990년대 후반 여름 중국 동북 지방을 여행하기 위해 북한을 떠나면서 직접 목격한 북한 주민의 참상을 기록한 것이다. 읽고 생각해 보자.

집을 팔고 가산을 깨끗이 정리한 거처지 없는 사람들이 900여 개 되는 철로 역전 대합실을 생활의 둥지로 리용하기 시작한 지 이제는 3년이 된다.

크고 작은 역전 대합실 중에서 하루 려객이 80명 정도 드나드는 자그마한 역에도 수없이 많은 사람들이 모여들어 각일각 죽음을 기다리고 있다. 례년에 드문 더위로 7월의 뙤약볕을 피해 찾아든 곳이 여기인 듯.

나는 대합실 안에 발을 들여놓는 순간 숨 막힐 듯한 악취에 취하는 듯싶었다. 그래도 한발 두발 안에 들어서니 인차 그 탁류에 잠겨들어 대충 정신을 수습했다.

벽을 따라 몇 개 들여놓은, 빈대가 기어 다니는 딱딱한 나무의자 우에 올라가 누운 사람은 기력이 있는 사람들이다.

맨 봉당에 발 옮길 데 없이 촘촘히 누운 사람들, 늙은이, 중년, 젊은이들, 어린아이들, 남녀 구별 없이 자리 나는 대로 촘촘히 누워 있는 사람들…. 저쪽 구석에 쪼그리고 누운 30대의 녀인, 핏기가 가셔져 파아란 얼굴색으로 누워 있는 그 녀인은 마치 어린 소녀애를 방불케 하며 죽은 듯 기척이 없다.

앞쪽에서 간신히 『물 물』하는 소리가 들린다. 환갑 나이가 된 듯싶은 파리한 할머니가 죽음의 문턱에서 마지막 소원인 듯 초들초들 말라드는 입술을 감빨며 간신히 말하나, 들어주는 사람이 없다. 잠시 후 나타난 역 안내원 처녀가 그 옆을 지나며 투덜거리듯 말한다.

30) 박상혁, 한국사회윤리학회 발표문(2006), 참조.

『죽겄으면 다른데 가서 죽을 게지, 매일 이 고생이야…』

그러자 죽은 듯이 벽에 기대 앉아 있던 중년 사내가 눈을 게슴츠레 뜨며 내뱉듯, 그러나 똑똑히 말한다. 『넌 뒷고방으로 배급을 타는 게구나. 죽어가는 사람이 죽고 싶어서 죽겠니…』

식량공급을 하지 못한 지 3년 로동자 사무원들에게 로임을 주지 못한 지 2년, 로동자 사무원의 로임을 준다고 해도 한 달에 평균 76원인데, 쌀 1kg값이 90원, 빨래 비누 한 장 값이 60원이다. 굶고 앉아 있는 사람들에게 돈이 조금 생긴다 해도 빨래해 입겠다고 비누 살 사람은 수백 명 중 한 명도 없을 게다….

그러는 새 대합실 뒤쪽에서 철도화물 밀차가 굴러 나온다. 앞채를 두 녀석이 끌고, 뒤에는 삽 두 개를 어깨에 멘 녀석이 따라 섰다. 지난밤에 죽은 남자 한 명과 녀자 두 명을 한 밀차에 실고 나온다. 누구 하나 관심도 없고 똑똑히 보려는 사람도 없는 이 령구차는 도적질하거나 그 외 일로 역두 안전부에 단속된 범죄자들의 손에 끌려 사람들 속을 헤집고 나오고 있다.

퀭한 눈을 뜬 채로 입을 앙 벌린 40대 남자의 시체 옆에 가지런히 30대 녀인이 누워 있고, 어느 학교의 문학 교원이었다는 30대 녀인이 남자 시체 우에 엎드려 있는 채 실려 가고 있다. 살아 있을 때는 서로 이름도 모르고 살았을 저 교원이 죽어서는 부끄럼도 없이 외간남자와 배를 맞댄 채 지옥행 길로 가고 있는 것이다.

그래도 숨쉬는 많은 사람들은 누구 하나 그에는 관심이 없다. 매 시간마다 당하는, 이제는 너무 평범한 일이 된 때문일까?

나는 살아 있는 저 군상들과 끌려가는 시체를 퀭한 눈을 들어 바라보며, 가슴 속에서 흘러나오는, 당장 피를 토할 듯 목구멍에 비릿한 냄새를 느끼며 속으로 부르짖듯 외치고 싶다.

『이게 다 누구의 죄인가? 누구 때문인가?』

온 세상이 다 알도록 소리높이 천동소리 같이 외치고 싶다.

– 뉴스플러스 97. 9. 18.

노동하는 어린이(유니세프, 2007)

### 4) ≪레디메이드 인생≫과 자기부정

한국 단편 작가 중 작품에서 풍자적인 면이 있는 작가는 채만식(1904~1950)이다. 채만식은 ≪상록수≫를 쓴 심훈, ≪탈출기≫의 최학송의 신경향파(카프)의 흐름을 반영하면서 그 나름대로 독특한 사회주의적 경향이 짙은 글을 썼다. 그의 작품 ≪치숙≫은 식민지 시대의 지식인의 수난과 좌절을 그린 것이다. 이 작품은 풍자와 아이러니를 띠는 1인칭 독백체이며, '치숙(痴叔)'이라는 말은 '어리석은 아저씨'라는 뜻이다. 내용은 다음과 같다.

화자(話者)인 '나'는 소학교도 제대로 나오지 못했으나 일본인 가게에서 점원으로 있으면서 앞날의 희망도 꿈꿔 볼 수 있지만, '나'의 아저씨는 대학교까지 졸업하고도 막벌이 노동밖에 할 없다고 비난한다.

그러나 작품은 '나'의 가치관이나 인생관이 모두 일본인 주인에게서 얻어들은 것이라는 사실을 염두에 두고 있어, 겉으로는 아저씨를 헐뜯지만 내심으로 아저씨를 두둔하고 오히려 자신의 천박한 세속적 면을 비꼬았다.

사실 일제 식민지 시대에 있어 사상범으로 5년간의 옥고를 치른 지식인이라면 그 아저씨는 조롱의 대상이 아니라 오히려 존경의 대상이 아니겠는가? 작품에는 어떻게 왜곡된 역사 인식과 가치관을 개혁시켜야 하는가가 암시되어 있다. 또한 그 아저씨는 방탕한 생활을 하고 나중에는 감옥에 다녀와서 병까지 걸려 직장도 없이 방 안에 누워만 있게 된다. 이는 일제 강점의 실패한 지식인의 단면을 여실히 드러내는 부분일 것이다.

주인공 나는 식민지 근성에 대한 자기비판을 역설적으로 하고 있음이 작품 전체의 흐름에서 느낄 수 있다.

실패한 지식인의 상을 서술한 또 하나의 작품은 ≪레디메이드 인생≫(1934)이다. 채만식의 작품 중 가장 널리 알려진 단편인 ≪레디메이드 인생≫이란 'Ready-Made 인생', 즉 팔려가길 기다리는 인생이라는

뜻이다.

주인공 P는 결혼해서 9세짜리 아들까지 두었으나 아내와 이혼하고 아들을 시골의 형님 집에 맡겨둔 채 홀몸으로 서울로 올라와 무위도식하는 인텔리 출신의 고등실업자이다.

P는 어느 신문사 K사장을 찾아가 취직부탁을 하지만 K사장은 '뭐 어디 빈자리가 있어야지'하면서 P가 농촌으로 돌아가서 문맹퇴치 운동을 하든가 생활개선 운동 같은 것을 하라고 건성으로 대답한다. P는 방세가 밀리고 밥값도 제대로 없는데 설상가상으로 그의 형은 그에게 아들을 돌려보내겠다고 한다. 이런 와중에 M과 H라는 친구들이 찾아오나 그들도 비슷한 처지들이어서 한 친구의 법률 서적을 저당 잡혀 마련한 돈으로 그들은 술을 마시고 유곽에 간다. 거기서 만난 어린 작부는 단돈 이십 전에 몸을 팔겠다고 한다. 그 어린 작부에게 주인공 P는 돈을 다 던져주고 도망치듯 나온다.

잘못된 가치관, 사회에 만연된 폐습, 끊임없는 불만이 곳곳에 드러나는 작품이다. 일제 강점에서의 잘못된 사회풍조와 무기력한 지식인의 모습을 작품은 확연히 보여주고 있는 것이다.

주인공 P는 마침내 어린 아들 창선이를 인쇄공으로 취직시킨다. 학교를 다니게 해서 자신의 전철을 밟지는 않도록 하겠다는, 즉 아들을 지식인으로 만들지 않겠다는 것이다.

이 작품에서 P는 '자기부정'의 단계에 이르러 '허무주의'를 극복하지 못하며 힘써 모순의 근본적 제거를 이루어내려는 노력을 하지 않는다.

자신이 무시되는 것 같아 비싼 해태 담배를 사는 객기를 부리는 지식인 P의 모습과 굶으면서도 육체노동에 뛰어들 결심은 전혀 해 보려 하지 않는 그의 삶의 태도는 식민지의 시대상과 함께 휘청거린다.

## 학습정리

- ≪운수 좋은 날≫ 식민지 시대 가난한 민중들의 처참한 생존의 모습에 참담한 마음을 금할 수 없게 된다.
- ≪탈출기≫ 최서해의 빈궁문학, 찢어지게 가난한 삶
- 민중을 역사의 주체로 자각하게 하는 카프(KAPF) 예술 운동가 중의 한 사람인 최서해(1901~1932)
- 채만식의 작품 중 가장 널리 알려진 단편인 ≪레디메이드 인생≫이란 'Ready-Made 인생', 즉 팔려가길 기다리는 인생
- 채만식의 작품 ≪치숙≫: 화자의 시점 통해서 실패한 지식인의 행적이 서술된다.
- 단편인 ≪레디메이드 인생≫: 3인칭 소설, 일제 강점에서의 잘못된 사회풍조와 무기력한 지식인의 모습(룸펜 프롤레타리아)

## 퀴즈

**※ 다음 문제 중 맞으면 ○, 틀리면 ×를 하시오.**

**01.** 최서해는 카프(KAPF) 예술 운동가 중의 한 사람이다. (　)

정답 ○

해설 카프(KAPF)파는 민중이 세계의 주인, 현실 극복의 문학

**02.** ≪운수 좋은 날≫의 김첨지의 아내는 달포째 앓고 있었다. (　)

정답 ○

해설 의사에게도 가보지 못하고 한 달쯤 된 기간 동안 앓고 있었다.

**03.** 채만식의 작품 중 가장 널리 알려진 단편인 ≪레디메이드 인생≫이란 'Ready-Made 인생', 즉 팔려가길 기다리는 인생이라는 뜻이다. (　)

정답 ○

해설 실패한 지식인의 모습을 그렸다.

## 2. 인구와 빈곤의 문제

### 1) 맬더스의 ≪인구론≫과 빈곤

#### (1) 맬더스와 고전학파의 출현

유럽은 18세기 후반, 1793년 위대한 프랑스 시민 혁명의 험난한 격변기를 지나고 나면서 가장 평화롭고 이상적인 시대가 열릴 것이라는 낙천적 사상이 주류를 이루고 있었다.

그 대표적인 사상가인 고드윈(William Godwin)은 1793년 출판된 「정치적 정당성의 원리와 그것이 일반적 미덕과 행복에 미치는 영향에 관한 연구」에서 "인간은 완벽해질 수 있으며 영원한 발전을 이루어 낼 수 있는 존재"라고 믿었으며, 진리의 전지전능함에 대한 확신으로 "인간은 누구나 선한 마음으로 전 인류의 행복을 기원하고 있다."고 설파하며 인류가 완벽에 도달함에 따라 죽음과

맬더스

질병까지도 없앨 수 있다고 보았다. 맬더스(Thomas Robert Malthus, 1766~1834)는 당시의 계몽사상의 영향을 받아서 진보적 사상을 취하던 고드윈을 비판하고 영국의 특권계급을 옹호하는 입장에서 ≪인구론≫을 저술하게 된다. 맬더스가 1798년 발표한 ≪인구론≫은 유토피아적 환상으로 낙관하던 전 유럽을 인류종말의 공포로 가득 차게 하였을 만큼 센세이션을 일으켰으며, 후대의 사상과 유럽의 정치·경제에 커다란 영향을 미치게 되었다.

맬더스는 영국의 인구론자, 경제학자이며 아담 스미스(Adam Smith), 리카도(David Ricardo) 등과 함께 고전학파를 대표한다. 아담 스미스는 시장의 보이지 않는 손으로서의 조정능력을 신뢰하였으며, 리카도는 노동가치설과 차액지대론 등으로 유명하다. 특히 리카도는 맬더스와 절친한 사이로 유서에 상속인으로 맬더스를 포함시켰다고 한다.

스미스 = 예정조화론자
리카도 = 분배론자
맬더스 = 인구문제론자

맬더스는 런던의 남쪽 농촌지대에서 재산가의 차남으로 출생하여 1793년에 케임브리지 대학을 졸업한 후 고향인 올드베리에서 영국 국교회의 부목사로 취임하였다. 마침 프랑스 혁명의 여파가 영국에도 미쳐 사유재산제도를 비판하는 고드윈의 이상주의 사상이 각광을 받고 있던 시기였으나, 맬더스는 이러한 세상의 열기에 찬물을 끼얹는 그의 유명한 ≪인구론≫, 곧 '인구원리에 관한 시론(試論)-고드윈, 콘돌세(M. Condorcet)와 기타 논자의 고찰에 관해 언급하며, 사회의 장차 개선에 대한 영향을 논함'을 발표함으로써 일약 보수파 논단에서 각별한 사랑을 받는 사람이 되었다.

맬더스가 '인구론'을 쓸 당시 영국사회는 극도로 혼란한 상태에 있었다. 대외적으로는 미국의 독립전쟁을 겪고, 자유, 평등, 박애를 내세우고 폭발한 프랑스 혁명은 영국의 사상계에 큰 충격을 주었다. 당시 프랑스는 유럽의 곡창지대로서 빈부의 격차가 큰 지역이었다. 이것이 훗날 인구이론이 등장하게 된 배경으로서 작용한다. 대내적으로는 산업혁명이 일어나면서 양모 생산을 위한 엔클로저운동[31]의 전개로 농토를 잃게 된 많은 농민들이 도시로 몰려들게 되었다. 게다가 전쟁의 여파로 물가는 끊임없이 오르게 되었으며, 이러한 일련의 상황 속에서 새로이 나타난 기업가와 노동자 계급 간의 대립으로 영국 사회는 혼란의 도가니 속에 빠져들었다.

그럼에도 불구하고 영국은 산업혁명의 가속적인 진전에 따라 상공업이 발전하고 공업지대와 많은 도시들이 발달하게 되면서 세계 경제의 패권을 쥐게 되었다. 인구증가로 인해 식량에 대한 수요는 커지게 되었지만, 식량을 생산하는 농토보다 양모를 확보하기 위한 대규모 농장의 수는 더 늘어나게 되었다.

1815년에는 대지주들의 주장에 따라 곡물법이 제정되어 값싼 곡물을 수입할 수 없게 되면서 곡물 값은 폭등하고 시민들은 경제적 압박

31) 영국에서는 양모를 수출하고 신대륙에서 먹을 것을 수입하는 과정에서 영국 내 식량값은 떨어지고 양털값은 올라가게 되자 농사 짓던 대농장주는 농노를 몰아내고 양을 키우며 울타리를 치기 시작(엔클로저운동) → 농노들은 도시 빈민자, 노동자로 전락하게 됨

을 받게 되었다. 많은 빈민들은 도시로 몰려들었으며, 이들을 구제하기 위해 구민법과 구빈원이 설립되어 빈민들이 최저생활을 유지하도록 정부는 많은 구호활동을 전개하였다. 이렇게 되자 지방자치단체의 재정부담은 과중하게 되었으며, 이는 다른 노동자들의 임금수준을 저하시키는 결과를 초래하였다. 이러한 빈민 구제의 노력에도 불구하고 빈민 인구수는 더욱 증가하였다.

사회·경제적 변혁기에 도시로 몰려든 빈민들에 대한 문제는 당시 영국에서 커다란 사회문제로 대두되었다. 영국은 최초의 산업혁명에 따른 최초의 인구문제를 경험하게 된다. 이러한 사회적 배경하에서 맬더스는 근로자의 도시집중과 그들의 빈곤을 보면서 인구증가 문제에 대한 관심을 쏟게 되었으며, 인구문제에 대한 자신의 견해를 피력하게 된 것이다.

그에 의하면 인구는 그 증가에 아무런 제약을 가하지 않으면 25년마다 배로 증가한다. 즉, 기하급수적으로 증가하는 것이라고 안심하고 말할 수 있을 것이다. 그런데 식량의 증가는 어떠한가? 만약 가장 이상적인 정책을 펴서 대대적으로 농업을 장려함으로써 한 나라의 평균 생산물을 최초 25년 동안에 두 배가 될 수 있도록 한다면, 이것은 우리가 생각할 수 있는 최대의 결과라고 할 수 있을 것이다. 다음 25년 동안에 생산물이 4배가 될 수 있다고 상상하는 것은 불가능하다. 그것은 토지의 성질이나, 황무지의 개간에 필요한 시간을 고려해 볼 때 당연한 결과인 것이다. 즉, 현재의 토지상태 등을 고려해 본다면 식량은 사람들이 일하기에 가장 적합한 상황 속에서도 산술급수적인 증가 이상을 기대할 수는 없는 것이라는 것이다.

인구증가율과 식량증가율 사이의 이러한 차이가 인구증가를 억제해야만 하는 근본적인 이유라는 것이 맬더스의 주장의 출발점이 된다.

맬더스는 빈민법 폐지를 주장한 대표자로 빈민법이 생존에 필요한 식량의 증대 없이 인구를 증가시켜 빈민을 구호하는 빈민법이 오히려 빈민을 창출하고 있다고 보았다. 인구증가로 인해 국가의 빈민혜택을 받는 사람의 수가 줄어들어 사회적으로 가치 있는 곳이라고 볼 수 없는 작업장에서 식량의 상당 부분이 소비되어 보다 근면하고 가치 있는 사회 성원에게 돌아갈 식량의 몫이 그만큼 줄어들게 되고, 그로 인해 노동자들은 전보다 더 적은 식량을 구입하게 된다는 것이다. 그 결과 더 많은 노동자들이 구호를 요청해야만 하게 되었으며, 이로 인해 다수의 국민이 소수의 빈민 구제를 위해 많은 세금을 부과함으로써 소수에 의한 다수의 행복 추구의 권리가 침해 받음으로 인하여 노동자들의 생활 조건을 압박하는 경향이 있다고 주장하였다. 맬더스에 의하면 대중의 빈곤은 신의 섭리이고, 빈곤은 인구법칙이 내린 불가피한 운명이다. 그래서 그에 의하면 자비심은 재앙을 부른다는 것이고 빈곤의 책임은 사회나 국가에 있는 것이 아니라 개인에게 있는 것이다.

**맬더스의 말**

- 대중의 빈곤은 신의 섭리
- 빈곤은 인구법칙이 내린 불가피한 운명
- 자비심은 재앙을 부른다.

빈민법이 인간의 자연법칙을 거역하는 것이라고 주장한 맬더스의 인구론을 살펴보고자 한다.

## 2) ≪인구론≫과 빈곤의 문제

맬더스의 인구론은 핵심은 식량생산은 별로 증가하지 않는데 반해 인구는 폭발적으로 증가함에 따라 인류는 기아로부터 벗어날 수 없다는 이론이다.

우리 모두가 다 알듯이 식량생산은 산술급수적으로 늘어나는 데 비해 인구는 기하급수적으로 늘어나니 인류가 과연 기아로부터 행방될 수 있겠는가?

인구의 증가: 1, 2, 4, 8, 16, 32……의 속도로 증가
식량의 증가: 1, 2, 3, 4, 5, 6……의 속도로 증가

맬더스는 인구가 25년마다 두 배로 증가한다고 주장하였는데 이러한 이론의 뒷받침되는 데이터는 미국의 벤자민 플랭클린으로부터 제공받았다. 실제로 미국의 어떤 촌락은 15년마다 인구가 두 배로 된다고 보고되었고 식량공급에 대한 데이터는 데이터가 존재하지 않아 상식적인 수준에서 절대로 인구 증가율을 따라갈 수 없다고 결론을 내리고 있다.

맬더스는 이러한 현상의 결과에 대한 좋은 예를 제시하고 있다.

> "일 년 치의 1인당 식량은 한 가마이고 현재 인구가 백만 명일 경우 25년 뒤의 인구는 2배로 증가하기 때문에 2백 년 후에는 256배인 2억 5,600만 명으로 증가할 것이다. 그럼 2백 년 후에 쌀 생산량은 고작 9배 정도 증가할 것이니 2백년 후에는 쌀 한가마니를 256명이 나누어 먹어야 한다는 뜻이다. 참으로 가공할 공포가 아닌가?"
>
> – ≪인구론≫ 中

맬더스가 이런 이론을 주장할 때는 시대적으로, 미국과의 독립전쟁이 있었고, 프랑스 혁명에 의해 영국은 충격을 받는다. 또한 산업혁명으로 가내수공업 노동자가 실직하고 엔클로저운동으로 농민들이 땅을 잃고 도시의 일자리를 찾아 떠나고 물가는 오르는 등 사회적으로 굉장히 혼란스러웠다. 이러 시기에 도시에 많은 빈민들이 모이면서 나라는 빈민문제로 시끄러웠다.

맬더스는 인간이 다른 모든 생물과 똑같이 자기가 수확하는 식량을 뛰어넘어 증식하려는 뿌리 깊은 경향을 갖고 있다고 주장하였다.

인간이 아무리 노력해 보아도 식량은 기껏해야 산술급수적으로(1, 2, 3, …의 비율) 밖에 증산되지 않는데 반하여, 인구는 남녀 간의 정욕이 변한지 않는 한, 기하급수적으로(1, 2, 4, 16, 32, 64, …의 비율로) 증식되는 것이라고 했다. 토지의 생산력과 인구의 증가력 사이에 존재하는 자연적인 불균형은 인류의 궁핍과 전쟁, 폭정, 낙태, 매춘 등의 원인이 되고 사회체제를 흔드는 것이므로 근절될 수 없는 것이라 했다.

그의 인구론은 인간의 양대 본능인 식욕과 성욕을 중심으로 펼쳐진다. 인간은 목숨을 유지하고 살아가기 위해 반드시 식량을 필요로 한다. 또한, 성욕은 모든 인간이 소득수준과 관계없이 공유하고 있으며 이것은 앞으로도 변하지 않을 것이다. 그런데 식량은 토지에서 생산되며 토지는 늘어나거나 대체할 수 있는 것이 아니다. 식량은 토지로부터 얻어지는 것이므로 토지에 아무리 많은 노동력을 투입해도 식량 증산은 급속하게 증대시키기 어렵다.

**≪인구론≫의 핵심 주장**

인구가 식량공급보다 더 빠르게 증가하는 경향이 있기 때문에 인류는 영원히 빈곤의 굴레를 벗어날 수 없다.

1. 인간의 무절제한 성욕
2. 식량생산에 있어서 자연의 적대적 제약. 이 두 가지가 비극적 운명을 낳는다는 것이다.

식량과는 달리 인구는 증가속도가 다르다. 그가 예로 든 북아메리카의 경우를 보면, 인구 증가가 아무런 제한을 받지 않은 경우 인간은 25년마다 1, 2, 4, 8, 16의 비율로 증가한다고 한다. 이 속도로 간다면 식량은 아무리 생산량을 증가시켜도 1, 2, 3, 4, 5의 비율로 증가하는 산술급수의 경향을 따르지만, 인구는 기하급수적으로 증가할 수밖에 없다. 따라서 인구와 식량의 비율은 "2세기가 지나면 256:9의 비율로 되며, 3세기 후에는 4,096:13으로서 2,000년 후에는 그 차이가 거의 계산이 불가능하게 될 것"이다. 인간은 먹고 살만한 식량이 있고 이것이 증가하는 곳에서는 항상 인구를 증가시킬 것이라고 그는 말한다. 앞서 살펴본 인구와 식량의 증가 속도를 감안하면 언제나 인구는 식량의 수준을 넘어서 증가할 수밖에 없다. 만약 식량이 부족하게 되면 인간도 궁핍을 면하기 위해 다시 인구를 제한시켜 나갈 것이다. 그래서 인구 쪽에서는 그 증가를 억제하려는 방법이 모색되고, 식량 쪽에서는 증산을 목표로 하는 인위적 노력이 진행될 것이다. 그 결과 나타난 새로운 균형상태는 인구와 식량 모두 이전보다 높은 수준으로 실현되게 된다. 맬더스는 인구는 방치하면 기하급수적으로 증가한다는 인구 법칙과 이 법칙을 결부시켜, 빈곤은 식량증가가 인구증가를 따라잡지 못해서 발생하는 것이라고 설명하였다.

그러나 그의 이론은 식량 문제를 생산량 전체로 확대시켜 사회적으로 인구가 과잉되면 필연적으로 빈곤층도 늘어날 수밖에 없음을 함축한다. 설령 사회제도를 개혁한다고 하더라도 인구 변동이 자연법칙처럼 진행되는 한 현실을 바꿀 수는 없을 것이다. 그래서 맬더스는 구빈법과 같은 인위적 대책을 강구하여도 빈곤을 없애지 못할 것이라 말하였다. 뿐만 아니라 구빈법과 같은 제도는 오히려 빈곤층을 먹고 살만 하게 하여 인구를 증가시키는 데 일조함으로써 경제 발전도 저해할 것이라는 우려까지 하고 있다. 이런 그의 주장은 당시에도 강한 비판을 불러 일으켰다.

맬더스의 이러한 입장은 자유주의 고전 경제학파였던 아담 스미스를 계승하는 사상적 궤도와도 일치한다. 그는 인구과잉 문제를 우려했으면서도 인구를 제한하기 위해 국가가 간섭하는 것은 반대하였다. 그의 이론은 빈곤의 원인을 사회적 차원이 아니라 개인 탓으로 돌렸다. 개인이 부도덕하고 게으르기 때문이라는 것이다. 이러한 보수적 입장 때문에 후에 마르크스학파[32)]로부터 비판을 받기도 하였다.

그는 고드윈이 주장하는 사유재산제도의 폐지와 부(富)의 평등한 분배를 실천하면 현상과 비교할 때 사태가 현저하게 약화될 수밖에 없

32) 자본주의 사회가 모순이 있어서 골고루 배분하지 못해서 빈곤과 기아를 발생한다.

다고 했다. 그러한 제도하에서는 사람들의 향상심을 해치므로 나태한 생산이 함께 가난을 나누게 된다고 했다. 또 어린이의 보살핌을 사회에게 담당시킨다는 사람들의 생각은 사람들의 자제심을 해쳐 조혼다산(早婚多産)을 촉진함으로써 이러한 제도를 개선하든가, 하부계층에서 이루어지고 있는 과잉인구의 폐해를 사회 전역에 확장시켜 사회 전체를 궁핍화시킬 수밖에 없다고 했다.

인간은 원래 나태하고 사려가 깊지 못한 경향이 있으므로 이러한 인간을 이끌어서 부와 문명을 함께 안정적으로 발전시키려면 사유재산제도에 토대를 두는 경쟁적 불평등사회를 취할 수밖에 없다고 했다. 이러한 체제하에서만 비로소 사람들은 사회적 지위의 상승이라는 희망에 고무되어, 또 지위의 하락과 그 공포에 자극되어 열심히 일하게 되고 또 인류의 원죄라 할 수 있는 무자각과 부패도 극복된다고 말한다.

따라서 맬더스는 부자의 부담으로 하층노동자의 생활을 보장하려는 당시의 사회입법(빈민구제법)에 대해서도 고드윈의 평등제도에 대해서와 같이 강하게 비판했다. 곧 빈민구제법은 근면한 사람들의 수입을 나태한 빈민에게 나누어 주는 것으로 빈민에게 여러 악의 근원인 파산과 조혼을 가능케 하는 악법인데 이러한 법률이 없으면 그러한 노동자들도 자신의 가족의 장래를 생각하여 근면과 저축의 습관을 몸에 붙인다고 했다.

### 3) 맬더스의 결론과 비판

맬더스에 의하면 사회는 언제나 가난한 자와 부유한 자로 구성되지만, 그 각각의 상태와 그들 상호 간의 비율은 사회 전체의 조화와 아름다움을 크게 개선키는 방향으로 변화될 것이다. 충분히 도달할 수 있는 선이라면 작은 선이라도 추구할 만하다. 그것이 우리들의 활동을 지도해 주고 희망을 가져다 줄 것이기 때문이다. 즉, 그는 결론

이후의 결과를 깊이 생각해서 결혼을 늦추는 도덕적 억제 방법과 이민 등의 방법을 사용해서 인구를 억제하는 것이 매우 중요한 일이지만, 이와 함께 우리와 쉽게 할 수 있는 선행도 최선을 다해 행해야 한다고 강조하고 있는 것이다.

'중국 · 인도 중산층은 기하급수적으로 늘고, 자원 생산은 산술급수적으로 늘어난다.' 원자재와 곡물 값이 고공비행을 하면서 최근 국내외에서 '신(新)인구론'이 회자되고 있다. 영국 경제학자 토머스 맬더스는 1789년 ≪인구론≫에서 "인구 증가 속도가 식량 증산 속도보다 빨라 그대로 놓아둔다면 대재앙이 일어날 것"이라고 우려했다. 예언은 빗나갔다. 농업 혁명으로 일컬어지는 기술 발전 덕택이었다.

하지만 자원 문제로 가면 이야기가 달라진다. 월스트리스 저널(WJSJ)은 "100여 년 전 '맬더스의 경고'가 다시 고개를 들고 있다"고 보도했다. 중국 · 인도 등 '인구 대국'의 소비 수준이 높아지면서 자원 수요는 급증하는 데 비해 공급은 크게 늘지 않아 수급 불균형이 심각해진다는 것이다. 실제로 중국의 소비 수준이 미국 같은 선진국 수준에 이를 경우 세계 경제에 미치는 파장은 상상을 초월할 전망이다.

2005년 중국 인구 1,000명당 자동차 보유대수는 15대로 일본의 1963년 수준이다. 그러나 중국이 현재 일본 수준까지 성장하면서 중국 내 자동차 수는 5억 7,200만 대에 달하게 된다. 현재 전 세계 자동차 수(6억 4000만 대)에 맞먹는다. 중국인이 자동차에 쓰는 기름 등 자원 소비가 현재 전 세계인의 씀씀이와 같아진다는 것이다.

맬더스의 이러한 사상은 당시 인구의 수가 행복의 척도로 여겨지며 빈민보호를 위해 시행되던 빈민구제법 등의 철폐와 빈민지원의 축소를 가져오기에 이른다.

당시의 수상이었던 피트는 맬더스가 인구론을 발표하기 전에 1976년 의회에서 열렬한 빈민구제론을 폈다. "빈민구제는 우리의 권리요, 영광으로 여깁시다. 대가족은 재앙이 아니라 축복이 될 것이며 노동을 통해 자기 자신만의 생계를 꾸려가는 이들과 자식까지 낳아 조국을 살찌운 이들 사이의 구분은 명확해질 것입니다"라고 외쳤던 피트 수상은 불과 4년이 지난 후 맬더스의 이론을 수용하여 빈민구제법을 철회하였고 이는 노동의욕을 고취시키는 측면에서도 바람직한 것으로 받아들여졌다. 이후 1834년 신구민법이 제정되기까지 빈민구제제도는 사실상 지연되게 되었다.

맬더스의 인구론은 한마디로 말하면 빗나간 예언이었다. 인구증가는 그가 예상했던 것처럼 기하급수적으로 증가하지 않았고 인류의 생산능력은 눈부시게 발전하여 인류는 더욱 나은 생활과 생명연장을 이루고 있다. 물론 지역과 계층에 따라 빈민들이 비참하게 생활하고 있을지 몰라도 그 이유는 그의 예상에 의한 것은 아니기 때문이다.

맬더스의 인구론은 통계학적 실수를 범하고 있다. 당시 미국의 인구 증가율은 출생률과 함께 이민자들에 의해 급속히 증가하고 있음을 간과하고 있다. 또한 농업의 생산력은 그가 예측한 것보다 훨씬 빠르게 증가하였기 때문이다.

우리나라의 최근 통계를 보면 1부부당 출산율이 1.13명으로 나타나 향후 인구가 감소할 것으로 예상되고 있어 인구고령화와 함께 생산력의 약화를 우려하는 주장이 설득력 있게 받아들여지고 있으며 출산을 장려하는 정책들이 시행되고 있다.

맬더스는 인구론을 통해 봉건적인 빈민에 대한 보호주의를 철저히 거부하고 빈민에게 소모적 경제지원이 아니라 스스로 자립할 가능성을 전제로 빈민들의 도덕 교육을 통하여 자신의 생존을 스스로 책임질 수 있도록 하며 정신을 개조하여 근검절약과 절제 그리고 성공에의 열망과 같은 새로운 미덕을 갖기를 원했던 것으로 보아 빈곤을 숙명적인 것으로 간주하던 중상주의자들보다 빈곤을 자조적인 노력으로 타파할 수 있다는 전제를 갖고 있는 자유주의적 빈곤관을 가지고 있었던 것이다.

## 학 습 정 리

### 맬더스의 ≪인구론≫

- 맬더스의 이론은 빈곤의 원인을 사회적 차원이 아니라 개인 탓으로 돌렸다.
  1. 대중의 빈곤은 신의 섭리
  2. 빈곤은 인구법칙이 내린 불가피한 운명
  3. 자비심은 재앙을 부른다.

- 인구가 식량공급보다 더 빠르게 증가하는 경향이 있기 때문에 인류는 영원히 빈곤의 굴레를 벗어날 수 없다.
  1. 인간의 무절제한 성욕
  2. 식량생산에 있어서 자연의 적대적 제약 ➡ 이 두 가지가 비극적 운명을 낳는다.

## 퀴 즈

**※ 다음 문제 중 맞으면 ○, 틀리면 ×를 하시오.**

**01.** 맬더스의 ≪인구론≫에 나타난 빈곤관은 복지국가적 빈곤관이라고 할 수 있다. (   )

정답 ×

해설 맬더스의 ≪인구론≫에 나타난 빈곤관은 자유방임적 빈곤관이라 할 수 있다.

**02.** 멜더스는 1789년 ≪인구론≫에서 인구 증가 속도가 식량 증산 속도보다 빠르다고 보았다. (   )

정답 ○

**03.** 맬더스는 빈곤의 원인이 개인에게 있다고 하였다. ( )

정답 ○

해설 맨더스는 빈곤의 원인이 사회적 차원이 아니라, 개인의 탓이라고 하였다.

**04.** 맬더스는 빈민구제법을 통해 빈곤의 문제를 해결해야 한다고 하였다. ( )

정답 x

해설 맬더스에 의하면 빈민구제법은 근면한 사람들의 수입을 나태한 빈민에게 나누어 주는 것으로, 빈민에게 여러 악의 근원인 파산과 조혼을 가능케 하는 악법이라고 하였다.

**05.** 맬더스 ≪인구론≫에 대한 내용이 아닌 것은?

① 인구 증가는 기하급수적으로 증가할 것이다.
② 식량 증가는 산술급수적으로 증가할 것이다.
③ 인구가 식량보다 빠르게 증가하기 때문에 영원히 빈곤의 굴레에서 벗어나기 어렵다.
④ 인구 증가는 정부가 사회제도 개혁을 통해 통제해야 한다.

정답 ④

해설 인구과잉을 우려하면서도, 인구제한을 위해 국가가 간섭하는 것은 반대했다.

## 참고문헌


강성률, 『철학의 세계』, 형설출판사, 2005.
강신주, 『중국철학이야기』, 책세상, 2006.
경제기획원 조사통계국, 『한국의 사회 지표』, 경제기획원. 2011.
고사까 슈우헤이(방준필 역), 『철학사여행』, 사민, 1990.
고수현, 『사회복지실천 윤리와 철학』, 양서원, 2008.
고승덕 외, 『사회복지개론』, 교문사, 2003.
곽신환, 『주역의 이해』, 서광사, 1990.
구영모 엮음, 『생명의료윤리』, 동녘, 1999.
권기성, 「퇴계와 율곡의 인간관에 대한 비교연구」, 한국행정사학지 제8권, 한국행정사학회, 2000.
권석만, 『인생의 2막 대학생활』, 학지사, 2010.
권영성, 『헌법학원론(신판)』, 박영사, 1998.
권육상 외, 『인간행동과 사회환경』, 대영문화사, 2002.
규 스에(이근아 역), 『손발 경락마사지 30분』, 넥서스, 2004.
김경희, 「제품디자인과 기의 연계성에 관한 연구」, 경희대학교 대학원 산업디자인학과 박사학위논문, 2004.
김교빈·이현구, 『동양철학에세이』, 동녘, 1993.
김상균 외, 『사회복지 윤리와 철학』, 나남출판, 2002.
김상득, 『생명의료 윤리학』, 철학과 현실사, 2001.
김성곤, 『포스트모더니즘과 현대 미국 소설』, 열음사, 1993.
김성옥, 『사회복지 윤리와 철학』, 청목출판사, 2004.
김양호, 『한국현대소설과 비평의 만남』, 한불문화출판, 1993.
김영화 외 1인, 『현대사회와 여성복지』, 양서원, 2002.
김용득·김미옥(1995), 「장애인복지의 현황과 과제」, 『한국사회복지의 이해』(한국사회과학연구소 사회복지연구실 편), 동풍, 1995.
김용옥, 『노자와 21세기(上)』, 통나무, 2000.
김우규, 『한국명작단편의 이해』, 종로서적, 1984.
김욱동 외, 『바흐친과 대화주의』, 나남, 1990.
김하태, 『철학의 길잡이』, 종로서적, 1988.
김향선, 『작품을 통해 본 철학이야기』, 선학사, 1994.
______, 『철학과 삶』, 선학사, 2000.
______, 『철학의 지혜』, 동문사, 2011.
김형석, 『서양철학사 100장면』, 가람, 1994,
김홍경, 『내몸은 내가 고친다』, 식물추장, 2001.
김효원, 『올더스 헉슬리』, 살림, 2006.

까뮈(이가림 역), 『시지프스 신화』, 문예출판사, 1990.
남경희, 『플라톤』, 아카넷, 2006.
노자(황병국 역), 『도덕경』, 범우사, 2001.
老子道德經, 華亭張氏原本(晉王弼注).
니체(강두식 역), 『짜라투스트라는 이렇게 말하였다』, 휘문출판사, 1969.
니체(황문수 역), 『짜라투스트라는 이렇게 말하였다』, 문예출판사, 2001.
데이브 로빈슨(이상헌 역), 『윤리학』, 김영사, 2007.
데이비드 로비크(박상철 역), 『복제인간』, 사이언스북스, 1997.
도널드 팔머(이한우 역), 『서양철학사1』, 자작나무, 1997.
『독서와 논술 제7호』, 휘닉스아카데미, 2005.
동덕여자대학교 한국여성연구소편, 『여성과 문화』, 사회문화연구소, 2002.
디아네 콜린스(김동림 외 역), 『철학의 큰스승 50』, 책세상, 1990.
라엘, 『Yes! 인간복제』, 메신저, 2001.
D.D. 라파엘(김용환 역), 『정치철학의 문제들』, 서광사, 1988.
로버트 C. 솔로몬 외(박근재 서광렬 역), 『철학사.Zip』, 작은이야기, 2004.
로베르트 짐머(이동희 역), 『철학의 고전』, 문예출판사, 2004.
로이 잭슨(이근영 역), 『30분에 읽는 니체』, 중앙 M&B, 2004.
론다 번(김우열 역), 『The Secret』, 살림Biz, 2008.
롤즈(황경식 역), 『정의론』, 이학사, 2003.
루소(김평옥 역), 『에밀』, 예문당, 1990.
리처드 오스본(정영목 역), 『프로이트』, 청미래, 1996.
마단사럽 외(임현규 편역), 『데리다와 푸꼬, 그리고 포스트모더니즘』, 인간사랑, 1993.
마이클 샌델(이창신 역), 『정의란 무엇인가』, 김영사, 2010.
마이클와츠(전대호 역), 『30분에 읽는 하이데거』, 랜덤하우스코리아, 2006.
마틴 하이데거(오병남 · 민형원 역), 『예술작품의 근원』, 경문사, 1982.
맬더스(이극찬 역), 『인구론』, 을유문화사, 1983.
모로하시 데츠지(심우성 역), 『공자 노자 석가』, 동아시아, 2001.
모리모또 데쯔로(기린원 편집부), 『문학과 철학의 만남』, 기린원, 1984.
문경환, 「양면 가치 산책」, 연대 영어 영문학 연구 제 12집 13집, 1991.
문시영, 「생명복제에서 생명윤리로-테크놀러지 시대의 책임적 생명 윤리」, 대한기독교서회, 2001.
미셸 푸꼬(홍성민 역), 『임상의학의 탄생』, 인간사랑, 1993.
미셸 푸코(문경자 · 신은영 역), 『性의 역사』, 제2권, 나남출판, 1999.
미셸 푸코(이규현 역), 『性(성)의 역사』, 제1권, 나남 출판, 1994.
미셸 푸코(이혜숙 · 이영목 역), 『性의 역사』, 제3권, 나남출판, 1994.
밀란 쿤데라(이재룡 역), 『참을 수 없는 존재의 가벼움』, 민음사, 1999.
박건미, 『철학이야기주머니』, 녹두, 1993.

박동환, 『구월말의 노트』, 1991.
박상혁, 『한국사회윤리학회 발표문』, 2006.
박연수 편저, 『인성교육의 지침』, 집문당, 1997.
박이문, 『문학 속의 철학』, 일조각, 1990.
박정순, 「익명성의 문제와 도덕규범의 구속력」, 한국사회윤리학회 콜로키움, 2006.
박종현 편저, 『플라톤 메논 파이돈 국가』, 서울대학교 출판부, 1989.
박찬국, 『현대철학의 거장들』, 철학과 현실사, 2005.
박충구, 『생명복제 생명윤리』, 가치창조, 2001.
박해용, 『청소년을 위한 서양철학사』, 두리미디어, 2003.
박형진, 「장애인의 권리옹호를 위한 자립생활 지원방안 연구」, 고려대학교대학원, 2006.
백민정, 『중국철학이야기2』, 책세상, 2006.
볼떼르(염기용 역), 『깡디드』, 범우사, 1989.
브라이언 매기(박은미 역), 『철학의 역사』, 시공사, 2002.
비트겐슈타인(이영철 역), 『논리 철학 논고』, 책세상, 2006.
비트겐슈타인(이영철 역), 『철학적 탐구』, 책세상, 2006.
사르트르(편집부 역), 『구토』, 시사영어사, 1993.
서광선·정대현 편역, 『비트겐슈타인』, 이대출판부, 1989.
서용순, 『서양철학사』, 두리미디어, 2006.
소병(노승현 역), 『노자와 성』, 문학동네, 2000.
소흥렬 외, 『철학』, 대한교과서, 1988.
송영배 외, 『한국유학과 리기철학』, 예문서원, 2000.
스털링 P. 램프레히트(김태길·윤명로·최명관 역), 『서양철학사』, 을유출판사, 1997.
쌩떽쥐뻬리(전성자 역), 『어린왕자』, 문예출판사, 1994.
아리스토텔레스(최명환 역), 『니코마코스 윤리학』, 서광사, 1984.
안광복, 『처음 읽는 서양철학사』, 웅진지식하우스, 2010.
안재훈, 『철학여행』, 새날, 2003.
앙드레 베르제 外 1인(남기영 역), 『인간과 세계』, 정보여행, 1996.
앙드레 베르제 外 1인(남기영 역), 『인간학 철학 형이상학』, 정보여행, 1996.
양선이, 「이성과 감정의 관계」, 『뇌과학과 지능 감각기술의 철학』, 철학연구회, 2007.
양승무, 「퇴계와 율곡의 이기심성론 비교연구」, 유교사상연구, 한국유교학회, 제22권, 2005.
엄정식, 『철학으로 가는 길』, 동서문학사, 1990.
에가와 아키라 외(고선윤 역), 『3일만에 읽는 철학』, 서울문화사, 2004.
여성한국사회연구소 편, 『새로 쓰는 여성과 한국사회』, 사회문화연구소, 2002.
오강남 풀이, 『장자』, 현암사, 2000.
S.M. 오너, T.C. 헌트(곽신환 · 윤찬원 역), 『철학에의 초대』, 서광사, 1992.

오윤수 외, 『사회복지 윤리와 철학』, 공동체, 2010.
오트프리트 회페 엮음(이진우 · 윤형식 외 역), 『철학의 거장들』, 한길사, 2001.
올더스 헉슬리(정홍택 역), 『멋진 신세계』, 소담출판사, 1997.
요한네스 힐쉬베르거上, 『서양철학사』, 이문출판사, 1988.
우리사상연구소 엮음, 『우리말 철학사전1』, 지식산업사, 2001.
우주형, 「장애인기본권의 사회법적 보장에 관한 연구」, 중앙대학교 대학원, 1992.
윌 듀란트(황문수 역), 『철학이야기』, 문예출판사, 1988.
윌리엄 사하키안(권순홍 역), 『서양철학사』, 문예출판사, 1989.
윤기현, 『성의 심리학』, 성원사, 1992.
윤명로 감수, 『철학사전』, 일신사, 1988.
윤사순, 『동양사상과 한국사상』, 을유문화사, 1992.
윤성우, 『서양철학이야기4』, 책세상, 2006.
이강서, 『서양철학이야기1』, 책세상, 2006.
이기석 역주, 『신역 주역』, 서문당, 1975.
이덕환, 『의료행위와 법』, 현문사, 2006.
이동현, 『약손요법』, 정신세계사, 2005.
이동희, 『세상에서 가장 흥미로운 철학이야기』, 휴머니스트, 2010.
이문호, 『불멸의 철학자들』, 이문출판사, 1984.
이승종, 「청년 비트겐슈타인의 1인칭 윤리」, 한국사회윤리학회 콜로키움, 2005.
이승훈, 『포스트모더니즘 시론』, 세계사, 1992.
이온죽, 『여성과 사회』, 엠아이지, 2010.
이효선, 『사회복지 윤리와 철학의 이해』, 학지사, 2003.
張立文(김교빈 외 역), 『기의 철학(上)』, 예문서원, 2004.
장애우권익문제연구소, 『장애우법률입문』, 1998.
장정일, 『길 안에서 택시잡기』, 민음사, 1988.
장주(김학주 역), 『장자』, 을유문화사, 2000.
전우익, 『혼자만 잘살믄 무슨 재민겨』, 현암사, 2002.
정다운, 『정감록 上』, 밀알, 1992.
정다운, 『정감록 中』, 밀알, 1992.
정진일, 『철학』, 형설출판사, 1989.
제임스 레이첼즈 편(황경식 외 역), 『사회윤리의 제문제』, 서광사, 1988.
조강환 편저, 『중용』, 자유문고, 1995.
주채 윈버그 채(편집부 역), 『중국철학 이야기』, 성우, 1991.
즈느비에브 프레스 외 편(권기돈 외 역), 『여성의 역사 4』, 새물결, 1998.
최경희, 『생명의료윤리』, 동녘, 2004.
최재희, 『인간주의윤리학』, 일신사, 1978.
카렌 레바크(이유선 역), 『정의에 관한 6가지 이론』, 크레파스, 2000.
E.H. 카아(황문수 역), 『역사란 무엇인가』, 범우사, 1982.

칼 야스퍼스-헨리 리 토머스(황필호 역), 『소크라테스, 佛陀, 孔子, 예수, 모하메드』, 종로서적, 1992.
쿠르트 부흐테를 외(최경은 역), 『비트겐슈타인』, 한길사, 1999.
크리스토퍼 해밀턴(정미현 역), 『일생에 한 번 내게 물어야 할 것들』, 위즈덤하우스, 2010.
S. 키에르케고르(김영철 역), 『이것이냐 저것이냐』, 휘문출판사, 1969.
톨스토이(박형규 역), 『전쟁과 평화』, 동서문화사, 1988.
페터 쿤츠만 외 2인(홍기수 이정숙 역), 『철학사』, 예경, 1999.
편집부 편저, 『한국사회문제』, 은하출판사, 2002.
포퍼(이명현 역), 『열린사회와 그 적들2』, 민음사, 1989.
포퍼(이한구 역), 『열린사회와 그 적들1』, 민음사, 1989.
폴 스트래던(김주휘 역), 『니체 신은 죽었다』. 펀앤런북스, 1997.
S.E. 프로스트(서배식 역), 『열가지 주제로 읽는 철학이야기』, 현암사, 1993.
S. 프로이트(김기태 역), 『꿈의 해석』, 선영사, 1997.
플라톤(박종현 역), 『메논 파이돈 국가』, 서울대학교출판부, 1989.
플라톤(이병길 역), 『국가론 전 후』, 박영사, 1973.
플라톤(최명관 역), 『플라톤의 대화』, 종로서적, 1989.
피에르 쌍소(김주경 역), 『느리게 산다는 것의 의미』, 동문선, 2003.
하일지, 『경마장 가는 길』, 민음사, 1990.
한국정신문화원, 『생각하는 삶』, 대한교과서주식회사, 1991.
한국정신문화원, 『철학』, 대한교과서주식회사, 1988.
한전숙 외, 『철학개론』, 양서원, 1987.
호리카와 데쓰(이선희 역), 『서양철학사』, 바움, 2010.
황광우, 『철학콘서트』, 웅진지식하우스, 2007.
황필호, 「문학과 철학의 연관성」, 『철학사상(8)』, 1986.
황필홍, 『현대사회의 윤리문제들』, 형설출판사, 1998.

*GREAT DIAOGUES of Plato*(Translated by W.D. Rouse), A Mentor Book.
Hinchliffe(황동규 역), 『부조리 문학』, 서울대出, 1986.
Plato, *Republic*, trans. I. A. Richard, Cambridge University Press, 1966.
Robert C. Solomon & Kathleen M. Higgins, *A Short History of Philosophy*, oxford, 1996.
http://liquideus.egloos.
http://user.chollian.net.
http://www.kacr.or.kr/Create.
http://blog.naver.com/greenmks.
http://100.empas.com.
http://www.kacr.or.kr/Create.

http://blog.medipana.com/blog/ithwang
www.johnstonsmchive.net
MBTI연구소 http://www.mbti.co.kr

경기북부 시사신문, 2003년 8월.
국민일보, 2020년 12월 8일.
뉴스플러스, 1997년 9월 18일.
서초신문, 2001년 10월 31일.
중앙일보, 2004년 3월 6일.
창간 25주년 시사저널.
한국일보, 2005년 10월 4일.
한국일보, 2019년 4월 22일.
행복한 경영이야기, 2009년 10월 15일.

## 김 향 선

필자는 중앙대 문학사, 이화여대 대학원 문학석사, 중부대 사회복지학석사, 교육학석사(상담심리전공)를 취득하였고, 중앙대 대학원에서 박사 과정을 하였으며, 경희대 대학원에서 철학박사 학위를 받았다. 또한 중앙대, 이화여대, 강남대, 경희대, 신흥대에서 외래교수를 역임했고, 현재 신한대학교 사회복지학과 교수이다. 저서로는 ≪현대 여성복지론≫(공저, 2020), ≪현대 인간행동과 사회환경≫(2018), ≪사회복지실천의 이해≫(공저, 2015), ≪철학의 지혜≫(2011), ≪철학의 산책≫(2008), ≪철학과 삶≫(2000), ≪작품을 통해 본 철학이야기≫(1994) 등이 있다.

표지와 본문 그림 : **김 경 희**(前 신한대 산업디자인학과 교수)
성균관대학교 이과대학 화학과 졸업
경희대학교 대학원 산업디자인학과 석사, 박사 취득

저 자
인 지

**삶과 철학**

**초판 1쇄 발행** / 2021년 8월 25일
**초판 2쇄 발행** / 2024년 8월 30일

**저 자** / 김 향 선
**발행인** / 이 중 수
**발행처** / **동 문 사**

서울특별시 서대문구 홍제원 1길 12
(홍제동 137-8)
Tel : 02)736-3718(대), 736-3710, 3720
Fax : 02)736-3719
**등록번호** : 1974.04.27 제9-17호
**가격** : 19,000원

ISBN : 979-11-6328-340-9(93100)
E-mail : dong736@naver.com
www.dongmunsa.com